창의적인
미국식 영어

FINISH

1   **Take a look at this place, a boom town, as was the complete backcountry. Isn't it so peerless? So many things have changed in a split second.**

한땐 깡촌이라 불리던 여기 미래 신도시 좀 봐 봐. 정말 비할 데가 없지 않니? 눈 깜짝할 사이에 너무 많은 게 변해 버렸어.

boom town (급격히 성장한) 신도시, 신흥 도시 | **as was** 한때 ~라고 불리던 | **peerless** (뛰어나기가) 비할 데가 없는, 독보적인, 무쌍한 | **in a split second** 눈 깜짝할 사이에, 별안간에

2   **They must be on top of the world. Their son and heir is on the dean's list and won the first place in the intramural contest.**

온 천하를 다 가진 기분이겠지. 장남이 우등생 명단에 오르고 교내 경시대회에서도 1등을 했는데.

on top of the world (기뻐서) 온 천하를 다 가진 듯한 | **son and heir** 장남, 대를 이를 아들 | **the dean's list** (대학의) 우등생 명단 | **intramural** 교내의

3   **They keep their nose to the grindstone because they were left high and dry, but it's in over their head. Don't talk about it in front of them though since it's a sore point for them.**

걔들 먹고 살 길이 막막해서 쉬지 않고 죽어라 일하고 있긴 한데, 역부족이야. 근데 이거 걔들한텐 감정을 해칠 수 있는 주제니까 앞에선 말하지 마.

keep your nose to the grindstone 쉬지 않고 죽어라 일하다 | **high and dry** 먹고 살 길이 막막한 | **in over one's head** 역부족인, 힘에 벅찬, 감당하기 어려운 | **sore point** (감정적으로) 아픈 문제, 감정을 해칠 수 있는 주제

4 **That's a striking backdrop. Fleecy clouds at the sunup are always beautiful.**

배경 끝내준다. 동틀 녘의 뭉게구름은 항상 아름답네.

striking 빼어난, 끝내주는, 현저한 │ backdrop 배경 │ fleecy clouds 뭉게구름, 양털 구름 │ sunup 동틀 녘

5 **Several inductees were brutalized, but couldn't even report to the police under duress. Now the whole world knows and caused people's resentment.**

신병들 몇 명이 짐승 취급을 당하고도 협박 땜에 신고를 못 했대. 이젠 세상에 다 알려져서 사람들의 분개를 사고 있는 거야.

inductee 신병, 초년생 │ brutalize 짐승 취급을 하다 │ under duress 협박을 당해서, 강압하에 │ resentment 분함, 분개

6 **Picture yourself jubilantly taking victory laps after coming out on top. Isn't that worth hanging in there now?**

승리하고 의기양양하게 경기장을 돌고 있는 네 모습을 상상해 봐. 지금 꿋꿋이 버틸 만한 가치가 있지 않아?

jubilant 의기양양한, 승리감에 넘치는 │ victory lap 승리 후에 경기장, 트랙, 코트 등을 천천히 한 바퀴 도는 것 │ come out on top 승리하다, 이기다 │ hang in there (힘든 상황에서도) 꿋꿋이 버티다, 굴하지 않다

7 **This place's local specialties rule. A great, top-drawer restaurant's about a mile away from here as the crow flies.**

여긴 지역 특산물이 갑이야. 여기서부터 일직선으로 1마일쯤 가면 아주 잘하는 최고급 레스토랑이 있어.

specialty 특산물, 명산물 │ rule 최고다, 갑이다 │ top-drawer 최고급의 │ as the crow flies 일직선으로

8   **Are you asking me to play hooky with you? I think you're downplaying it too much, but it's overstepping the mark. I don't wanna throw caution to the winds like that.**

같이 땡땡이를 치자고? 너 땡땡이를 너무 별거 아닌 것처럼 취급하는 것 같은데, 그건 도를 넘는 행위지. 난 그렇게 앞뒤 안 가리고 행동하기 싫어.

play hooky (학교를) 땡땡이 치다 | downplay 경시하다, 별거 아닌 것처럼 취급하다 | overstep the mark 도를 넘다 | throw caution to the winds 앞뒤 안 가리고 행동하다, 큰맘 먹고 하다

9   **He's a real dynamo and his reflexes are out of sight. He's too good to ride the pine.**

얘 아주 기운이 넘치고 반사 신경도 뛰어나. 벤치에 앉아 있긴 너무 아까워.

dynamo 기운이 넘치는 사람 | reflexes 반사 신경 | out of sight 뛰어난, 멋진 | ride the pine (스포츠 선수가 경기를 뛰지 않고) 벤치에 앉아 있다

10   **Talk of the devil, presto, there he blows in right off the bat.**

호랑이도 제 말 하면 온다더니, 짠, 저기 바로 나타나네!

talk of the devil 호랑이도 제 말 하면 온다더니 | presto 짠 | blow in (불쑥) 나타나다, 느닷없이 찾아오다 | right off the bat 즉시, 곧바로

11   **You really went the whole nine yards. Dressed up to the nines, primped your hair, I guess the people will be fazed.**

너 아주 끝장을 봤구나. 옷도 아주 멋지게 차려입고, 머리도 세밀하게 꾸미고, 사람들이 당황하겠는데?

go the whole nine yards 끝장을 보다, 그 상황에서 할 수 있는 모든 걸 다 하다 | dressed up to the nines 아주 멋지게 차려입은 | primp (작은 변화들을 주면서) 세밀하게 꾸미다, 꼼꼼히 꾸미다 | faze 당황시키다

12 **We had fun with puns and personification. It was pretty juvenile, but full of pep.**

우리 말장난하고 의인화를 하면서 놀았어. 꽤 유치했는데, 활력은 넘쳤어.

pun (발음이 비슷한 단어들이나 한 단어의 다른 뜻들을 이용한) 말장난 | personification 의인화, 화신 | juvenile 청소년의, 유치한, 유치찬란한 | pep 생기, 활력

13 **Is the knot in your stomach OK? Don't overlook that. You said some worries about an eyeful had been preying on your mind. Isn't that the reason?**

배 뻣뻣한 것 좀 괜찮아? 그거 간과하지 마. 어떤 미인에 대한 고민이 뇌리를 떠나지 않는다면서 그것 때문에 아니야?

a knot in one's stomach 복부에 뻣뻣한 느낌, 배가 조이는 듯함 | overlook 간과하다, 못 본 체하다, 눈감아 주다 | eyeful 볼만한 것, 미인 | prey on one's mind (고민 등이) 뇌리를 떠나지 않다

14 **Give the kids more leeway. If you keep cramping their style, you're gonna make them a wimp because that's putting the screws on them.**

애들한테 자유를 더 많이 줘. 자꾸 따라다니면서 자유를 방해하면 애들이 압력을 받아서 소심해져.

leeway 자유 | cramp a person's style 어딜 같이 따라다니면서 ~의 자유를 방해하다 | wimp 소심한 사람, 겁쟁이 | put the screws on ~ (정신적인) 압력을 ~에게 가하다

15 **Then pencil me in and ping me or get on the horn when the castor oil artist has the time.**

그럼 일단 예정해 놓고 의사가 시간이 되면 나한테 문자를 하든지 전화를 해.

pencil ~ in (나중에 바뀔지도 모르지만) 일단은 ~를 예정해 놓다 | ping 이메일을 보내다, 문자를 보내다 | get on the horn 전화를 하다 | castor oil artist 의사

16 He's just a maverick and always a wild card, but since you guys are like apples and oranges, he might seem like a social misfit to you.

걔 그냥 개성이 센 애야. 항상 예측이 불가능하고. 근데 너희 둘이 서로 완전히 달라서 너한텐 사회 부적응자처럼 보일 수도 있겠다.

maverick 개성이 센 사람, 독불장군 | wild card 만능패, 예측이 불가능한 사람이나 것 | apples and oranges 서로 완전히 다른 두 사람 | a social misfit 사회 부적응자

17 There're lots of rave reviews about me these days. I put the kibosh on my opponent's ten-game winning streak and put his nose out of joint.

요새 나 극찬하는 기사들 많아. 내가 상대의 10연승을 저지하고 콧대를 꺾어 놨거든.

rave review 극찬하는 기사, 호평 | put the kibosh on ~ ~를 저지하다 | streak (연승이나 연패 등) 연속 | put one's nose out of joint ~의 콧대를 꺾다

18 They say that this is a level playing field, but lots of peeps unsparingly capitalize on other people's mistake. You've got to be shrewd in order to survive.

여기가 공평한 경쟁의 장이라고는 하지만 남들의 실수를 가차없이 활용하는 사람들이 많아. 살아남으려면 약삭빨라야 돼.

level playing field 공평한 경쟁의 장 | unsparing 인정사정없는, 가차없는 | capitalize on ~ ~를 활용하다, ~를 기회로 삼다 | shrewd 약삭빠른, 깍쟁이 같은

19 As luck would have it, it was dropped right side up, so it's fully intact. Thank God it could have been shattered.

운 좋게 위쪽이 위로 떨어져서 전혀 손상되지 않았어. 산산조각 날 수도 있었는데 다행이다.

as luck would have it 운 좋게 | right side up 위쪽이 위로 오게, 뒤집어지지 않게 | intact 손상되지 않은, 온전한 | shatter 산산조각 내다, 산산이 부서지다

20 Crank up the volume. Don't you think the song's far out?
It's actually an outtake from the album, but my friend got it
when he was working as a temp.

볼륨 높여 봐. 이 노래 참신하지 않냐? 이거 원랜 앨범에서 삭제된 건데 내 친구가
임시 직원으로 일할 때 구한 거야.

crank up (볼륨 등을) 높이다 │ far out 틀에 박히지 않은, 참신한 │ outtake (녹화나 녹음 등의)
삭제된 부분 │ temp 임시 직원, 임시직으로 일하다

21 Celebs have to live in a goldfish bowl though. So it's hard for them to sweep things under the rug even if they want to because of wall-to-wall eyes. Can you live with that?

근데 유명 인사들은 사생활이 다 노출돼야 되잖아. 그럼 항상 보는 눈들이 있어서 뭘 감추고 싶어도 쉽지 않고. 그런 거 감수할 수 있겠어?

> **goldfish bowl** 금붕어 어항, 사생활이 다 노출되는 상황 | **sweep ~ under the rug** ~를 숨기려 들다, ~를 감추다 | **wall-to-wall** 언제나 있는, 어디에나 있는 | **live with** ~ ~를 감수하다

22 You broke ceramics while house-sitting? You're mondo gonzo.

남의 집을 봐 주다가 도자기를 깼다고? 완전히 제정신이 아니구만.

> **ceramic** 도자기 | **house-sit** (주인이 없는 동안에) 남의 집을 봐 주다 | **mondo** 완전히 | **gonzo** 제정신이 아닌, 독단과 편견으로 가득 찬

23 Those were suggestive words. Many a true word is spoken in jest. Might is right indeed and I guess there're no hard and fast laws. Sometimes the mailed fist is necessary.

뼈 있는 말이네. 농담 속에 진담이 많지. 정말 힘이 권리고 어떤 경우에도 변치 않는 법이란 없는 것 같다. 때론 무력이 필요한 법이야.

> **many a true word is spoken in jest** 농담 속에 진담이 많다 | **might is right** 힘이 권리다 | **hard and fast** 어떤 경우에도 변치 않는 | **mailed fist** 무력, 완력

24 **I could see that he was all washed up now. Well, that's the nature of the beast. His performance was so immaculate when he was in his prime.**

그 사람 이제 완전히 퇴물이긴 하더라. 원래 다 그런 거지, 뭐. 그 사람 전성기 땐 정말 더할 수 없이 완벽했었는데.

washed up 한물간, 볼장 다 본 | that's the nature of the beast 원래 다 그런 거지 | immaculate 티 하나 없이 깨끗한, 더할 수 없이 완벽한 | prime 전성기, 청춘기, 한창때

25 **Don't scarf down the trotters too fast. You may have to take the meds for heartburn again.**

너 족발 너무 급하게 먹지 마. 그러다가 또 속 쓰려서 약 먹어야 돼.

scarf ~ down ~를 급하게 먹다 | trotter 족발 | meds 약 | heartburn (소화 불량에 의한) 속 쓰림

26 **He's gonna teach us taxidermy. He's gonna ice a viper, have it stuffed and mount it on the wall, so everyone watch it carefully.**

이분이 우리한테 박제술을 가르쳐 줄 거야. 독사를 죽여서 박제로 만들고 벽에 고정시킬 거니까 다들 잘 봐.

taxidermy 박제술 | ice 죽이다 | viper 독사 | stuff 박제로 만들다 | mount 끼우다, 고정시키다

27 **I guess you're a square peg in a round hole. You botch up everything at every turn, getting nonplussed.**

아무래도 넌 부적임자 같다. 언제나 어찌할 바를 몰라 하면서 모든 걸 다 망쳐 놓네.

a square peg in a round hole 부적임자 | botch ~ up ~를 망치다 | at every turn (무엇을 할 때마다) 언제나 | nonplus 어찌할 바를 모르게 만들다, 당혹하게 만들다

28 Worldstar! You're so busted! You're secretly meeting a boyfriend after throwing us off the scent… That beats all.

와! 너 딱 걸렸어! 우릴 감쪽같이 따돌리고 몰래 남자 친구를 만나고 있다니… 이렇게 놀랄 수가 없네.

> Worldstar! (보기 아주 힘든 것을 보게 돼서) 흥분이나 긴장이 고조됐을 때 나오는 감탄사 | busted 들통난, 포착된, 딱 걸린 | throw ~ off the scent ~를 감쪽같이 따돌리다 | that beats all 이렇게 놀랄 수가 없네

29 Who would have thought your knee-jerk words would become a pointer and springboard for the brass ring?

별 생각 없이 나온 네 말이 조언이 되고 대성공의 발판이 될 줄 누가 알았겠냐?

> knee-jerk (자동적으로) 별 생각 없이 나온 | pointer 충고, 조언 | springboard (어떤 일의) 발판 | the brass ring 대성공

30 Moonshiners got arrested while transporting contraband. I think there was an undercover mole.

주류 밀수업자들이 밀수품을 수송하다가 체포됐어. 위장 근무 중인 스파이가 있었던 것 같아.

> moonshiner 주류 밀수업자 | contraband 밀수품 | undercover 비밀리에 하는, 위장 근무 중인 | mole (조직 내부의) 스파이

31 She's finicky about eating. She's a vegan. She does not consume a morsel of cheese or milk, not to mention meat.

쟤 입맛 엄청 까다로워. 엄격한 채식주의자야. 고기는 말할 것도 없고 치즈나 우유도 전혀 안 먹어.

> finicky 엄청 까다로운 | vegan 엄격한 채식주의자 | morsel (특히 음식의) 작은 양, 소량 | not to mention ~는 말할 것도 없고

32 **Since you're a ham-handed, fledgling player, I'll go easy-breezy on you. Take it from me.**

네가 서투른 초보자니까, 내가 쉽게 봐주면서 할게. 정말이야.

ham-handed 서투른 | fledgling 신출내기, 초보자 | easy-breezy 쉬운 | take it from me 정말이야

33 **I guess you drool over Java, don't you? You always have it in your vacuum bottle. Doesn't it put you off?**

넌 커피만 보면 군침 흘리는 것 같다? 맨날 보온병에 넣고 다니네. 그럼 집중력 흐트러지지 않아?

drool over ~ (좋아서) 군침을 흘리다, 사족을 못 쓰다 | Java 커피 | vacuum bottle 보온병 | put ~ off 미루다, 약속을 취소하다, 집중력을 흐트러트리다

34 **She was brashly shamming knowledge, but she actually didn't know from nothing. I wanted to say this to her face, but I bit my tongue.**

걔 자신만만하게 지식 있는 척했는데 사실 아무것도 모르는 애였어. 걔 얼굴에 대고 이 말 하고 싶은 거 꾹 참았다.

brash (보기 안 좋게) 자신만만한 | sham ~인 체하다, ~가 있는 척하다 | not know from nothing 아무것도 모르다, 깜깜하다 | bite one's tongue (하고 싶은 말을) 꾹 참다

35 **I missed her. I cupped my meat hooks around my mouth and hailed her at the top of my lungs, but she still couldn't hear it.**

놓쳤어. 두 손을 입에 모으고 있는 힘껏 불러도 듣질 못하네.

cup (동그랗게) 두 손을 모으다 | meat hooks 손, 주먹 | hail (큰 소리로) 부르다, 우박 | at the top of one's lungs (목소리를) 있는 힘껏, 목청이 터지도록

36 Simmer down and don't be a sore loser. Using abusive language in rhetorical questions does not change anything.

진정하고 깨끗이 패배를 인정해라. 수사 의문문으로 욕지거리를 해 댄다고 해서 달라지는 건 없어.

simmer down 진정하다, 수습되다 | sore loser 패배를 깨끗이 인정 못 하고 성질을 내면서 남 탓 또는 핑계를 대는 사람 | abusive language 욕설, 폭언, 욕지거리 | rhetorical question (답을 듣자고 하는 질문이 아닌 강조형으로 쓰이는) 수사 의문문

37 And a deep throat gave me a tip-off about heinous aggravated assault.

그리고 한 내부 고발자가 악랄한 가중 폭행에 대해서 귀띔을 해 줬어.

deep throat 내부 고발자 | tip-off 제보, 귀띔 | heinous 악랄한, 극악무도한 | aggravated assault 가중 폭행

38 I saw you stealing the show with an impersonation. It was so priceless. It had everyone in stitches.

너 성대모사로 인기를 독차지하던데? 진짜 너무 재밌었어. 애들 다 배꼽 쥐고 웃더라.

steal the show 인기를 독차지하다 | impersonation 성대모사, 흉내내기 | priceless 너무 재미있는 | in stitches 배꼽을 쥐고 웃는, 포복절도하는

39 I'm gonna ring up the curtain on the instructions on the first priority, grounding and current docket. It's crucial, so listen carefully.

최우선 사항, 기초 교육 그리고 현재 안건 목록에 대해서 설명 시작하겠습니다. 중대한 거니까 잘 들으세요.

ring up the curtain 시작하다 | first priority 최우선 사항 | grounding 기초 교육 | docket 안건 목록, 사건 일람표 | crucial 중대한

40 **The tag end of a crafty snake in the grass is so miserable. Well, she's stewing in her own juice.**

간사한 배신자의 말로가 아주 비참하군. 다 자업자득이지, 뭐.

tag end 종말, 말로, 말기, 끝토막 | **crafty** 간사한, 술수가 뛰어난, 얌체 같은 | **snake in the grass** (친한 척하는) 배신자, 숨은 적 | **stew in one's own juice** 자업자득으로 고생하다

41 **Separate the wheat from the chaff and put aside the small-bore stuff. Just zero in on the nitty-gritty.**

알갱이하고 쭉정이를 구분해서 중요하지 않은 건 제쳐 놔. 핵심에만 초점을 맞춰.

separate the wheat from the chaff 알짜배기를 가려내다, 알갱이와 쭉정이를 구분하다 | small-bore 중요하지 않은 | zero in on ~ ~에 초점을 맞추다 | nitty-gritty 핵심

42 **My friend told me to come over to his rumpus room because he'd bought very pricey, crackerjack game console.**

내 친구가 아주 값비싸고 엄청 좋은 게임기를 샀다고 자기 집 오락실로 놀러 오래.

rumpus room (가정 내에 있는) 오락실 | pricey 값비싼 | crackerjack 엄청 좋은 것, 아주 근사한 것 | game console 게임기

43 **You always sit on the fence. I know you're not spiteful and you don't wanna get into hot water, but you've got to know how to get your creative juices flowing about an opinion too.**

넌 맨날 중립적인 입장만 취하네. 네가 악의는 없고, 곤경에 빠지기 싫어하는 건 알겠는데, 의견에 대해서 창의력을 불어 넣을 줄도 알아야지.

sit on the fence 중립적인 입장을 취하다 | spiteful 악의적인, 앙심을 품은, 독기를 품은 | get into hot water 곤경에 빠지다 | get one's creative juices flowing 창의력을 불어 넣다

44 **I was afraid of making voice cracks because my uvula and tonsil hurt a bit, but fortunately I could finish it with flying colors.**

목젖하고 편도선이 조금 아파서 삑사리 낼까 봐 걱정했었는데 다행히 대성공적으로 마쳤어.

voice crack 삑사리, 음이탈 | uvula 목젖 | tonsil 편도선 | with flying colors 대성공적으로

45 **Stop being a couch potato with a slouch. Clean the grimy floor and wash the kitchenalia.**

축 늘어진 자세로 TV 좀 그만 보고 더러운 바닥이나 청소해. 주방 용품도 좀 닦고.

couch potato 오랫동안 가만히 앉아서 TV만 보는 사람 | **slouch** 축 늘어진 자세 | **grimy** 때묻은, 더러운 | **kitchenalia** 주방 용품

46 **I've heard that he's such a hairsplitter. Stand up to him and jump down his throat one day or I think he'll bother you perpetually.**

그 사람 그렇게 사사건건 따지고 든다면서? 언제 한번 맞서서 찍소리 못 하게 만들어 버려. 그렇지 않으면 널 끊임없이 계속 귀찮게 굴 거 같은데.

hairsplitter 사사건건 따지고 드는 사람 | **stand up to ~** ~한테 맞서다 | **jump down one's throat** ~를 찍소리 못 하게 만들다 | **perpetually** 끊임없이 계속, 무궁하게, 영구적으로

47 **He really likes b-ball. He practices moves like a hesi and baseline spin every day. I think he's gonna cream you.**

쟤 농구 진짜 좋아해. 상대를 속이는 기술, 회전 돌파 기술 같은 걸 맨날 연습해. 넌 가볍게 이길 것 같아.

b-ball 농구 | **hesi** 드리블로 돌파하는 척하다가 멈칫하면서 상대를 속이는 기술 | **baseline spin** 몸을 회전하면서 상대를 돌파하는 농구 기술 | **cream** 압도하다, 가볍게 이기다

48 **I've heard on the grapevine that shamans with lank hair and werewolves with lackluster eyes live nearby here.**

이 근처에 머리가 길게 뻗은 무당들하고 눈이 흐리멍덩한 늑대 인간들이 산단 소문이 있어.

on the grapevine 소문으로 | **shaman** 무당, 주술사 | **lank** (볼품없이) 길게 뻗은 머리의 | **werewolf** 늑대 인간 | **lackluster** 흐리멍덩한, 썩은 동태 눈 같은

49 I saw your sheepish hand getting raised. I reluctantly assented to the plan too. I'm skeptical about it, but breaking the logjam seems to be more important.

너 멋쩍게 손 올리는 거 봤어. 나도 그 계획에 마지못해서 찬성했어. 회의감이 들긴 하는데, 정체에서 벗어나는 게 더 중요한 것 같아서.

sheepish 멋쩍어 하는 | assent 찬성하다 | skeptical 의구심이 많은, 회의감이 드는 | logjam 정체

50 It's a mock-up and that's a chassis. It's dainty, but I guess people who have a heavy foot would love it.

이건 실물 크기 모형이고 저건 차의 뼈대네. 깜찍하긴 한데 스피드 광들이 좋아하겠다.

mock-up 실물 크기의 모형 | chassis 차의 뼈대 | dainty 깜찍한, 앙증맞은 | have a heavy foot 스피드 광이다, 자동차를 너무 빨리 몰다

51 I'm going to a nabe which is within striking distance. I'm gonna watch a motion picture with my bae.

가까이에 있는 동네 영화관 가는 중이야. 애인하고 영화 한 편 보려고.

nabe 동네 영화관 | within striking distance 가까이에 있는, 근거리에 있는 | motion picture 영화 | bae 애인, 연인

52 I had a close call a few minutes ago. A hulking forklift and excavator collided with each other right in front of me.

조금 전에 나 구사일생했어. 거대한 지게차랑 포클레인이 내 바로 앞에서 충돌을 했어.

close call 위기일발, 구사일생 | hulking 거대한, 부피가 큰 | forklift 지게차 | excavator 굴착기, 포클레인

53 I've waxed three tracks after a two-year hiatus. I think it was a great three-point landing and I hope they can be on the front burner.

2년간 활동 중단을 마치고 3곡을 녹음했습니다. 아주 만족스런 결과가 나왔다 생각하고 많은 관심 받길 바랍니다.

wax (음반 등을) 녹음하다 | hiatus 활동 중단 | three-point landing 만족스러운 결과 |
on the front burner 많은 관심을 받는

54 Stop lallygagging, you slacker. Crack a book. Do you know how much you fell behind?

그만 좀 빈둥거려, 이 게으름뱅이야. 책 펴고 공부 좀 해. 너 얼마나 뒤처진 줄 알아?

lallygag 빈둥거리다, 어정거리다 | slacker 게으름뱅이, 병역 기피자, 의무 태만자 | crack
a book (교과서 같은) 책을 펴고 공부를 하다 | fall behind 뒤처지다

55 We had batted around it like gangbusters, but it fizzled out after all. I guess I'm gonna stay home during the vacay.

그거 이리저리 열정적으로 논의하긴 했었는데, 결국에 흐지부지됐어. 방학 때 그냥 집에만 있을 것 같아.

bat around 이리저리 논의하다 | like gangbusters 열정적으로 | fizzle out 흐지부지되다 |
vacay 방학, 휴가

56 Shove it! Eating something with an unsterilized, gunky fork is the pits.

말도 안 되는 소리 하지 마! 살균도 안 된 끈적끈적한 포크로 뭘 먹는 건 최악이지.

shove it! 말도 안 되는 소리 하지 마!, 집어치워! | sterilize 살균하다, 소독하다 | gunky
끈적끈적한, 끈끈한, 찐득찐득한 | be the pits 최악이다

57 **A cleanup hitter that made a splash? Bully for him! I'll cut him down to size.**

평판이 자자한 4번 타자라고? 그게 뭐 대수냐? 내가 콧대를 꺾어 줄게.

cleanup hitter 4번 타자 | make a splash 평판이 자자해지다, 큰 인기를 끌다 | bully for ~ 별거 아니네, 그게 뭐 대수냐 | cut ~ down to size ~의 콧대를 꺾다, 자기 수준을 알게 해 주다

58 **What a scarecrow! You can't get your hooks into people if you wear grungy, wackadoodle clothes like those.**

옷 진짜 초라하게 입었다! 그렇게 지저분하고 엽기적으로 입으면 사람들 마음 사로 잡지 못해.

scarecrow 허수아비, 옷을 초라하게 입은 사람, 바싹 마른 사람 | get one's hooks into ~ ~의 마음을 사로잡다 | grungy 지저분한, 더러운 | wackadoodle 엽기적인

59 **I wouldn't go so far as to say that I loathe him, but I don't like him. He doesn't make me go postal, but he makes me tut-tut.**

걔를 혐오한다고까진 말하지 않겠지만 그래도 좋진 않아. 걔 땜에 미치고 팔짝 뛰는 건 아닌데 혀를 쯧쯧 차게 돼.

go so far as to ~ ~를 하기까지 하다, 심지어 ~까지 하다 | loathe 혐오하다, 질색하다 | go postal (화가 나서) 미치고 팔짝 뛰다 | tut-tut 혀를 쯧쯧 차다

60 **We played drop the handkerchief and truth or dare. We got so crunk and had a lot of fun. There was diluted, mild alcohol when we were playing the truth or dare, but I didn't drink it.**

수건 돌리기랑 진실 게임 했어. 아주 신나고 재밌었어. 진실 게임 할 땐 희석된 약한 술도 있었는데 난 안 마셨어.

drop the handkerchief 수건 돌리기 놀이 | truth or dare 진실 게임 | crunk 신난 | dilute 희석하다, 묽게 하다

61 **Stop hollering. I know what you're driving at, but it's all cut and dried, so there.**

소리 그만 질러. 네가 무슨 말 하고 싶은진 알겠는데 이미 다 확정된 거야, 됐지?

holler (크게) 소리지르다 │ **what ~ is driving at** ~가 하고자 하는 말 │ **cut and dried** (변경 불가능하게) 이미 확정이 된 │ **so there** 됐지?, 그러니까 그만해

62 **They tried archery just for the hell of it and all of them couldn't do it to save their life. They were just good at styling it out even though it was so embarrassing because the instructor was a female.**

걔들 그냥 재미로 양궁 한번 해 봤는데, 다들 형편없이 못하더라. 아주 창피하면서 여자 강사 앞이라 별거 아닌 것처럼 행동이나 하고.

archery 활쏘기, 양궁 │ **for the hell of it** (특별한 이유 없이) 그냥 재미로, 장난 삼아서 │ **can't do ~ to save one's life** ~를 전혀 하지 못하다, ~를 형편없이 못하다 │ **style it out** (창피한 상황에서) 별거 아닌 것처럼 당당하게 행동하다

63 **I'm racking my brain for a groundbreaking idea. I have a gut feeling that I'm gonna think of something really phat.**

획기적인 아이디어 생각해 내려고 머릴 쥐어짜는 중이야. 아주 기똥찬 게 떠오를 것 같은 직감이 들어.

rack one's brain 머리를 쥐어짜다 │ **groundbreaking** (신기원을 이룰 만큼) 획기적인 │ **gut feeling** 직감 │ **phat** 기똥찬

64 **Who's running the show here? Tell the loan sharks and goons to be here in two shakes of a lamb's tail.**

여기 책임자 누구야? 악덕 사채업자들하고 깡패들 당장 여기로 오라고 해.

run the show 책임자이다, 꾸려 나가다 │ **loan shark** 악덕 사채업자, 고리대금업자 │ **goon** 깡패 │ **in two shakes of a lamb's tail** 순식간에, 당장

65 You might be grief-stricken now with a lump in your throat from dawn to dusk, but you'll eventually come to terms with it.

지금은 하루 종일 목이 메인 채 비탄에 빠져 있을 수도 있겠지만, 결국엔 다 받아들이는 법을 배우게 될 거야.

grief-stricken 비탄에 빠진 │ with a lump in one's throat (특히 슬퍼서) 목이 메인 │ from dawn to dusk 새벽부터 저녁까지, 하루 종일 │ come to terms with ~ (안 좋은 일을) 받아들이는 법을 배우게 되다, 받아들이려고 애쓰다

66 The die is cast. It's in the limelight and umpteen people are looking forward to it. Don't give up, but double down on it.

이젠 돌이킬 수 없다. 세상의 이목을 끌고 있고 수많은 사람들이 기대를 하고 있어. 포기하지 말고 곱절로 전념을 다해 버려.

the die is cast 주사위는 이미 던져졌다, 이젠 돌이킬 수 없다 │ limelight 세상의 이목 │ umpteen 무수한, 수많은 │ double down on ~ ~에 곱절로 전념을 다하다

67 He's a gangling man with a white tank top and a mauve fanny pack.

하얀색 러닝셔츠를 입고 연보라색 허리 가방을 찬 키 크고 마른 남자예요.

gangling (움직임이 어색하며) 키가 크고 마른, 흐느적거리는, 비리비리한 │ tank top 민소매 셔츠, 러닝셔츠 │ mauve 연보라색 │ fanny pack 허리에 차는 주머니 만한 작은 가방

68 Here it is, a hallmarked diamond. Don't you love the bottle green color with a sheen? Now it's formally vouchsafed to you.

자, 여기 품질 보증된 다이아몬드. 암녹색에 광택이 나는 게 참 이쁘지 않니? 이제 내가 이걸 너한테 정식으로 주겠어.

hallmarked (귀금속 등이) 품질 보증된 │ bottle green 암녹색 │ sheen 윤, 윤기, 광택 │ vouchsafe ~ (품위 있게 또는 잘난 척하는 태도로) ~를 주다

69 She has to fork out 50K because she totaled someone else's car. She broadsided a wrecker with it.

걔 남의 차를 수리하지 않는 게 나을 정도로 파손시켜서 5만 달러를 내야 돼. 그걸로 견인차의 옆을 들이받았어.

fork out (싫지만 어쩔 수 없이) 돈을 내다 | **total** (자동차를) 수리하지 않는 게 나을 정도로 파손시키다 | **broadside** ~의 옆을 들이받다 | **wrecker** 견인차

70 When I topped the bill, I was inundated with factoids about me and I missed the downtime so much.

내가 주연을 맡았을 땐 나에 대한 기사들이 감당하지 못할 정도로 많아서 한가할 때가 정말 그리웠었어.

top the bill 주연을 맡다 | **be inundated with ~** ~를 감당하지 못할 정도로 많이 받다, 침수되다 | **factoid** (크게 중요하지 않지만 흥미로운) 기사나 정보 | **downtime** (일이나 활동을 안 하는) 휴양 기간, 한가한 시간

71 That country's in a total shambles due to trade embargoes and pulling wires by people who want to line their pockets.

저 나라 지금 사복을 채우려는 사람들의 막후 공작에 통상 금지령에 아주 난장판이야.

in a shambles 난장판인 | **embargo** 금수 조치, 통상 금지령 | **pull wires** 배후 조종을 하다, 막후 공작을 하다 | **line one's pockets** 부정한 방식으로 돈을 벌다, 사복을 채우다

72 Word up! Your souped-up car is the bomb. I especially like the vanity plate. It looks like a real gas guzzler though.

네 말 인정! 네 개조한 차 정말 멋있다. 특히 맞춤형 번호판이 맘에 드네. 근데 기름 엄청 잡아먹을 것 같다.

word up! 네 말 인정! | **souped-up** 성능을 높인, 개조해서 마력을 올린 | **vanity plate** 맞춤형 번호판 | **gas guzzler** 기름을 많이 잡아먹는 차, 연료 소비가 큰 차

73 Do you know how snug it is and how much it bolsters your morale when you have a congenial lover?

너 마음 잘 통하는 애인 있는 게 얼마나 포근하고 사기를 북돋게 하는 줄 알아?

snug 포근한, 아늑한 | bolster 북돋게 하다 | morale 사기, 의욕 | congenial 마음이 잘 통하는

74 You heard the man. You're seriously setting our teeth on edge, so stop badgering. You're no spring chicken, come on.

시키는 대로 해. 너 땜에 아주 넌더리가 나니까 그만 졸라 대. 철없는 애도 아닌데 왜 그래?

you heard the man 시키는 대로 해 | set one's teeth on edge 넌더리 나게 하다 | badger 졸라 대다 | no spring chicken 철없는 애가 아닌

75 So you are saying that you've been mugged by a man with a gat, right? And the man blindsided you and went on an orgy of shooting toward the sky.

그러니까 권총을 든 남자한테 강도를 당했단 거지? 그 사람은 널 안 보이는 쪽에서 때리기도 했고 하늘을 향해서 마구 총질을 해 대기도 했고.

mug 강도 행위를 하다 | gat 권총 | blindside 안 보이는 쪽에서 공격을 하다, 불시에 습격을 하다 | orgy ~를 마구 해 대기

76 Your car's in pristine condition, isn't it? This kid washed it. He's from a slum area and he always wants to pay it forward because he gets a lot of help from foster parents.

네 차 새 것 같지? 이 꼬마가 닦았어. 얜 빈민가에서 온 앤데 항상 자신이 받은 선행을 남들한테 베풀고 싶어해. 양부모님한테 도움을 많이 받거든.

pristine (아주 깨끗해서) 새 것 같은 | slum 빈민가 | pay it forward 자신이 받은 선행을 남들한테 베풀다 | foster parents 양부모

77 **Get a grip on yourself! What do you mean by calling the cronies again to wet your whistle? Over my dead body!**

정신 차려! 그 나쁜 친구들을 또 불러서 한잔하겠다고? 내 눈에 흙이 들어가기 전엔 절대로 안 돼.

get a grip on yourself 자제해라, 정신 차려 | **crony** 나쁜 친구, 한패거리 말썽꾸러기 | **wet one's whistle** 목을 축이다, 한잔하다 | **over my dead body** 내 눈에 흙이 들어가기 전엔 절대로 안 돼

78 **A newcomer had her hand in the till. Of course she's gonna get the bullet first, then I'm gonna file a suit against her and throw the book at her.**

신입 한 명이 공금에 손을 댔어. 해고는 물론이고 소송 걸어서 최고의 엄벌을 가할 거야.

have one's hand in the till 공금에 손을 대다, 직장에서 돈을 훔치다 | **get the bullet** 해고당하다 | **file a suit against** ~ 소송을 걸다, 소송을 제기하다 | **throw the book at ~** 최고의 엄벌을 가하다

79 **We rubbernecked and kept looking at the redwood too. It was so stupendous. My brother even used binoculars to have a better look.**

우리도 고개 돌려 가면서 계속 그 삼나무 쳐다봤어. 정말 엄청 크더라. 내 동생은 자세히 보려고 쌍안경까지 썼어.

rubberneck (신기한 듯이) 고개를 돌려서 보다 | **redwood** (세상에서 가장 높은 나무인 미국의) 삼나무 | **stupendous** 엄청 큰, 엄청난 | **binoculars** 쌍안경

80 **I feel sorry that the chairman's casting vote didn't pass your brainchild. Well, it's just one of those things. Some say that a miss is as good as a mile, but it was so close.**

의장님의 마지막 투표가 네 아이디어를 통과시키지 않은 거 유감이다. 어쩔 수 없는 일이지, 뭐. 작은 차이든 큰 차이든 실패는 실패라고 말하는 사람도 있는데 정말 아깝네.

casting vote (찬반의 수가 같을 때 의장이 결과를 결정 짓는) 마지막 투표 | brainchild 아이디어, 발명품 | one of those things 어쩔 수 없는 일 | a miss is as good as a mile 작은 차이든 큰 차이든 실패는 실패다

81 You said political snafus were not even surprising in front of political heavy hitters. You know it was a gaffe, right? You've got to be careful when you make an off-the-cuff remark.

너 정치계의 유력자들 앞에서 정치적인 대혼란은 놀랍지도 않다고 말한 거 실수인 거 알지? 즉흥적인 발언을 할 땐 조심해야지.

snafu 대혼란 | heavy hitter 유력자 | gaffe (사람들의 감정을 상하게 할 수 있는) 실수, 의도치 않게 범한 결례 | off-the-cuff (발언 등이) 즉흥적인, 사전 준비 없는

82 I heard that you'll get trained at a boot camp. It's not gonna be duck soup. Are you confident you'll not straggle behind? Try to stand tall in there.

너 신병 훈련소 가서 훈련 받는다면서? 만만치 않을 텐데 낙오되지 않을 자신 있어? 가서 당당하게 행동해.

boot camp 신병 훈련소, 극기 훈련, 규율이 엄격한 소년원 | duck soup 식은 죽 먹기, 만만한 일 | straggle 낙오되다 | stand tall 당당하게 행동하다

83 Hotfoot it to the flea market nearby and buy a nightie if you don't have one. The sky's sooty and it seems like it's gonna rain. And see if you can barter.

너 잠옷 없으면 요 앞에 있는 벼룩시장에 부리나케 가서 하나 사 와. 하늘이 거무스름한 게 비도 올 것 같은데. 물물교환할 수 있으면 그렇게 하고.

hotfoot it 부리나케 가다 | flea market 벼룩시장 | nightie 잠옷 | sooty 거무스름한, 거무튀튀한, 검댕이 묻은 | barter 물물교환하다

84 **Still, assembling the kingpins in the holy of holies because of that is blowing it out of proportion by a long way.**

그래도 그것 땜에 중심 인물들을 성역으로 모이게 하는 건 실제보다 훨씬 더 심각하게 받아들이는 거지.

> kingpin 중심 인물 | holy of holies (중요한 사람들만 들어갈 수 있는) 성역, 지성소 |
> blow ~ out of proportion ~를 실제보다 더 심각하게 받아들이다 | by a long way 훨씬

85 **It was as plain as day that she was trying to get your goat by rubbing your nose in it with a barbed remark.**

걔가 가시 돋친 말로 네 지난 실수를 떠오르게 해서 널 화딱지 나게 만들려는 건 너무 분명했어.

> as plain as day 너무 분명한, 아주 명백한 | get one's goat ~를 화딱지 나게 만들다 |
> rub one's nose in it ~의 지난 실수를 떠오르게 하다 | barbed remark 가시 돋친 말

86 **He cut the Gordian knot hand over fist by getting rid of the nuisance and is going off into the sunset.**

눈엣가시 같은 걸 단번에 척척 처치해 주고선 석양 속으로 유유히 사라지는군.

> cut the Gordian knot 어려운 일을 단번에 처치하다, 난문제를 과감하게 해결하다 | hand
> over fist 척척, 부쩍부쩍 | nuisance 골칫거리, 성가신 사람, 눈엣가시 같은 존재 | go off
> into the sunset 석양 속으로 유유히 사라지다, 해피엔딩으로 끝나다

87 **You don't just bellow at a person on other people's say-so. The fillings in the sandwich are at their wits' end.**

남들이 하는 말만 듣고 사람한테 고함을 치면 어떡해? 중간에서 어중간하게 껴 버린 애들이 어쩔 줄을 몰라 하잖아. | bellow (아프거나 화가 나서 우렁차게) 고함을 치다

> on one's say-so (증거도 없이) ~가 하는 말만 듣고 | the filling in the sandwich (양쪽
> 싸움의) 중간에서 어중간하게 끼어 버린 사람 | at one's wits' end (난감해서) 어찌할 바를
> 모르는, 속수무책인

88 **If you wanna get your feet wet in the business world, it's fine, but don't just bull ahead and foul things up. Also, get ready to face nettlesome situations.**

사업의 세계에 발을 들여 보고 싶다면 그건 좋은데 무턱대고 나아가면서 일들을 망치진 마. 골치 아픈 상황들을 직면할 각오도 하고.

get one's feet wet (새로운 일에) 발을 들이다, 참가하기 시작하다 | **bull ahead** 무턱대고 나아가다 | **foul ~ up** (실수 등을 해서) ~를 망치다 | **nettlesome** 골치 아픈

89 **She has a crush on a drop-dead handsome boy with a slicked-back hairstyle and she's really stuck on him.**

쟤 넋이 나갈 정도로 잘생긴 올백 머리 소년한테 홀딱 반하고 아주 푹 빠져 있어.

have a crush on ~ ~한테 홀딱 반하다 | **drop-dead** 넋이 나갈 정도로 | **slicked-back** 올백 머리의 | **stuck on ~** ~한테 푹 빠져 있는

90 **There're always lots of peeps who fawn over the haves, who drop names and who try to rub elbows with big cheeses in this game.**

이 바닥엔 가진 자들한테 알랑거리는 사람들, 유명인들의 이름을 들먹이는 사람들, 높은 양반들하고 친하게 지내려는 사람들이 원래 많아.

fawn over ~ ~한테 알랑거리다 | **haves** (재산을 많이) 가진 자들 | **drop names** (자신이 안다는) 유명인들의 이름을 들먹이다 | **rub elbows** (유명인이나 부자하고) 친하게 지내다, 교제하다 | **big cheese** 거물, 높은 양반

91 **Don't you have pins and needles? You've been resting stock-still to a fault after putting elbow grease.**

너 몸 안 저려 오냐? 힘든 육체 노동을 하고 지나칠 정도로 꼼짝도 않고 쉬던데.

pins and needles (오래 앉았다가 일어날 때든지 무감각에서 회복할 때) 저리는 느낌, 찌릿하는 느낌 | **stock-still** 꼼짝도 하지 않는 | **to a fault** 지나칠 정도로 | **elbow grease** 힘든 육체 노동

92 Nag, nag··· Stop bugging me and get lost. I'm dead beat.

그놈의 잔소리··· 그만 좀 괴롭히고 저리 가. 나 피곤해 죽겠어.

nag 잔소리를 하다, 바가지를 긁다 | **bug** 괴롭히다, 골탕 먹이다 | **get lost** 저리 가 | **dead beat** 피곤해서 죽을 지경인

93 My father is a dropout too, but he could bat a thousand because he'd given full play to his zest.

내 아빠도 중퇴잔데, 자신의 열정을 맘껏 발휘해서 대성공을 거둘 수 있었어.

dropout 중퇴자 | **bat a thousand** 대성공을 거두다 | **give full play** 마음껏 발휘하다 | **zest** 열정, 열의, 묘미

94 I saw him dogtrotting with miscellaneous folders under his arm. He didn't look like a happy camper.

걔 가지각색의 폴더를 겨드랑이에 끼우고 종종걸음으로 가던데. 기분이 좋아 보이진 않았어.

dogtrot 종종걸음으로 가다 | **miscellaneous** 가지가지 다양한, 가지각색의 | **under one's arm** 겨드랑이에 끼우고 | **not a happy camper** 기분이 좋질 않은

95 I heard that he'll be released on parole and he became a trusty who behaves with propriety from a bag snatcher.

걔 가석방으로 풀려난대. 가방 날치기에서 예절 바른 모범수가 됐대.

parole 가석방 | **trusty** 모범수 | **with propriety** 예절 바르게 | **snatcher** 날치기

96 This burg will be torn down into oblivion too and workers will set the ball rolling on redevelopment. I guess it's gonna also be a teeming place soon.

이 도시도 이제 흔적도 없이 허물어지고 재개발이 시작될 거래. 여기도 금방 사람들 바글바글거리겠다.

burg 도시, 읍 | **oblivion** 망각, 흔적도 없이 사라짐 | **set the ball rolling** (일을) 시작하다 | **teeming** 바글바글거리는, 우글거리는

97 Knock it off! Don't gobble up the cheap-jack munchies too much.

그만해! 싸구려 안주 너무 집어삼키지 마.

knock it off 그만해 | gobble up 집어삼키다 | cheap-jack 싸구려의, 품질이 떨어지는, 싸구려 행상인 | munchies 작고 가벼운 과자, 안주

98 I'm drinking coffee in a wigwam made out of laths. It's a stone's throw from the big-box stores.

나 지금 윗가지로 만든 원형 천막집에서 커피 마시고 있어. 대형 할인점들 있는 데서 지척지간이야.

wigwam (과거 사람들이 쓰던) 원형 천막집 | lath 윗가지 | a stone's throw 아주 가까운 거리, 지척지간 | big-box store (주로 변두리에 있는) 대형 할인점

99 I have to go to the thrift shop. I have a bone to pick with the owner. She said this was in mint condition, but it's a dud.

나 중고품 가게 좀 가 봐야 돼. 주인한테 따질 게 있어. 그 사람이 이게 완전히 새것 같다고 했는데 제대로 작동하질 않아.

thrift shop 중고품 가게 | have a bone to pick with ~ ~한테 따질 게 있다 | in mint condition 완전히 새것 같은 | dud 불발탄, 제대로 작동하지 않는 것

100 Let's take five. The weather's sizzling hot. Don't work yourself into the ground and take to your bed.

날씨도 찌는 것처럼 더운데 막간 휴식 취하자. 자신을 혹사시켜서 앓아 눕진 마.

take five 막간 휴식을 취하다 | sizzling 찌는 것처럼 더운, 지글지글거리는 | work yourself into the ground 자신을 혹사시키다 | take to one's bed 앓아 눕다

101 **It doesn't cut the mustard. It's weak sauce. I think it's just shoddy schlock.**

기대한 것만큼 좋지가 않아. 영 실망스럽네. 그냥 조잡한 싸구려 같아.

cut the mustard 기대한 것만큼 좋다 | weak sauce 영 실망스러운, 별 볼 일 없는 |
shoddy 조잡한 | schlock 싸구려

102 **Yesterday was a bad hair day with a lot of blunders, right? However, you can't keep a good man down. You have plenty of time to bridge the gap, so don't worry.**

어젠 실수도 많았고 만사가 잘 안 풀리는 날이었지? 하지만 자신이 꼭 이루려는 사람은 막을 수가 없어. 부족한 걸 보완할 시간은 충분히 있으니까 걱정하지 마.

bad hair day 만사가 잘 안 풀리는 날 | blunder 실수, 실책 | you can't keep a good man down 자신이 꼭 이루려고 하는 사람은 못 막는다 | bridge a gap 부족한 걸 보완하다, 공백을 채우다

103 **Why did you become such a scrag? You used to be a jacked city, but now you have eyebags and you look so pinched.**

너 왜 이렇게 말라깽이가 됐어? 너 전엔 근육이 울퉁불퉁했었는데 지금은 다크서클에 아주 초췌해 보여.

scrag (보기 흉하게) 말라빠진 사람, 말라깽이 | jacked city 울퉁불퉁한 근육질 몸매 |
eyebags (눈 밑에) 다크서클 | pinched 초췌한, 핼쑥한

104 **Now all the fat is in the fire. The patrons will be gone for keeps. You really opened a can of worms.**

이젠 돌이킬 수 없다. 후원자 분들은 영영 돌아오지 않을 거야. 너 정말 쓸데없이 문제를 복잡하게 만들었어.

the fat is in the fire (실수 등으로 인해서) 돌이킬 수 없는 상황이 됐다, 물은 이미 엎질러졌다 | patron 후원자 | for keeps 영원히, 영영 | open a can of worms 쓸데없이 문제를 복잡하게 만들다

105 Her brag sheet couldn't make her go from strength to strength. A grade is just a means to an end. It's not always an open sesame to success.

화려한 이력서도 그분을 승승장구하게 만들진 못했지. 성적은 그냥 목적을 위한 수단일 뿐이지 항상 성공의 열쇠가 되는 건 아니야.

brag sheet 화려한 이력서 | go from strength to strength 승승장구하다, 성공에 성공을 거듭하다 | means to an end 목적을 위한 수단, 목표 달성을 위한 방도 | open sesame (성공 등의) 열쇠

106 Entrap the bandits of the area and swoop on the hideout.

그 지역의 노상강도들을 함정 수사하고 아지트를 급습하세요.

entrap (범행을 저지르도록) 함정 수사를 하다 | bandit (길에서 여행객을 노리는) 노상강도, 산적 | swoop (체포를 위해서) 기습을 하다, 급습하다 | hideout 아지트, 비밀 은신처

107 Duh! Stop the sob story. You guys gave the high sign to each other and are yanking my chain again, right?

하아… 청승 떠는 소리 하지 마. 니들 또 서로 비밀 신호 보내고 나 놀리는 거지?

duh (상대의 바보스러움을 탓할 때 쓰는 감탄사로) 휴, 하아 | sob story (남들의 동정심을 유발하기 위한) 청승 떠는 소리, 눈물을 자아내는 이야기 | high sign 비밀 신호 | yank one's chain (사실이 아닌 것을 믿게 하면서) 놀리다

108 We have to go through an uphill battle with no holds barred. We got it off the ground, but it's important to have unflagging stick-to-it-iveness too.

우린 어떠한 제약도 없는 아주 힘든 싸움을 해야 돼. 순조롭게 출발하긴 했지만, 지칠 줄 모르는 끈기도 중요하다.

uphill battle 아주 힘든 싸움 | no holds barred 어떠한 제약도 없는 | get ~ off the ground ~를 순조롭게 출발하다 | unflagging 쇠하지 않는, 지칠 줄 모르는 | stick-to-it-iveness 끈덕짐, 끈기

109 I looked back because my sister nudged me, looking aghast, and there he was, standing as large as life. It was not a hallucination a while ago.

누나가 혼비백산한 표정으로 날 쿡쿡 찌르길래 뒤돌아봤더니 걔가 거기 떡하니 서 있는 거야. 조금 전 그게 환영이 아니었어.

nudge (팔꿈치 등으로) 쿡쿡 찌르다 | **aghast** 혼비백산한, 대경실색한 | **as large as life** 떡하니, 우뚝 | **hallucination** 환영, 환청, 환각

110 He just likes to sell a wolf ticket when he's blitzed, but still and all, he has his moments.

쟤 원래 술 취하면 센 척하면서 허세 부리는 걸 좋아해. 근데 그럼에도 불구하고 나름 특별히 좋은 부분도 있어.

sell a wolf ticket 센 척하면서 허세 부리다 | **blitzed** 술에 취한 | **still and all** 그럼에도 불구하고 | **have one's moments** 나름 특별히 좋은 부분도 있다

111 It's not too shabby to have a bull session every now and then to break the mold.

가끔은 틀을 깨려고 자유 토론을 하는 것도 나쁘진 않지.

not too shabby 나쁘지 않은, 근사한 | **bull session** 비공식 논의, 자유 토론 | **every now and then** 가끔, 이따금 | **break the mold** 틀을 깨다, 새로운 것을 창조하다

112 Something's fishy about you. Where are you going at the ebony witching hour after throwing on your clothes?

너 뭔가 수상하다. 새까만 한밤중에 옷을 후다닥 걸쳐 입고 어딜 가?

fishy 수상한 | **ebony** 새까만 | **witching hour** 한밤중 | **throw on** ~ ~를 후다닥 걸쳐 입다, 다급하게 착용하다

113 You'll never be the pick of the bunch if you veg out all the time. Plug away at it and always cover all the bases.

느긋이 쉬기만 하면 절대로 최고가 될 수 없어. 꾸준히 하면서 항상 만반의 준비를 다 갖춰.

> **the pick of the bunch** (무리 중에서) 최고, 백미, 최우량품 | **veg out** 느긋이 쉬다 | **plug away** (힘들어도) 꾸준히 하다 | **cover all the bases** 만반의 준비를 다 갖추다, 경우의 수를 다 대비하다

114 Sometimes he's like a fifth columnist and sometimes he wraps himself in the flag. I think he's just a troll who wants to pick a fight.

걔 어떨 땐 역적 같고, 어떨 땐 지나치게 애국심을 내세워. 그냥 시비를 걸고 싶어 하는 시비꾼 같아.

> **fifth columnist** (전쟁 때 적을 위해서 일하는) 역적, 간첩, 반역자 | **wrap oneself in the flag** 지나치게 애국심을 내세우다 | **troll** (인터넷에서 고의적으로 남들의 화를 부추기는) 시비꾼 | **pick a fight** 시비를 걸다

115 Somewhere along the line, our friendship began to ebb away what with one thing and another. It's a normal thing when you're an eager beaver.

이런저런 일들 땜에 어느 시점부터 우리의 우정이 점차 사그라지기 시작했지. 사람이 열심히 살다 보면 흔히 있는 일이잖아.

> **somewhere along the line** (진행 중) 어느 시점 | **ebb away** 점차 사그라지다, 썰물처럼 밀려나가다 | **what with one thing and another** 이런저런 일들 때문에 | **eager beaver** 열심인 사람, 일벌레

116 She's in seventh heaven now. She's taking a breather after finishing the home stretch of a tough row to hoe.

쟤 지금 무아지경으로 행복한 상태야. 힘든 일의 최종 단계를 마치고 잠깐 한숨 돌리고 있거든.

in seventh heaven 무아지경으로 행복한, 환희에 빠진, 그지없이 행복한 | breather 짧은 휴식, 잠깐 한숨 돌리기 | home stretch (일 등의) 최종 단계 | a tough row to hoe 힘든 일

117 In the final analysis, the corpse which had been six feet under was exhumed because an autopsy must be done.

부검을 꼭 해야 돼서 결국에 매장돼 있는 시체를 꺼냈대.

in the final analysis 결국 | six feet under 매장되어 있는, 무덤에 들어가 있는 | exhume (부검 등을 위해서 시체를) 꺼내다, 파내다 | autopsy 부검, 검시

118 I'm having a rest in some burbs. It's a place where my grandfather used to hang his hat when I was just a twinkle in my father's eye and I made a hop to it.

나 변두리에 있는 주택 지역에서 쉬고 있어. 내가 태어나기 훨씬 이전에 할아버지가 거주하시던 곳인데 짧게 휙 여행 왔어.

burbs 교외, 변두리에 있는 주택 지역 | hang one's hat 거주하다 | when ~ was just a twinkle in one's father's eye ~가 태어나기 훨씬 이전에 | hop (주로 비행기로) 짧게 휙 갔다 오는 여행

119 Someone around me had had a lottery windfall, but he splurged money, so now he's an alky and it's even hard for him to keep body and soul together.

내 주위에 복권 횡재한 사람 있는데 돈을 물 쓰듯이 펑펑 써서 지금은 알코올 중독자에 간신히 생계를 유지해 나가기도 힘들어.

windfall (뜻밖의) 횡재 | splurge (돈을) 물 쓰듯이 펑펑 쓰다, 흥청망청 쓰다 | alky 알코올 중독자 | keep body and soul together 간신히 생계를 유지해 나가다

120 **How did you get that shiner? And your hair's disheveled. You need to patch it up because it looks throbbing.**

너 왜 눈이 시퍼렇게 멍들었어? 머리도 헝클어지고. 욱신거릴 것 같은데 임시 치료해야겠네.

shiner 시퍼렇게 멍든 눈 | disheveled 부스스한, 헝클어진 | patch ~ up ~를 임시로 치료하다, 땜질해서 대충 수선하다 | throb 욱신거리다, 지끈거리다

121 About the uncanny case in the jerkwater town, I've narrowed down the suspects to two and I think the motive's comp.

그 시골에서의 묘한 사건 말이야, 용의자를 둘로 줄였고 보상금 땜에 벌어진 일 같아.

uncanny 묘한, 불가사의한 | jerkwater (작고 외진) 시골의 | narrow ~ down (가능성이나 선택을) 줄이다 | comp 보상, 보상금

122 I eavesdropped when he was getting dressed down by the teacher and it sounded like he utterly screwed up the dictation.

걔 선생님한테 혼나는 거 엿들었는데 받아쓰기 시험 완전히 망친 것 같아.

eavesdrop 엿듣다 | dress ~ down ~를 혼내다, 나무라다 | utterly 완전히, 순전히 | screw up 망치다 | dictation 받아쓰기 시험, 구술

123 Hurl the ball fit to bust. Just let it rip like a shot!

공을 아주 거칠게 던져. 주저하지 말고 그냥 질러 버려!

hurl 거칠게 던지다 | fit to bust 아주, 몹시 기운차게 | let it rip! (자제하지 말고 강렬하게) 질러 버려! | like a shot 주저하지 않고, 총알처럼

124 He's thin on top. That's his innate quality. So don't call him a baldy because he hates it so much when others cut monkeyshines over it.

쟤 선천적으로 머리숱이 별로 없어. 그러니까 대머리라고 놀리지 마. 진짜 싫어해.

thin on top 머리숱이 별로 없는 | innate 타고난, 선천적인, 천성의 | baldy 대머리 | monkeyshine 놀림, 방정맞은 장난

125 We'll hunt down every last one of you if you put one over on us, so don't stir up a hornet's nest.

만약 우릴 속이면 너희들 마지막 하나까지 다 추적할 거니까 괜히 벌집 건들지 마라.

hunt ~ down ~를 끝까지 추적하다 | every last ~ 마지막 하나의 ~까지, 하나도 빠짐없이 |
put one over on ~ ~를 속이다 | stir up a hornet's nest 벌집을 건드리다

126 I pant for the summer retreat now, but I may change my mind on the spur of the moment again. I just booked last time.

지금은 여름 수련회 간절히 가고 싶긴 한데 또 순간적인 충동으로 마음이 바뀔 수도 있을 것 같아. 저번에도 그냥 갑작스럽게 떠나 버렸잖아.

pant for ~ ~를 간절히 원하다, 갈망하다 | retreat 수련회 | on the spur of the moment
순간적인 충동으로 | book 갑작스럽게 떠나다

127 This makes a din whenever I set it in motion. I can't do the repair. I guess an auto shark will have to run interference.

이거 시동 걸 때마다 소음이 나. 수리는 내가 못 하겠고, 자동차 전문가가 대신 처리해 줘야 될 것 같아.

din (오래 계속되는) 소음 | set ~ in motion 시동을 걸다 | shark (특정 분야의) 전문가 |
run interference (남의 힘든 일을) 대신 처리해 주다

128 The wiretap is state-of-the-art and custom-made, so the operation probably would not turn sour.

그 도청 장치는 최첨단에 특수 제작이 된 거라 아마 작전이 잘못되진 않을 거야.

wiretap 도청 장치 | state-of-the-art 최첨단의 | custom-made 주문 제작한, 특수
제작한 | turn sour 틀어지다, 잘못되다

129 **That's ancient history. Talk to the hand. I'm seriously jaded by that old chestnut.**

그건 만천하가 다 아는 일이야. 됐어, 그만 말해. 그 케케묵은 얘긴 진짜로 물린다.

ancient history 누구나 다 아는 것, 만천하가 다 아는 일 | talk to the hand (상대한테 손바닥을 내보이면서) 됐어 그만 말해 | jaded 물린, 싫증이 난, 진절머리가 나는 | old chestnut (너무 많이 들어서 재미없는) 케케묵은 이야기

130 **I was so keyed up that my hands gravitated toward the talisman although I don't even buy it.**

난 너무 긴장이 돼서 믿지도 않는 부적에 손이 저절로 끌려 버렸어.

keyed up (중요한 일을 앞두고) 긴장한 | gravitate toward ~ 저절로 ~에 끌리다 | talisman (행운을 준다고 여겨지는) 부적 | not buy it 안 믿는다, 불신감이 들다

131 **You shouldn't have accepted their offer in the first place, still less the boodle. The moment you took that money, you became their stooge.**

넌 애초에 그들의 제의를 받아들이면 안 됐어. 부정 헌납금은 더더욱 말할 것도 없고. 그 돈을 받는 순간 넌 그들의 꼭두각시가 된 거야.

in the first place 애초에 | still less (부정문을 받아서) ~는 더더욱 말할 것도 없고, 하물며 ~는 아니다 | boodle 뇌물, 매수금, 부정 헌납금, 불법적인 헌금 | stooge 앞잡이, 꼭두각시

132 **I'm sorry to cut you in mid flow, but I think I have to go now like greased lightning. I have to swing by the post office and send out a missive through snail mail.**

한창 말하는 도중에 끊어서 미안한데, 지금 나 번개처럼 가 봐야 될 것 같아. 우체국에 잠깐 들러서 재래식 편지를 부쳐야 돼.

in mid flow 한창 말하는 도중에 | like greased lightning 번개처럼, 전광석화와 같이 | swing by ~ (특히 어딜 가는 길에) ~에 잠깐 들르다 | missive (길거나 공식적인) 편지 | snail mail (이메일과 반대되는) 종이 편지로 부치는 우편 제도, 재래식 우편 방식

133 Since the chairman walked away, the situation was really topsy-turvy. The company was on the ropes and it was like a catch-22 for real.

회장님이 외면하고 떠나 버린 후에 상황이 온통 뒤죽박죽이긴 했었지. 회사는 실패하기 직전이었고 정말 진퇴양난에 빠진 것 같았어.

walk away (힘든 것을) 외면하고 떠나 버리다 | topsy-turvy 거꾸로인, 온통 뒤죽박죽인 | on the ropes 실패하기 직전인 | catch-22 진퇴양난, 딜레마, 옴짝달싹할 수가 없는 상황

134 A lifer had escaped from prison and he was found in an underground hideaway which was full of dust bunnies. And he was like a rabid dog.

무기 징역자가 감옥에서 탈옥을 했는데 먼지 더미로 꽉 찬 지하 은신처에서 발견이 됐대. 근데 마치 광견병에 걸린 개와 같았대.

lifer 무기 징역자, 종신형 재감자 | hideaway 은신처 | dust bunny 먼지 더미 | rabid 광견병에 걸린, 공수병에 걸린

135 No sweat! I'm cutting you some slack because you look wan. All work and no play makes Jack a dull boy.

별거 아니야. 너 창백해 보여서 널널하게 해 주는 거야. 너무 일만 하는 건 건강에 좋지 않지.

no sweat (상대방의 감사나 부탁에 대해서) 별거 아니야, 문제 없어 | cut ~ some slack 널널하게 해 주다 | wan 창백한 | all work and no play makes Jack a dull boy 너무 일만 하는 건 건강에 좋지 않다

136 He had been on the make, but his plan went belly up and now he's getting chased by skip tracers. His dead parents would turn over in their grave.

개 부도덕하게 돈을 노리다가 파산하고 지금 채무자 수색원들한테 쫓기고 있어. 돌아가신 부모님이 무덤 속에서 탄식을 하겠지.

on the make 부도덕하게 돈을 노리는 | **go belly up** 도산하다, 파산하다, 망하다 | **skip tracer** 도망친 빚쟁이를 찾기 위해서 고용된 사람, 채무자 수색원 | **turn over in one's grave** (고인이) 무덤 속에서 탄식을 하다, 고이 잠들지 못하다

137 You guys are so balky. You shouldn't ransack a place without a warrant. You ran around like a headless chicken and are not even getting somewhere.

너네 정말 비협조적이다. 영장도 없이 엉망진창으로 뒤져 놓으면 어떡해? 정신없이 설치기만 하고 진전은 조금도 못 보이고.

balky 말을 안 듣는, 비협조적인 | **ransack** (무엇을 찾기 위해서 어떤 곳을) 엉망진창으로 뒤져 놓다, 샅샅이 뒤지다 | **run around like a headless chicken** 정신없이 설치다 | **getting somewhere** 조금 진전을 보이는

138 He slipped on a rung due to drizzle and had a concussion. If you think you can't pay your respects, send him a get-well card.

그분 보슬비 땜에 사다리 계단에서 미끄러져서 뇌진탕을 일으켰어. 문안 못 드릴 것 같으면 병문안 카드라도 보내.

rung 사다리의 계단들을 이루는 가로대 | **drizzle** 이슬비, 보슬비, 가랑비 | **concussion** 뇌진탕 | **pay one's respects** (인사차로) 방문하다, 문안을 드리다, 유족 등에게 조의를 표하다 | **get-well card** 병문안 카드

139 They said we have to wear a bandanna as a blindfold and go into a pitch-dark room. Then we have to fish for a key.

두건을 눈가리개로 쓰고 새까만 방으로 들어가야 된대. 그리고 손으로 더듬어서 열쇠를 찾아야 된대.

bandanna 두건 | blindfold (천으로 된) 눈가리개 | pitch-dark 새까만 | fish for ~ 손으로 더듬어서 ~를 찾다

140 I wanna commend his gusto, but no soap. There're things you can't do for the life of you.

걔 열정은 칭찬해 주고 싶은데 가망이 없어. 아무리 애를 써도 안 되는 것들이 있는 법이야.

commend 칭찬하다 | gusto 열정 | no soap 불가능, 가망 없음 | for the life of you 아무리 노력해 봐도, 아무리 애를 써도, 도저히

141 I almost had a fender bender a moment ago because a blind spot came out of the woodwork, but I could barely avoid it by a hair's breadth.

방금 사각지대가 난데없이 나타나서 접촉 사고 날 뻔했는데 간발의 차이로 겨우겨우 피했어.

fender bender (가벼운) 접촉 사고 | blind spot 사각지대 | come out of the woodwork 난데없이 나타나다 | by a hair's breadth 간발의 차이로, 아슬아슬하게

142 Your guess is as good as mine. I'd be agog to know who the mastermind is and why the election's rigged.

모르는 건 나도 마찬가지야. 누가 지휘를 했고 왜 선거가 조작됐는지 나도 굉장히 궁금해.

your guess is as good as mine 모르는 건 나도 마찬가지야, 모르기는 피차일반이야 | agog 몹시 궁금해하는 | mastermind (특히 범죄같이 복잡한 일을 계획하고) 지휘하는 사람 | rig 조작하다

143 The confab's in full swing. It's like a bash. I thought it'd be like watching paint dry.

모임이 한창 무르익었어. 마치 파티 같아. 아주 지루할 줄 알았는데.

confab (특정한 전문 분야 사람들의) 모임, 학회 | in full swing 한창 무르익은 | bash 파티 | like watching paint dry 아주 지루한

144 I've had it up to here. Am I a saint? He's too grabby and ornery.

나도 참을 만큼 참았어. 내가 성인군자야? 걘 너무 욕심이 많고 성미가 고약해.

have had it up to here 참을 만큼 참았다 | saint 성인군자 같은 사람 | grabby 욕심이 많은 | ornery 성미가 고약한

145 **There's too much computerese. It's out-and-out mumbo jumbo. Don't we have an alpha geek?**

컴퓨터 전문 용어가 너무 많아. 완전히 샬라샬라야. 우리 컴퓨터 달인 없어?

computerese 컴퓨터 전문 용어 | out-and-out 완전히 | mumbo jumbo 뜻을 알 수 없는 말들, 샬라샬라 | alpha geek 컴퓨터를 다루는 것의 달인

146 **What's going on? I saw Mac marching you to the back alley. Then he hauled off and tried to clobber you with might and main.**

무슨 일이야? 맥이 너 뒷골목으로 끌고 가는 거 봤어. 그러고선 팔을 젖히고 온 힘을 다해서 널 치려고 하던데.

march (걷도록 강요를 해서) 데려가다, 끌고 가다 | haul off (치려고) 팔을 뒤로 빼다 | clobber 두들겨 패다, 사정없이 치다 | with might and main 온 힘을 다해서

147 **There's no room to swing a cat and it's so higgledy-piggledy. You have to put up with it for a week and rough it.**

방이 너무 비좁고 너저분하다. 너 일주일 동안 참고 불편한 생활 좀 해야 돼.

no room to swing a cat (방이) 너무 비좁은 | higgledy-piggledy 너저분한, 뒤죽박죽인, 엉망인 | put up with ~ ~를 불평 없이 받아들이다, 참다 | rough it (잠시 동안) 불편한 생활을 하다, 원시적인 생활을 하다

148 **They're snoozing after cutting up and running around every which way. Go and tuck them in.**

사방팔방으로 뛰어다니면서 장난치다가 잠깐 눈 좀 붙이고 있어. 가서 이불 잘 덮어 줘.

snooze 잠깐 자다, 눈을 붙이다 | cut up (남을 웃기려고 유치하고 소란스럽게) 장난을 치다 | every which way 사방팔방으로 | tuck ~ in ~한테 이불을 잘 덮어 주다

149 Let's have a final fling. There're lots of chow, so eat it to your heart's content and take the leftovers.

마지막으로 신나게 한바탕 즐기자. 음식도 많으니까 실컷 먹고 남은 건 싸 가.

final fling 마지막으로 신나게 한바탕 즐기기 | **chow** 음식 | **to one's heart's content** 마음껏, 실컷, 흡족할 때까지, 직성이 풀릴 때까지 | **leftover** 먹다 남은 음식

150 She used to live a run-of-the-mill life, but now she's living high off the hog due to her serendipitous success. So people around her are green with envy.

걔 원랜 지극하게 평범한 삶을 살았는데 우연찮게 성공을 해서 지금 사치스럽게 사는 거야. 그래서 주위 사람들이 굉장히 샘을 내.

run-of-the-mill 지극히 평범한 | **live high off the hog** 사치스럽게 살다 | **serendipitous** (좋은 일이) 우연히 일어나는, 운 좋게 발견하는 | **green with envy** 굉장히 샘을 내는

151 How about weeding out your spare tires by a tummy tuck? Then I guess you'll get a slim tummy.

지방 제거 수술해서 허리 둘레에 군살을 제거하는 건 어때? 그럼 배가 날씬해질 수 있을 거 같은데.

weed ~ out ~를 제거하다 | **spare tire** 허리 둘레에 군살 | **tummy** 배 | **tuck** 지방 제거 수술

152 It's a window of opportunity for you. You're in your element when you're dickering over something. It's right up your alley.

너한테 절호의 기회네. 너 뭐 흥정할 때 물 만난 물고기 같잖아. 너한테 딱 어울린다.

window of opportunity 절호의 기회 | **in your element** (자신이 좋아하고 잘하는 것을 해서) 물 만난 물고기 같은 | **dicker** 흥정하다 | **right up your alley** (많이 알고 있거나 관심이 있는 분야라서) 딱 어울리는, 딱 맞는

153 You had such overweening pride and now you change your tune and beat a retreat? It has come home to roost.

그렇게 자만에 차 있더니 이제 와서 태도를 싹 바꾸고 퇴각해? 자업자득이다.

overweening 자만에 찬, 우쭐대는 | change one's tune (특히 오만에서 겸손으로) 태도를 싹 바꾸다 | beat a retreat (불쾌한 것을 피해서) 황급히 물러나다, 퇴각하다, 적에게 등을 보이다 | come home to roost 자업자득이 돼서 자신한테 돌아오다

154 I really went through a saga of putting on the feed bag of mutton. I jockeyed so much for seats.

나 양고기 식사 한번 하려고 아주 파란만장한 이야기를 겪었어. 자리 땜에 얼마나 싸워 댔는지.

saga 대하소설, 무용담, 파란만장한 이야기 | put on the feed bag 식사하다 | mutton 양고기 | jockey (무엇을 얻기 위해서 수단과 방법을 안 가리며) 싸우다

155 A taxi will draw up soon and you'll see the nanny. Make her feel as if our house is her home away from home. And put everything at her disposal.

금방 택시가 다가와서 설 거고 유모가 보일 거야. 우리 집을 자기 집처럼 편하게 느낄 수 있도록 해 줘. 물건들은 원하는 대로 맘대로 다 쓸 수 있게 해 주고.

draw up (차량이) 다가와서 서다 | nanny (아이를 돌보기 위해서 고용이 된) 유모 | home away from home 집처럼 편안한 곳 | at one's disposal 원하는 대로 맘대로 쓸 수 있는

156 One-upmanship just comes with the territory in the age of the rat race. It can't be helped.

무한 경쟁 시대에서 남들을 앞지르려는 술책은 그냥 일상이야. 어쩔 수가 없어.

one-upmanship 남들을 앞지르려는 술책, 우월 의식 | come with the territory 원래 보통 있는 일이다, 일상이다 | rat race (돈과 권력을 향한) 무한 경쟁, 과당 경쟁, 생존 싸움 | it can't be helped 어쩔 수가 없다

157 Last night, some delinquent teens went on a rampage near at hand and took a powder.

어제 비행 십대들이 바로 근처에서 광란의 난동을 부리고 달아났대.

delinquent 비행의, 범죄 성향을 보이는 | rampage 광란의 난동 | near at hand 바로 근처에서, 머지않아 | take a powder 달아나다

158 Do you have the sand to try the tightrope walking? My heart skipped a beat and I was frightened out of my wits when I tried it.

너 외줄타기 시도할 용기 있어? 난 심장이 멎을 것만 같았고 무서워서 아무 생각도 안 들던데.

sand 용기, 투지 | tightrope walking (곡예사들이 공중에서 밟고 걷는) 외줄타기 | one's heart skips a beat (놀라거나 설렘 등으로) 심장이 멎을 것만 같다 | frightened out of one's wits 무서워서 아무 생각도 안 드는

159 He looks a bit wham-bam because he's one of the boys, but he's actually full of beans and has much milk of human kindness.

쟤 남자들끼리 몰려다니는 애라서 조금 난폭해 보여도 사실 아주 활기차고 인정이 많아.

wham-bam 난폭한, 쿵쾅하고 | one of the boys 남자애들로 구성된 친구들 무리 중 한 명 | full of beans 아주 활기찬 | milk of human kindness (따뜻한) 인정

160 He's a soccer jock. He runs through stepovers and heel flicks every day. He'll most likely run rings around them.

쟤 축구광이야. 헛다리 짚기하고 뒤꿈치로 공 올리는 기술을 맨날 연습해. 아마 쟤들보다 훨씬 더 잘할 거야.

jock ~의 광, 운동을 많이 하는 남자 | stepover (축구에서) 헛다리를 짚어 가면서 상대를 속이는 드리블 기술 | heel flick 축구공을 뒤꿈치로 쳐서 하늘로 띄우는 기술 | run rings around ~ ~보다 훨씬 더 낫다

161 Hey, you remember the deranged road hog who whooshed by us, don't you? It transpired that the guy had been an arsonist.

야, 우리 옆을 쉭 하고 지나간 그 미친 난폭 운전자 기억나지? 알고 보니까 걔가 방화범이었어.

deranged (억제가 안 되고 난폭하게) 미친 | **road hog** 난폭 운전자 | **whoosh** (날쌔게) 쉭 하고 지나가다 | **transpire** 알고 보니 ~이다, 판명되다 | **arsonist** 방화범

162 This rigmarole of creating an account truly makes me go out of my skull. I'm getting hacked off. Don't you have something like this down pat?

계정 만드는 이 복잡한 절차가 정말 내 머리 돌게 만든다. 화가 머리끝까지 나네. 넌 이런 거 달달 외우고 있지 않아?

rigmarole (불필요하게 길고) 복잡한 절차 | **out of one's skull** 머리가 돌은, 술에 몹시 취한 | **hack ~ off** 화가 머리끝까지 나게 하다 | **have something down pat** ~를 달달 외우고 있다, 완벽히 숙지하고 있다

163 I'm gonna buckle down to globe-trotting and I need a starter kit. Why don't you recommend a practical one rather than a white elephant?

나 세계 여행을 본격적으로 시작할 건데 그때 유용하게 쓰일 도구 세트가 필요하거든. 쓸데없이 돈만 많이 드는 거 말고 실질적인 걸로 추천해 봐.

buckle down to ~ ~를 본격적으로 시작하다 | **globe-trot** 세계 여행을 하다, 세계 각국을 돌아다니다 | **starter kit** (무엇을 처음 시작할 때) 유용하게 쓰이는 도구 세트 | **white elephant** 쓸데없이 돈만 많이 드는 것

164 Frenemies have finally reared their ugly head. Let's take the bull by the horns. The buck stops here.

친구인 척하던 적들이 드디어 모습을 드러낸 거네. 문제에 정면으로 맞서자. 모든 책임은 내가 질 테니까.

frenemy 친구인 척하는 적 | rear one's ugly head (나쁜 것이) 모습을 드러내다, 표면화되다, 두각을 나타내다 | take the bull by the horns 문제에 정면으로 맞서다 | the buck stops here 모든 책임은 내가 진다, 책임 전가를 하지 않는다

165 I'm not hazing the tenderfoots out of all bounds. I just told them to make the room spick and span.

내가 신고식으로 신참들을 너무 지나치게 괴롭힌다고? 난 그냥 방만 깔끔하게 만들라고 했어.

haze (신참을) 신고식으로 괴롭히다 | tenderfoot 신참, 초보, 미경험자 | out of all bounds 너무 지나친, 상도를 벗어난 | spick and span 산뜻한, 깔끔한, 말끔한

166 The girl in azure Daisy Dukes next to the posh car, right? So you think she's got allure?

화려한 자동차 옆에 하늘색 핫팬츠 입은 여자 말이지? 쟤가 매력 있는 것 같다고?

azure 하늘빛의, 하늘색의 | Daisy Dukes 핫팬츠, 아주 짧은 여성용 반바지 | posh (값비싸고) 화려한, 우아한 | allure 매력

167 She's always under a cloud. She's committed jobbery in the past. People keep gunning for her even though she wore sackcloth and ashes.

저 사람 원래 항상 의심을 받아. 공직을 이용한 부정 이득을 저지른 적이 있거든. 깊이 뉘우쳤는데도 사람들이 계속 공격할 기회를 찾지.

under a cloud 의심을 받는 | jobbery 공직을 이용한 부정 이득 | be gunning for ~ ~를 공격할 기회를 찾다 | wear sackcloth and ashes 깊이 뉘우치다, 참회하다

168 **Everybody has to scooch by with inconvenience due to the gaggle of winos. Whew.. birds of a feather flock together.**

시끌벅적한 술주정뱅이 노숙자들 땜에 다들 불편하게 지나가야 되네. 휴.. 유유상종 이다.

scooch (좁은 틈을) 지나가다 | gaggle 시끌벅적한 무리 | wino 술주정뱅이 노숙자, 술에 중독된 부랑자 | birds of a feather flock together 유유상종, 끼리끼리 모인다

169 **If you hanker to be a personage, get off the dime right now and be a go-getter.**

네가 저명인사가 되길 갈망한다면 지금부터 당장 헛된 시간 그만 보내고 성공하려 고 아주 작정을 해.

hanker 갈망하다, 항상 연연하다 | personage 저명인사 | get off the dime 헛된 시간을 그만 보내다 | go-getter 성공하려고 단단히 작정한 사람

170 **The student teacher is so lenient and she has a heart of gold, but it's a little problem that she wouldn't say boo to anyone.**

그 교생 선생님 정말 관대하고 아주 친절하긴 한데 약간 문제는 너무 소심해서 누구 한테 싫은 소릴 못 해.

student teacher 교생 선생님 | lenient 대범한, 관대한, 너그러운 | have a heart of gold 아주 친절한, 마음씨가 고운 | not say boo to anyone 너무 소심해서 누구한테 싫은 소리를 못 하다

171 **There was a time when I used to blubber and drown my sorrows after I'd been ditched. I think I wouldn't turn a hair now.**

나도 애인한테 차이고 엉엉 울면서 술로 슬픔을 달래던 때가 있었지. 지금은 눈썹 하나 까딱하지 않을 것 같은데.

blubber 엉엉 울다, 흐느껴 울다, 곡소리를 내다 | drown one's sorrows 술로 슬픔을 달래다 | ditch (애인을) 차 버리다, 내팽개치다, 비행기 등이 수면에 불시착하다 | not turn a hair 눈썹 하나 까딱하지 않다

172 My friends asked me along to the excursion today, but you know, I got whiplash after jamming on the brakes. So I took a rain check.

오늘 내 친구들이 당일 유람에 같이 가자고 했는데 나 급브레이크 걸다가 목뼈 부상 입었잖아. 그래서 다음을 기약했어.

excursion 짧은 여행, 당일 유람 | whiplash (특히 자동차 사고로 인한) 목뼈 부상, 편타 손상 | jam on the brakes 급브레이크를 걸다 | take a rain check (정중하게 거절하는 의미로) 다음을 기약하다

173 Do you really think you can walk all over me? You must think you're all that. Conceit is your middle name for sure.

네가 정말 날 쉽게 이길 것 같아? 네가 아주 대단한 줄 아나 봐. 자만심이 아주 주특 기야.

walk all over ~ 쉽게 이기다, 깔아 뭉개다, 직사게 밟아 놓다, 모질게 다루다, 낙승하다 | be all that (비꼬는 상황에서 자주 쓰이는) 굉장히 매력적인, 아주 대단한 | conceit 자만심, 지나친 자부심 | one's middle name ~의 두드러진 특징, ~의 주특기

174 The buzz is that she indulged in Mary Jane and it took a heavy toll on her health.

걔 대마초에 빠져서 건강 해쳤단 소문이 수군수군 돌아.

buzz 수군수군거리는 소문, 풍문, 풍설 | indulge 빠지다, 탐닉하다 | Mary Jane 대마초 | take a heavy toll on ~ ~를 해롭게 하다, ~에 타격을 주다, 손실을 입히다

175 Without evidence, your claim is strictly for the birds. Why don't you go through the recluse's house with a fine-tooth comb and find a rod?

증거가 없으면 네 주장은 전혀 소용이 없어. 그 은둔자의 집을 이 잡듯이 뒤져서 권 총을 찾아보든가.

strictly for the birds 전혀 소용이 없다, 실용적이지 못하다 | go through ~ with a fine-tooth comb (무엇을 찾기 위해서) ~를 이 잡듯이 뒤지다, 세밀하게 탐색하다, 면밀히 조사하다 | recluse (남들을 피해서 사는) 은둔자, 세상을 등진 사람 | rod 권총

176 **She's a great one for tickling the ivories. Making allowances for her age, she's got a helluva artistry too.**

걔 피아노 진짜 열심히 쳐. 나이를 감안하고 보면 예술가적 기교도 대단한 거고.

a great one for ~ ~에 아주 열심인 사람 | tickle the ivories 피아노를 치다 | make allowances for ~ ~를 감안하고 보다, 참작하다, 아량을 베풀다 | helluva 굉장한, 대단한, 비상한 | artistry (창의적인) 예술가적 기교, 예술성

177 **My ears are burning. Someone must be saying bad things about me in hugger-mugger. I have to admit that I acted like a stick-in-the-mud and an old fogey a while ago.**

귀가 아주 가렵네. 누가 남몰래 내 욕 하나 보다. 내가 아까 새로운 건 시도도 하지 않으려 했고 시대에 뒤떨어진 사람처럼 행동하긴 했었는데.

one's ears are burning (누가 자신에 대한 말을 하는 것 같아서) 귀가 몹시 가렵다 | in hugger-mugger 은밀하게, 남몰래 | stick-in-the-mud 새로운 걸 시도도 하지 않으려는 사람, 구태의연한 사람, 인습적인 사람 | old fogey 시대에 뒤떨어진 사람, 구식 인간

178 **Holy smoke! What in Sam Hill is that? A trike from Kriss Kringle!**

어머나! 대체 저게 뭐야? 산타 할아버지가 세발자전거 놓고 갔네!

holy smoke 어머나, 세상에 | Sam Hill 대체 | trike 세발자전거, 3륜 오토바이 | Kriss Kringle 산타클로스

179 **That's a very grody, cruddy gambit. However, two can play at that game.**

아주 밥맛 떨어지는 더러운 수네. 그렇다고 나도 당하고만 있을 순 없지.

grody 재수 없는, 밥맛 떨어지는, 열등한, 하등한 | cruddy 더러운, 불결한, 저질스러운 | gambit (말이나 행동으로 취하는 초반의) 수 | two can play at that game 나도 당하고만 있을 순 없다, 그냥 넘어가진 않겠다, 그런 식으로 나온다면 나한테도 방법이 있다

180 **Everybody's boogieing in flossy threads here and it's like the primrose path.**

다들 야한 옷을 입고 춤을 추고 있는 여긴 마치 환락의 길 같군.

boogie (격렬하게) 춤추다 | flossy (복장 등이) 야한, 풀솜 같은 | threads 옷, 의류, 의상, 의복 | primrose path 환락의 길, 쾌락, 안이한 길, 전락의 길, 앵초가 많은 길

181 She plays second fiddle to a tiger-tamer. I had my heart in my mouth, but she's an animal fiend.

걔 호랑이 조련사의 보조 역할을 맡고 있어. 난 까무러칠 뻔했는데 걘 동물광이거든.

second fiddle 보조 역할, 종속적 역할, 보좌관, 차선의 것, 하위의 사람 | tamer 조련사 | have one's heart in one's mouth 까무러칠 뻔하다, 아연실색을 하다, 전전긍긍하다 | fiend ~를 광적으로 좋아하는 사람, 악령, 악귀

182 They didn't wave it aside, but I think they'll cop out of it by not getting the show on the road till the cows come home.

걔들이 단번에 거절하진 않았는데 정해진 기간 없이 오랫동안 착수하지 않으면서 책임을 회피할 것 같아.

wave ~ aside 물리치다, 단번에 거절하다, 일축하다 | cop out 책임을 회피하다, 변절하다 | get the show on the road 시작하다, 착수하다 | till the cows come home 정해진 기간 없이 오랫동안

183 Everyone's wearing an olive drab uniform. I guess I didn't get the memo. I stick out a mile because I'm the only person that is duded up in a gunmetal gray suit.

다들 군복 색깔 유니폼을 입고 있어. 나만 몰랐나 보다. 나 혼자 짙은 회색 정장으로 쫙 빼 입어서 너무 튀네.

olive drab 군복에 자주 쓰이는 탁한 녹색, 황록색, 녹갈색 | not get the memo 남들이 다 아는 걸 자신은 모르다 | stick out a mile 너무 튀다, 아주 명확하다 | dude up (특히 남자가) 옷을 쫙 빼 입다 | gunmetal gray 짙은 회색

184 I happened to play the cat's cradle because I had to be in some dullsville and I got dialed in so much that I even got prickly heat on my hands.

내가 아주 따분한 곳에 있어서 어쩌다 실뜨기 놀이를 하게 됐는데 손에 땀띠가 날 정도로 온 정신을 다 집중하게 됐네.

cat's cradle 실뜨기 놀이 | dullsville 아주 따분한 곳 | dialed in 전념을 다하는, 온 정신을 다 집중하는 | prickly heat 땀띠

185 He's swindled by a bunco artist and he's even framed. It's a double whammy. There but for the grace of God.

걔 사기꾼한테 사취를 당한 데다가 누명까지 썼어. 이중의 불상사지. 신의 은총이 없으면 누구라도 그런 일을 당할 수 있는 거야.

swindle 사취하다, 사기 치다, 협잡 | bunco artist 사기꾼, 야바위꾼 | frame 누명을 씌우다 | double whammy 이중 불행, 이중의 불상사 | there but for the grace of God 신의 은총이 없으면 누구라도 그런 일을 당할 수 있는 거다

186 A good many people are having a tiger by the tail and floundering. However, we haven't seen hide nor hair of the causer.

꽤 많은 사람들이 예기치 않은 곤경에 빠져서 허둥대고 있어. 근데 막상 문제를 초래한 사람은 코빼기도 보이질 않네.

a good many 꽤 많은, 제법 많은 | have a tiger by the tail 예기치 않은 곤경에 빠지다 | flounder 바둥거리다, 몸부림치다, 허우적거리다, 허둥대다 | not see hide nor hair of ~ ~의 코빼기도 못 보다, 그림자도 못 보다

187 Have you got wind of it? A psychic's gonna hypnotize her to crack the hoodoo because she's totally possessed by specters.

너 그 소문 들었어? 걔 완전히 망령에 홀려서 심령술사가 최면을 걸 거래. 저주를 깨려고.

get wind of ~ ~에 대한 소문을 듣다 | **hypnotize** 최면을 걸다, 최면술을 쓰다 | **hoodoo** (불운을 가져다 주는) 저주, 불길한 것 | **possessed** 홀린 | **specter** 요괴, 망령, 헛것

188 This movie's really ingenious and phenomenal. I'm watching it for the nth time. It's a movie to end all movies.

이 영화 진짜 기발하고 경탄스러워. 나 지금 몇 번째 보는지 몰라. 다른 영화들은 아무것도 아닌 것처럼 보이게 할 정도야.

a ~ to end all ~s 다른 건 아무것도 아닌 것처럼 보이게 할 정도로 탁월한, 정평 있는 | **nth** 몇 번째인지도 모를 정도의, 불특정 다수의 | **ingenious** 기발한 | **phenomenal** 경이로운, 경탄스러운, 우러러볼 만한

189 Not only is it cheesy, but it's also dreary because it's a retread of a song fad.

이건 싸구려 같을 뿐 아니라 일시적으로 유행이었던 노래를 재탕한 거라 따분하기까지 해.

cheesy 천격스러운, 싸구려 같은, 하치의 | **dreary** 따분한, 황량한, 쓸쓸한 | **retread** (책, TV 프로그램, 영화, 노래 등의) 재탕, 재생 타이어 | **fad** 일시적인 유행

190 The guy just looks so steezy when you're head over heels in love. That's because you're seeing everything through rose-tinted glasses. I don't think he outshines other guys.

사랑에 빠져서 정신 못 차릴 땐 원래 가만있어도 멋있어 보여. 눈에 콩깍지가 씌어서 그래. 내가 볼 땐 다른 애들보다 낫진 않아.

steezy 힘들이지 않고도 멋있는, 가만있어도 멋있는 | **head over heels in love** 사랑에 빠져서 정신을 못 차리는 | **rose-tinted** 눈에 콩깍지가 낀, 장밋빛 같은 | **outshine** ~보다 낫다

191 I've just had a rude awakening. I think the person who holds the purse strings has been either prodigal or siphoning off money.

나 갑자기 불쾌한 사실 깨달았어. 경리를 맡은 사람이 낭비를 하고 있거나 돈을 몰래 빼돌리는 것 같아.

> rude awakening 갑자기 불쾌한 사실을 깨닫게 됨, 돌연적인 자각 | hold the purse strings 경리를 맡다, 돈 관리를 맡다 | prodigal 방탕한, 낭비하는 | siphon (돈을) 몰래 빼돌리다

192 He's the archetypal nudnik. He always tries to preachify about things that will not even stand me in good stead.

걔 아주 전형적으로 귀찮은 애야. 맨날 나한테 크게 도움도 안 될 것들에 대해서 지루하게 설교하려고 해.

> archetypal 아주 전형적인, 원형적인 | nudnik 귀찮은 사람 | preachify 지루하게 설교하거나 훈계를 하다 | stand ~ in good stead ~한테 크게 도움이 되다

193 Why are you puffing at your cigar with an antsy look? Out with it! You look so daunted.

왜 안달 난 표정으로 담배를 뻐끔뻐끔 피워 대? 다 말해 버려! 너 아주 기가 죽은 거 같아.

> puff (담배를) 뻐끔뻐끔 피우다, 칙칙폭폭 달리다 | antsy 안달이 난, 좀이 쑤시는 | out with it 다 말해 버려 | daunt 기죽게 만들다, 기력을 꺾다

194 You can't have your cake and eat it too. That's squaring the circle. If it doesn't dawn on you, then you'll go through a debacle.

두 마리의 토끼를 다 잡을 순 없어. 그건 불가능한 일을 시도하는 거야. 그걸 깨닫지 못하면 낭패를 볼 수밖에 없지.

> you can't have your cake and eat it too 양쪽을 다 가질 순 없다, 두 마리의 토끼를 다 잡을 수는 없다 | square the circle 불가능한 일을 시도하다 | dawn on ~ 깨닫게 되다 | debacle 붕괴, 낭패, 폭락, 와해

195 There was a clampdown on street vendors who have been selling bootleg DVDs. Be careful. You've been sailing close to the wind too.

무단 복제 DVD 파는 노점상들한테 기습 단속이 있었어. 조심해. 너도 아슬아슬한 짓 하고 있잖아.

clampdown 기습 단속 | street vendor 노점상, 도붓장수, 가두 판매인 | bootleg 해적판의, 무단 복제의, 밀조된, 밀주를 제조하다 | sail close to the wind (거의 불법이거나 사회적으로 거의 용납이 안 되는 수준으로) 아슬아슬한 짓을 하다

196 The serial killer did himself in while he was on death row, in solitary confinement.

그 연쇄 살인범 독방에 갇혀서 사형 집행 기다리다가 자살했어.

serial killer 연쇄 살인범 | do oneself in 자살하다 | on death row 사형 집행을 기다리는 | solitary confinement 독방 감금

197 He's not such a happy-go-lucky person. He'd probably take the bit between his teeth. He's made of sterner stuff and wouldn't be seen dead losing.

걔 그렇게 태평한 애 아니야. 아마 이를 악물고 할 거야. 걔 성격이 보통 애들보다 더 강인하고 또 지는 걸 죽는 것보다 싫어해.

happy-go-lucky (미래에 대한 걱정이 없이) 태평스러운, 무사태평한, 될 대로 되란 식의 | take the bit between one's teeth 이를 악물고 하다, 재갈을 물고 저항하다 | made of sterner stuff 성격이 보통 사람들보다 더 강인한, 불굴의 의지를 가진, 확고부동한 성격을 가진 | wouldn't be seen dead 죽어도 싫다, 몸서리치게 싫다

198 They're flying the coop toward the wire mesh fence. Pursue them hot on their heels and sic them!

쟤들이 철조망 쪽으로 달아난다. 바짝 뒤쫓아가서 물어!

fly the coop 달아나다 | mesh 그물 모양, 그물망, 철망 | hot on one's heels ~를 바짝 뒤쫓는 | sic (개한테 명령으로) 물어, 공격하다

199 It's the in coinage these days. It's a colloquial euphemism.

그거 요새 유행하는 신조어야. 일상적인 대화체의 완곡어야.

in ~ 유행하는 ~ | coinage 고안된 것, 신조어 | colloquial 구어의, 일상적인 대화체의, 회화체의 | euphemism 완곡어, 완곡 어법

200 You see the guy who's pumping iron right next to a cross-trainer, right? The guy who is wearing a shirt that has the Jolly Roger. He's my spar and he's pretty much a gym rat.

저기 팔다리 운동 기구 바로 옆에서 근육 운동하는 애 보이지? 해적기 그려진 옷 입고 있는 애. 쟤 내 친한 친군데 헬스장에서 거의 살다시피 해.

pump iron (바벨, 덤벨 등을 들면서) 근육 단련 운동을 하다, 역도를 하다 | cross-trainer 팔다리 운동을 동시에 할 수 있는 운동 기구 | Jolly Roger (해골에 대퇴골 두 개가 교차돼 있는) 해적기 | spar 친한 친구 | gym rat 헬스장에서 살다시피 오랜 시간을 보내는 사람

201 They totally fleeced you. You paid through the nose. Well, it's all water under the bridge now. It was your fault to buy a pig in a poke.

개들이 널 완전히 바가지 씌웠네. 너 터무니없이 많은 돈을 낸 거야. 뭐, 이젠 이미 다 지나갔고 돌이킬 수 없는 일이지. 물건을 제대로 살펴보지도 않고 산 네 잘못이 야.

fleece 옭아내다, 바가지를 씌우다 | pay through the nose 터무니없이 많은 돈을 내다 | water under the bridge 이미 지나갔고 돌이킬 수 없는 일 | buy a pig in a poke 물건을 제대로 살펴보지도 않고 사다, 충동 구매하다, 얼떨결에 인수하다

202 It's a typo. It was an ampersand, not an eight. Don't get your wires crossed because it's a slip-up.

그거 오타야. 8이 아니라 &야. 실수니까 오해하지 마.

typo 글자를 잘못 인쇄한 것, 오자, 오타 | ampersand 특수 기호 & | get one's wires crossed 오해를 하다 | slip-up (작은) 실수

203 I ain't no pushover. Don't try to talk your way out of it with the baloney.

나 호락호락한 사람 아니야. 그런 턱도 없는 소리로 상황 모면하려고 하지 마.

ain't (이중 부정문으로 쓰이고) ~가 아니다 | pushover 호락호락한 사람, 만만한 사람 | talk your way out of ~ 변명을 대면서 어떤 상황을 모면하다 | baloney 허튼 소리, 턱도 없는 소리

204 Well, that's the way the cookie crumbles. People always lock horns with each other. This wrangle will also peter out as per normal.

세상사가 다 그렇지, 뭐. 사람들은 맨날 서로 다퉈. 이 언쟁도 여느 때와 같이 점차 잦아들 거야.

> that's the way the cookie crumbles 세상사가 다 그런 거지 | lock horns 대립하다, 충돌하다, 다투다 | wrangle (복잡하고 오래 가는) 언쟁, 설복 | peter out 점차 잦아들다 | as per normal 으레 그렇듯이, 여느 때와 같이

205 I flipped my wig in spite of myself. Old habits really die hard. I had this hair-trigger temper even when I was very young.

나도 모르게 발끈했어. 세 살 버릇 정말 여든까지 가네. 아주 어릴 때도 이렇게 쉽게 격해지는 성미가 있었는데.

> flip one's wig 발끈하다, 자제심을 잃다 | in spite of oneself 자신도 모르게, 절로 하게 되는, 자기 의사와 반대로 | old habits die hard 세 살 버릇 여든까지 간다 | hair-trigger temper 급한 기질, 쉽게 격해지는 성미

206 He's got it bad. He can't stop getting his teeth into thinking about a girl. However, she's not warming up to him for a considerable time and I think he'll have his work cut out to win her heart.

쟤 사랑에 완전히 홀딱 빠졌어. 어떤 여자애에 대한 생각에 정신이 팔려서 헤어 나오질 못해. 근데 그 여자애는 꽤 오랫동안 쟤를 좋아하지 않고 있고, 그녀의 마음을 얻긴 힘들 것 같아.

> have got it bad 사랑에 완전히 홀딱 빠지다 | get one's teeth into ~ ~에 정신이 팔리다, 몰두하다 | warm up to ~ ~를 좋아하기 시작하다 | have your work cut out ~를 하긴 힘들 것 같다, 힘에 겨울 것 같다

207 I think they'll just decide to get locked up in a penitentiary if we railroad them into paying the debts because they can't even make both ends meet. That's demanding their pound of flesh.

걔들 수입하고 지출을 맞추지도 못해서 우리가 빚을 갚으라고 몰아붙이면 그냥 교도소에 갇히기로 마음을 먹을 것 같아. 그거 너무 심한 요구야.

penitentiary 교도소, 형무소, 수용소 | railroad ~ into ~ ~한테 ~를 하도록 몰아붙이다, 재촉하다 | make both ends meet 수입과 지출을 맞추다, 겨우 먹고 살 만큼 벌다 | pound of flesh (합법적이긴 하지만 남 생각을 안 하는) 너무 심한 요구, 약속의 엄격한 이행

208 I don't think she's gonna kick you to the curb. I think she's just tantalizing you. Put yourself in her shoes. Would it be fun if you lap up the proposal on the spot?

걔가 널 차 버릴 것 같진 않아. 그냥 애타게 하는 것 같아. 걔 입장에서 한번 생각해 봐. 프러포즈를 그 자리에서 덥석 받아들이면 재밌겠어?

kick ~ to the curb ~를 차 버리다, 헌신짝처럼 내다 버리다 | tantalize 애타게 하다, 감질나게 하다 | put oneself in one's shoes ~의 입장에서 생각해 보다 | lap ~ up ~를 덥석 받아들이다

209 I dabbled with the triathlon in the past because I had an itch, but I can't do it these days because I'm up to my eyes in work.

전에 몸이 근질거려서 재미 삼아 철인 3종 경기를 좀 했었어. 근데 요샌 할 일이 태산이라서 못 해.

dabble 재미 삼아 조금 해 보다, 잠깐 손을 대다, 첨벙거리다, 물장난을 하다 | triathlon 철인 3종 경기 | itch (~를 하고 싶어서) 몸이 근질거림, 욕망, 욕구, 열망 | up to your eyes 할 일이 태산인

210 You look like a million dollars. Break a leg! Show us a mesmerizing performance from soup to nuts.

신수가 아주 좋네. 행운을 빈다! 처음부터 끝까지 완전 넋을 빼놓는 공연을 보여 줘 봐.

look like a million dollars 신수가 아주 좋은 | break a leg! 행운을 빌어! | mesmerizing 완전히 넋을 빼놓는 | from soup to nuts 처음부터 끝까지

211 I grok what you said and I think you debunked a major theory, but a normal person's opinion is likely to be lost in the shuffle. Knowing a fault and the capability to change a fault is a horse of another color.

네가 한 말에 공감하고 네가 중대한 이론이 틀린 걸 밝혔다고 생각하는데 일반인 의견은 등한시되기가 쉽지. 틀린 걸 아는 거하고 틀린 걸 바꿀 수 있는 능력은 전혀 다른 문제야.

grok (심층적으로) 공감하다, 이해하는 심정을 갖다 | debunk (널리 알려진 이론이 나 믿음이) 틀렸음을 밝히다, 파헤치다 | be lost in the shuffle 등한시되다, 소홀히 넘겨지다 | a horse of another color 전혀 다른 문제

212 She's totally brainwashed by a cult. She's lionizing a trickster these days.

걔 사이비 종교 집단한테 완전히 세뇌당했어. 요새 막 사기꾼을 떠받들어.

brainwash 세뇌시키다 | cult 사이비 종교 집단 | lionize (주로 그럴 만한 가치가 없는 사람을) 떠받들다, 치켜세우다, 명사 취급하다 | trickster 사기꾼

213 He's a professor Emeritus of English literature. He was on the go in his alma mater and he has a very sterling character.

그분 영문학 명예 교수야. 모교에서 끊임없이 활동하셨고 아주 훌륭한 분이야.

emeritus 명예직의, 전직 예우의, 명예 퇴직의 | alma mater 모교, 출신교, 교가 | on the go 끊임없이 활동하는, 분주하는 | sterling 훌륭한, 신뢰할 만한

214 **That decision's ludicrous. It's all phony. The tribunal's too bigoted.**

그 결정은 말도 안 돼. 완전히 사기야. 재판소가 편견이 너무 심해.

ludicrous 말도 안 되는, 어이가 없는 │ phony 가짜의, 사기인, 겉치레의 │ tribunal 법정, 재판소, 재결 기관, 심사 위원회, 판사석 │ bigoted 편협한, 편견이 아주 심한

215 **She's big on singing, but right now, she has a frog in her throat. She's probably raring to belt out songs.**

쟤 노래하는 거 굉장히 좋아하는데 지금 목이 쉬었어. 아마 큰 소리로 노래하고 싶어서 목이 근질거릴 거야.

big on ~ ~를 굉장히 좋아하는 │ have a frog in one's throat 목이 쉬다, 목이 잠기다 │ raring to ~ ~를 하고 싶어서 근질거리는 │ belt out 큰 소리로 노래하다, 큰 소리로 연주하다

216 **The Illegal sales gimmick is just the tip of the iceberg. The cops are still in the throes of the investigation and the whole story's very horrendous.**

그 불법 판매 꼼수는 그냥 빙산의 일각이야. 경찰들이 아직도 수사를 한창 진행하고 있고 전체 내용이 굉장히 충격적이야.

gimmick 관심을 끌기 위한 수법, 꼼수, 계교, 꿍꿍이 │ tip of the iceberg 빙산의 일각 │ in the throes of (힘든 일을) 한창 진행 중인 │ horrendous 굉장히 충격적인, 참혹한

217 **They're close-knit to deprecate the racial persecution. To be honest, their feelings get across to me.**

저 사람들 인종적 박해를 반대하기 위해서 굳게 단결된 거야. 솔직히 저들 심정이 이해는 가.

close-knit 긴밀한, 굳게 단결된 │ deprecate 반대하다 │ persecution (인종적, 종교적, 정치적 등의) 학대, 박해, 치근댐 │ get across to ~ (생각이나 의미 등이) 전달되다, 이해되다

218 They always get under each other's skin as hard as nails because they're both snooty. I think it's about time for them to wipe the slate clean.

재들 둘 다 교만해서 맨날 피도 눈물도 없이 서로의 성미를 건드려. 이젠 서로 안 좋았던 거 다 잊고 새롭게 시작할 때도 된 것 같은데.

get under one's skin ~의 성미를 건드리다 │ as hard as nails 비정한, 피도 눈물도 없는, 목석 같은 │ snooty 교만한, 오만한, 속물의 │ wipe the slate clean (누구와의 관계에서) 서로 안 좋았던 걸 다 잊고 새롭게 시작하기로 하다, 과거사를 말소하다

219 Pick the cutlassfishes clean. And there're also quail eggs and anchovies, so gorge on them.

갈치 깨끗이 발라 먹어. 그리고 메추리알하고 멸치도 있으니까 실컷 먹어.

pick ~ clean (뼈에서) 고기 등을 깨끗이 발라 먹다 │ cutlassfish 갈치 │ quail egg 메추리알 │ anchovy 멸치 │ gorge on ~ ~를 실컷 먹다

220 Stop sniveling. Buckle up and stay as good as gold. We have to go to the hospital willy-nilly.

칭얼거리지 마. 안전띠 매고 예의 바르게 있어. 좋든 싫든 병원 가야 돼.

snivel 칭얼거리다, 훌쩍거리다 │ buckle up 안전띠를 매다 │ as good as gold 얌전한, 예의 바른, 공손한 │ willy-nilly 좋든 싫든

221 **The interview has to come off. It affects the net result a lot. I have to bone up on the basic knowledge and set my sights on not getting nervous.**

인터뷰 꼭 성공해야 돼. 최종 결과에 영향을 많이 끼쳐. 기본 지식을 열심히 복습하고 긴장하지 않는 걸 목표로 삼아야지.

come off 성공하다 | the net result 최종 결과 | bone up on ~ ~에 대해서 집약적으로 공부하다, 안간힘을 써서 상기하다, 열심히 복습하다, 들이파다, 벼락치기 공부를 하다 | set one's sights on ~ ~를 목표로 삼다

222 **Let's get the lead out before others beat us to it because there'll be a boatload of people who want to have a grandstand view.**

다른 사람들이 선수 치기 전에 서두르자. 명당을 노리는 사람들이 아주 많을 테니까.

get the lead out 서두르다, 행동을 개시하다 | beat ~ to it 선수를 치다 | boatload of ~ ~가 아주 많은 | grandstand view 명당

223 **What a barefaced attempt! You ran out on us and now you're legitimizing your action and going hat in hand to us for help? Don't you have qualms about it?**

이런 몰염치한! 우릴 저버리고 떠나 버리더니 이제 와서 네 행동을 정당화하며 도와달라고? 양심의 가책도 없어?

barefaced 뻔뻔스러운, 몰염치한 | run out on ~ ~를 저버리고 떠나다 | legitimize 정당화하다 | go hat in hand (머리를 조아리면서) 부탁하다 | qualm 거리낌, 꺼림칙함, 양심의 가책

224 This vending machine is on the fritz. There's zip coming down from the chute. I've lost chump change, but I think I should report it.

이 자판기 고장났어. 아무것도 안 내려와. 푼돈을 잃어 버리긴 했는데 신고는 해야 될 것 같아.

> **on the fritz** 고장이 난 | **zip** 아무것도 없음, 무 | **chute** (사람이나 물건을) 미끄러트려서 이동시키는 장치 | **chump change** 푼돈

225 His grit knocked many people dead. To coin a phrase, give the devil his due.

걔 투지에 감탄한 사람들 많아. 이런 말도 있잖아. 아무리 싫은 사람이라도 인정할 건 인정하라고.

> **grit** 투지, 기개 | **knock ~ dead** ~를 감탄시키다, 감동시키다 | **to coin a phrase** 옛말에도 있듯이, 이런 말도 있잖아, 시쳇말로 하면 | **give the devil his due** 아무리 싫은 사람이라도 인정할 건 인정하다

226 Your current position is on the line because of your track record. You're likely to be demoted if you don't go to great lengths and achieve something. Does it sink in?

네 실적 땜에 네 현재 위치가 위태로워. 많이 애를 써서 뭔가를 이뤄내지 않으면 강등될 것 같아. 충분히 이해돼?

> **on the line** 위태로운 | **track record** 실적 | **demote** 강등시키다 | **go to great lengths** 몹시 애를 쓰다, 어떤 일도 서슴지 않다, 어떤 노고도 마다하지 않다 | **sink in** 충분히 이해되다, 충분히 인식되다

227 He's done a lot of crooked things. Now he's getting his comeuppance. I'm full of glee that he couldn't get off scot-free.

걔 삐뚤어진 일 많이 해 왔잖아. 이젠 거기에 대한 마땅한 벌을 받고 있는 거지. 난 걔가 처벌을 모면하지 못한 게 아주 고소해.

> **crooked** 삐뚤어진, 만곡한, 부정직한 | **comeuppance** 마땅한 벌 | **glee** 고소한 기분 | **scot-free** 처벌을 모면한, 형벌을 받지 않는, 무죄 방면된

228 Gung-ho people raised a maelstrom. The death toll was zero, but infrastructures got sabotaged.

전쟁에 너무 열광하는 사람들이 사회적 대혼란을 일으켰어. 사망자 수는 없는데 인프라들이 파괴됐어.

gung-ho (전쟁 등에) 너무 열광하는, 열성적인, 열렬하는 | maelstrom 사회적 대혼란, 동란 | death toll (사고, 전쟁, 재난 등에서의) 사망자 수 | sabotage (적이 사용하지 못하도록 시설, 장비, 기계 등을) 파괴하다, 파괴 행위를 하다

229 One goof and they're toast. They'll need a cinch who can draw a bead on the kidnapper very well.

한 번만 실수해도 끝장나기 십상이네. 유괴범한테 틀림없이 총을 잘 겨눌 수 있는 사람이 필요하겠다.

goof 실수 | be toast 끝장나기 십상이다 | cinch ~를 틀림없이 할 사람, 기대를 충족시키는 사람, 확실한 일 | draw a bead on ~ ~를 총으로 겨누다, 과녁으로 삼다

230 It's not my first rodeo. I'm well up on the things I do and now we have to take a stab in a decisive manner even if it looks like a leap in the dark.

나 경험 없는 초짜 아니야. 내가 하는 것들에 대해서 아주 잘 알고 있는데 지금은 설령 무모하게 보일지라도 과감하게 시도를 해야 돼.

not one's first rodeo ~는 경험 없는 초짜가 아니다 | well up on ~ ~를 아주 잘 알고 있는, ~에 정통한 | stab 시도 | in a decisive manner 과감하게 | a leap in the dark 무모한 짓, 저돌적인 행동, 폭거

231 It'll drive you up the wall, but don't squeeze your zits. Your skin can be marred. Just sweat it out until they're all gone.

널 미치게 만들겠지만 여드름 짜지 마. 피부가 손상될 수도 있어. 그냥 다 없어질 때까지 기다려.

drive ~ up the wall ~를 미치게 만들다, 이성을 잃게 하다 | zit 여드름 | mar 훼손하다, 손상시키다, 흠 가게 하다, 흠집을 내 놓다 | sweat it out (초조하게) 어떤 것이 끝나길 기다리다, 속을 태우면서 참아 내다

232 He put down roots in a place that's tucked away although everyone thinks he kicked the bucket. However, mum's the word.

다들 걔가 죽은 줄 아는데 걔 한적한 데서 자리 잡고 살고 있어. 근데 아무한테도 말하지 마.

put down roots 자리를 잡고 살다, 터를 잡고 살다 | tucked away 눈에 잘 안 띄는 곳에 위치한, 한적한 데 위치한 | kick the bucket 죽다 | mum's the word 아무한테도 말하지 마

233 That man showed a clean pair of heels after committing petty theft in a bistro, but he got caught. He's in trouble now because this country has zero tolerance for any crime.

저 사람 식당에서 좀도둑질하고 냅다 튀었는데 잡혀 버렸어. 이 나라는 누구든지 법을 어긴 사람한텐 가차없는데 이제 큰일났네.

show a clean pair of heels 냅다 튀다, 삼십육계 줄행랑을 치다 | petty theft 좀도둑질 | bistro (특히 프랑스 풍의 작은) 식당 | zero tolerance 법을 어긴 사람한테 가차없이 엄중 처벌을 하는 정책, 범법자는 용납 안 하는 방침

234 echize you even if you know this like the back of your hand because I have to fall in line. So just play along.

네가 이걸 훤히 알고 있어도 내가 규정을 따라야 되기 땜에 너한테 캐물어야 돼. 그러니까 그냥 협조하는 척이라도 해.

catechize 캐묻다, 심문하다, 문답식으로 가르치다 | know ~ like the back of one's hand ~를 아주 잘 알고 있다, 훤히 알고 있다, 속속들이 알고 있다 | fall in line 규정에 따르다, 관례에 따르다 | play along 협조하는 척하다, 동의하는 척하다, 동조하는 척하다

235 My friend blew his stack when the hideous by-product was soft-pedaled.

그 끔찍한 부작용을 실제보다 덜 심각하게 다루니까 내 친구는 울컥하더라고.

blow one's stack 울컥하다 | hideous 흉측한, 흉물스러운, 타기할, 끔찍한 | by-product 부작용, 부산물 | soft-pedal (비평, 질책 등의) 어조를 누그러트리다, 실제보다 덜 심각하게 다루다

236 I knew he'd toss his cookies like that when he was swilling the firewater. He's totally swacked.

그 독한 술을 벌컥벌컥 마셔 댈 때 저렇게 토할 줄 알았어. 완전히 취했구만.

toss one's cookies 토하다 | swill (특히 술을) 벌컥벌컥 마시다 | firewater 화주, 독한 술 | swacked 취한, 몽롱해진

237 It's an appalling case. Crazy people perpetrated indiscriminate assault and battery.

끔찍한 사건이야. 미친 사람들이 무차별 공갈 폭행을 저질렀어.

appalling 끔찍한 | perpetrate (범죄나 과실 등을) 저지르다, 자행하다 | indiscriminate 무차별적인, 무분별한, 분간 없는, 지각 없는 | assault and battery 공갈 폭행

238 Save it! Stop putting words into my mouth. It's so puerile. You know you're not telling the truth in your heart of hearts, don't you?

그만해! 내가 하지도 않은 말을 했다고 우기지 좀 마. 진짜 유치하다. 너도 마음 속 깊은 데선 네가 거짓말하고 있는 거 다 알지?

save it (그 얘긴) 그만해, 그만 말해 | put words into one's mouth ~가 하지도 않은 말을 했다고 하다 | puerile 유치한, 어린애 같은 | in one's heart of hearts 마음 속 깊은 데선

239 **The name of the game was that I had to be gearing up for it thoroughly and smell blood. And the rest is history.**

제일 중요한 포인트는 철저하게 준비를 갖추고 있다가 적의 약점을 감지하는 거였어. 그 뒤는 말 안 해도 다 잘 알 거고.

the name of the game 제일 중요한 포인트 | gear up 대비하다, 준비를 갖추다 | smell blood 적의 약점을 감지하다 | the rest is history 그 뒤는 말을 안 해도 다 잘 아는 얘기다

240 **You're going to eat cyanide if you fail! You're shooting your mouth off too much. I hope you won't speak with a forked tongue. You have to have it sewn up by next month.**

실패하면 청산가리를 먹겠다고? 너무 우쭐대는데? 한 입으로 두 말 하지 마. 다음 달까지 잘 매듭 지어야 돼.

cyanide 청산가리 | shoot your mouth off 잔뜩 우쭐대면서 말하다 | speak with a forked tongue 일구이언하다, 일구양설하다, 한 입으로 두 말을 하다 | sew ~ up ~를 잘 매듭 짓다, 잘 완결하다

241 This date was an awesome red-letter day 3 years ago. I saw a random kid hotdogging with skis on and it was my road to Damascus. I was inspired to start imitating the kid and it was all pie in the sky back then, but now I'm the best in the world.

3년 전 오늘이 기억할 만한 굉장한 날이었지. 그냥 무작위로 스친 어떤 애가 스키로 곡예 부리는 걸 봤는데 그게 내 인생을 바꿔 놓게 됐어. 난 영감 받아서 그 애를 따라 하기 시작했고, 그땐 완전히 그림의 떡이었지만 지금의 난 세계 최고지.

> red-letter day (좋은 일이 생겨서) 기억할 만한 날 | hotdog (스키나 서핑 등에서) 곡예를 부리다 | road to Damascus 인생을 바꿔 놓는 경험, 일생일대의 경험 | pie in the sky 그림의 떡

242 He got a loan from a pawnshop and he's in arrears. He can't have a period of grace and he's having a hard time. I hope he doesn't take it into his head to do something bad.

걔 전당포에서 대출 받았는데 체납이 됐어. 유예 기간을 받을 수 있는 것도 아니고 힘든 시기를 겪고 있어. 갑자기 무슨 나쁜 짓 하기로 마음을 먹지 않으면 좋겠다.

> pawnshop 전당포 | in arrears 체납이 된 | a period of grace 유예 기간 | take it into your head to ~ (남들이 바보 같다고 생각하는 일을) 갑자기 하기로 마음을 먹다

243 It was a wisecrack off the top of my head, but I saw you knitting your brows. I'm sorry if you felt affronted.

그냥 당장 떠오르는 대로 나온 농담이었어. 근데 너 이맛살을 찌푸리더라. 모욕감 느꼈으면 미안해.

> wisecrack (특히 누구를 재치 있게 비판하는) 농담 | off the top of your head 당장 머리에서 떠오르는 대로 | knit your brows 이맛살을 찌푸리다 | affront 모욕하다

244 Everything she said was bosh. The whole shebang does not compute. She just misunderstood something and had a cow.

개가 한 말 다 헛소리야. 죄다 말이 안 돼. 걔 그냥 뭔가 오해를 하고 화가 치밀었던 거야.

> **bosh** 헛소리 | **the whole shebang** 죄다, 전부 다, 모조리 다 | **does not compute** 말이 안 되다, 모순되다 | **have a cow** 화가 치밀다

245 The guy in a tinfoil hat is a so-called 'invincible savior'. He says he'd go to the stake for the safety of the earth.

저 은박지 모자를 쓴 남자가 소위 말하는 '천하무적 구세주'야. 지구를 지키기 위해선 어떤 짓도 할 각오가 돼 있대.

> **tinfoil hat** (외계인에게 뇌를 조종당하지 않기 위해서 쓰는) 은박지 모자 | **so-called** 소위 말하는 | **invincible** 천하무적의 | **go to the stake for ~** ~를 위해선 어떤 짓도 할 각오가 돼 있다

246 Stop honking the horn. The blare's off the scale. You're not even busy as a bee.

그만 빵빵대. 소리가 지나치게 요란스럽네. 너 아주 바쁘지도 않잖아.

> **honk** 빵빵거리다, 경적을 울리다 | **blare** 요란스런 소리 | **off the scale** 지나치게 | **busy as a bee** 아주 바쁜

247 My better half is concocting food to bring to a pot luck. Not to be outdone, she's trying harder than usual.

내 아내 지금 음식 파티에 가져갈 음식 만들고 있어. 남한테 뒤지지 않으려고 평소보다 더 열심히 만들고 있네.

> **better half** 애인, 아내, 남편 | **concoct** (이것저것 섞어서 음식이나 음료 등을) 만들다 | **pot luck** (사람들이 모두 각자 음식을 준비해 와서 나눠 먹는) 음식 파티 | **not to be outdone** 남한테 뒤지지 않으려고

248 Give 'em hell! Steamroll them from the get-go! Keep in mind what you've learned in the scrimmage!

본때를 보여 줘! 처음부터 힘으로 밀어붙여! 연습 경기 때 배운 걸 명심해!

give 'em hell 본때를 보여 줘 | steamroll 힘으로 밀어붙이다 | from the get-go 처음부터 | scrimmage (같은 팀 선수들로 구성된 팀들끼리 하는) 연습 경기

249 We were really up the creek and we were on the verge of death. We could survive by the skin of our teeth with marginal hope.

우리 정말 궁지에 몰렸었고 죽기 일보 직전이었어. 미미한 희망을 갖고 간신히 생존할 수 있었어.

up the creek 궁지에 몰린 | on the verge of ~ ~를 하기 일보 직전인 | by the skin of one's teeth 가까스로, 간신히 | marginal 미미한

250 He was blown out of the water due to ring rust. He couldn't hold a candle to the past version of himself. He's as slow as molasses now.

걔 실전 감각 저하 땜에 완전히 박살이 났어. 예전하고 비교가 안 돼. 지금은 너무 느려 터졌어.

blow ~ out of the water ~를 완전히 박살 내다 | ring rust (오래 쉬거나 해서) 저하된 실전 감각 | not hold a candle to ~ ~하고 비교가 안 되다, ~만 못하다 | slow as molasses 느려 터진

251 I'm fogbound. The weather's nippy and I'm getting goose bumps. I think I'm gonna see some spooks manifest.

나 짙은 안개에 갇혀 버렸어. 날씨도 춥고 닭살도 돋아. 귀신 나타날 것 같아.

fogbound 짙은 안개에 갇혀 버린 | nippy 추운 | goose bumps 소름, 닭살 | spook 유령, 허깨비 | manifest 나타나다

252 Let's not outstay our welcome. She will not give us a piece of her mind because we're well in with her, but her discomfort will be staring us in the face.

너무 오래 머물러서 미움을 사진 말자. 우리가 그분이랑 잘 알기 땜에 그분이 불편한 심기를 드러내진 않겠지만 불편해하실 게 아주 뻔해.

outstay one's welcome 너무 오래 머물러서 미움을 사다 | give ~ a piece of your mind ~에게 불편한 심기를 드러내다 | well in with ~ ~와 잘 아는 | stare ~ in the face 아주 뻔하다

253 The boss has hit the nail on the head. You're given your walking papers because you were always sitting around on your backside. You wouldn't have got them if you worked your tail off.

사장님이 정확히 맞는 말을 하셨네. 네가 맨날 아무것도 안 하고 빈둥거리니까 해고 통지서를 받게 된 거지. 만약 뼈 빠지게 일했으면 그런 일 없었어.

hit the nail on the head 정확히 맞는 말을 하다 | walking papers 해고 통지서 | sit around on your backside 아무것도 안 하고 빈둥거리다 | work one's tail off 뼈 빠지게 일하다

254 Thanks to all and sundry. I've heard you all chipped in to foot the bill for my present. It truly stroke my fancy.

다들 고마워. 내 선물 사는 비용 부담하려고 다들 조금씩 돈 냈단 말 들었어. 선물 진짜 맘에 들었어.

all and sundry 모든 사람들 | chip in (비용 등을 모으려고) 조금씩 돈을 내다 | foot the bill 비용을 부담하다 | strike one's fancy ~의 마음에 들다

255 That company's profit took a dive and its share price hit the skids to the rock bottom. Everyone who played the market was shocked.

저 회사의 수익이 급격히 악화됐고 주가가 바닥까지 떨어졌어. 주식에 투기하던 사람들이 전부 다 충격 받았어.

take a dive 급격히 악화되다 | hit the skids 내리막이 되다 | rock bottom 최저점, 바닥 | play the market 주식에 투기하다

256 I had to live from hand to mouth because I was strapped for money, but I always had fire in the belly even in the gutter.

내가 돈에 쪼들렸었기 땜에 하루 벌어서 하루 먹고 살아야 됐었지만 그래도 시궁창 속에서도 항상 강한 야심이 있었어.

from hand to mouth 하루 벌어서 하루 먹고 사는 | strapped (돈에) 쪼들리는 | fire in the belly 강한 야심 | gutter 시궁창

257 That guy really looks as if butter wouldn't melt in his mouth. Every picture tells a story. It seems like he'd give people a wide berth and wouldn't bare his soul to anybody.

저 남자 너무 점잔 빼는 것 같다. 생긴 것만 봐도 알겠네. 사람들 멀리하고 누구한테도 속마음 털어놓지 않을 것 같아.

look as if butter wouldn't melt in one's mouth 점잔 빼는 것 같다 | every picture tells a story 생긴 것만 봐도 알겠다 | give ~ a wide berth ~를 멀리하다, ~를 피하다 | bare one's soul 속마음을 털어놓다

258 Hang on to your hat. I saw him fraternizing with our sworn enemies. I think he has a foot in both camps.

놀라지 마. 나 걔가 우리 원수들하고 친하게 지내는 거 봤어. 양쪽에 발을 담그고 있는 것 같아.

hang on to your hat 놀라지 마 | fraternize (그래선 안 될 사람하고) 친하게 지내다 | sworn enemy 앙숙, 원수 | have a foot in both camps 양쪽에 발을 담그고 있다

259 Am I my brother's keeper? He's the one who was out to lunch and threw a hissy fit. I don't need to hang my head.

왜 나한테 그래? 잠깐 정신이 나가서 땡깡 부린 건 쟤야. 난 부끄러워서 고개를 숙일 필요가 없지.

am I my brother's keeper? (자신한테 책임이 없단 뜻으로) 왜 나한테 그래? | out to lunch 잠깐 정신이 나간 | hissy fit 심술, 땡깡 | hang one's head 부끄러워서 고개를 숙이다

260 That hit the spot! It feels totes great. Why don't you chug that bracer, too?

바로 이거야! 기분 너무 좋다. 너도 그 원기 회복제 단숨에 들이켜 봐.

hit the spot (자신이 원하던 걸 만족시켰을 때) 바로 이거다 | totes 완전히, 온통 | chug 단숨에 들이켜다 | bracer 원기 회복제

261 He's not the sharpest tool in the shed, but he's not a grump and he's got the backbone to hold his own. And he's not the type of person who backstabs people.

그 사람이 아주 똑똑하진 못한데 성격이 나쁘진 않고 힘든 상황에서도 꿋꿋이 버틸 근성은 있어. 그리고 사람들 뒤통수를 치고 그럴 사람도 아니야.

not the sharpest tool in the shed 아주 똑똑하진 못한 | grump 성격이 나쁜 사람 | backbone 근성 | hold your own 힘든 상황에서도 꿋꿋이 버티다 | backstab 뒤통수를 치다

262 You bought bell-bottoms, capris and a pleated skirt, but all of them don't have a proprietary brand. Were you short of money?

나팔바지하고 7부 바지하고 주름 치마를 샀네. 근데 전부 다 등록된 상표가 없네. 돈 부족했어?

bell-bottoms 나팔바지 | capris 7~8부 길이의 여성용 바지 | pleated skirt 주름 치마 | proprietary 등록된 상표가 붙은

263 She was always full of posturing and snarks. And now she bellyaches about how she got a raw deal blah blah blah.

걘 항상 가식과 비판으로 가득했어. 그리고 이제 와서 자신이 부당 대우를 받았다 뭐다 투덜거리면서 어쩌고저쩌고.

posturing 가식 | snark (은근히 하는 신랄한) 비판 | bellyache 투덜거리다 | a raw deal 부당한 대우 | blah blah blah 어쩌고저쩌고

264 I didn't get a red cent from my rents. I pulled myself up by my own bootstraps. And that's worth its weight in gold.

난 부모님한테 땡전 한 푼 안 받았어. 나 혼자 자수성가한 거야. 그게 또 굉장히 가치 있는 거지.

> **red cent** 땡전 한 푼 | **rents** 부모님 | **pull oneself up by one's own bootstraps** 자수성가를 하다 | **worth one's weight in gold** 굉장히 가치가 있는

265 He's really out to get the rumormonger. He kept tossing and turning because he had butterflies in his stomach due to the rumor.

쟤 소문 퍼트린 사람 해코지하려고 독기 품었어. 그 소문 땜에 마음이 편치 않아서 잠을 제대로 못 자고 계속 뒤척이더라고.

> **be out to get ~** (복수를 위해서) ~를 혼내 주려고 독하게 마음을 먹다, 해코지하려고 독기를 품다 | **rumormonger** 소문을 퍼트리는 사람 | **toss and turn** (누워서 잠을 제대로 못 자고) 뒤척이다 | **have butterflies in one's stomach** 마음이 편치 않다

266 Hear! Hear! Let's buck up! Let's get out of the straitjacket and the doldrums!

옳소! 옳소! 기운 내자! 구속과 침체에서 벗어나자! | Hear! Hear! 옳소! 옳소!

> **buck up** 기운을 내다 | **straitjacket** 구속 | **doldrums** 침체

267 It's gonna be a snoozefest if we play that game because it's a cakewalk. I know a gnarly one, so let's play that. It's really captivating.

그 게임 식은 죽 먹기라서 그거 하면 아주 지루해. 내가 기가 막힌 거 하나 아는데 그거 하자. 정말 마음 사로잡는 거야.

> **snoozefest** 아주 지루한 것 | **cakewalk** 식은 죽 먹기 | **gnarly** 기가 막힌 | **captivating** 마음을 사로잡는

268 This business requires a king's ransom and it's a hard slog. If you think you're gonna pick up your marbles and go home, just pack it in now.

이 일은 막대한 금액이 들어가고 아주 힘든 일이야. 참을성 없이 때려치울 것 같으면 그냥 지금 그만둬.

a king's ransom 막대한 금액 | a hard slog 아주 힘든 일 | pick up one's marbles and go home (차질이 생긴 후에) 참을성 없이 때려치우다 | pack it in 그만두다

269 Our ramrod frankly lays it on the line that he's now over the hill and I feel sorry for him because I think it really knocks the stuffing out of him.

우리 엄격한 감독님이 걔는 이제 한물갔다고 노골적으로 분명하게 밝히는데 걔 자신감이 정말로 꺾이는 것 같아서 안쓰럽더라고.

ramrod 엄격한 책임자나 감독 | lay it on the line (상대방이 좋아하진 않겠지만 해야 할 말을) 분명히 밝히다 | over the hill 한물간 | knock the stuffing out of ~ ~의 자신감을 꺾어 놓다

270 The cop blew a person to kingdom come in the line of duty, but I think that was not kosher. Well, I think it'll come out in the wash someday.

그 경찰이 공무 집행 중에 사람을 죽였는데, 내 생각에 그건 합법적이 아니었어. 뭐, 언젠간 진상이 다 드러날 것 같아.

blow ~ to kingdom come (총이나 폭탄을 사용해서) ~를 죽이다, ~를 파괴하다 | in the line of duty 공무 집행 중에 | kosher 합법적인 | it will come out in the wash 결국 진상이 다 드러날 거다, 결국 다 해결될 거다

271 **Our interim boss's on a power trip. He thinks we should be at his beck and call and he nitpicks about almost everything.**

우리 임시 사장님 지금 갑질 즐기는 중이야. 지가 명령만 하면 우리가 즉각 달려가야 되는 줄 알고 있고, 거의 모든 일에 트집을 잡아 대.

interim 임시의, 잠정적인 | power trip 권력 과시, 갑질 | at one's beck and call ~가 명령만 하면 즉각 달려가는 | nitpick (별것도 아닌 일에) 트집을 잡다

272 **When we were little, our mother used to hold court with kids. She used to tell us stories about a knight in shining armor in a series and although they're corny to me now, they were just what the doctor ordered back then.**

우리가 조그마할 때 우리 엄만 큰 관심을 받으면서 애들한테 재밌는 얘기를 들려 주곤 했었지. 백마 탄 기사님에 대한 얘기들을 시리즈로 들려 주곤 했었는데 지금 생각해 보면 진부하지만 그땐 그게 정말 딱이었지.

hold court 큰 관심을 받으면서 사람들한테 재미있는 이야기를 들려 주다 | knight in shining armor (자신을 구해 주는) 백마 탄 기사님 | corny (농담이나 이야기 등이) 진부한 | just what the doctor ordered 딱 필요로 하는 바로 그것, 딱 원하던 것

273 **I'm leafing through a mag to buy a pair of shades because I'm gonna go off-piste skiing next week, but I'm getting sticker shock.**

다음 주에 일반 산으로 스키를 타러 가서 선글라스 하나 사려고 대충 잡지를 훑어보는 중이야. 근데 예상 밖으로 비싼 가격에 충격이네.

leaf through 대충 훑어보다, 휙휙 넘겨보다 | shades 선글라스 | off-piste skiing 스키장이 아닌 일반 산에서 타는 스키 | sticker shock 예상 밖의 비싼 가격에 받는 충격

274 That ma'am is poor because she has to live as a put-upon drudge. She always gets an earful and I see ill health on the horizon.

저 아줌마는 이용당하면서 기계적으로 일하는 삶을 살아야 되기 땜에 불쌍해. 맨날 잔소리도 잔뜩 듣고 건강이 나빠질 조짐이 보여.

put-upon 이용당하는 │ **drudge** (힘들게 오랫동안) 기계적으로 일을 하는 사람 │ **earful** 긴 잔소리 │ **on the horizon** 곧 일어날 듯한, 조짐이 보이는

275 She's on cloud seven these days, having a bee in her bonnet about the boy. She says that he has the va-va-voom and he's a tower of strength.

쟤 요새 그 남자애에 대한 생각밖에 안 하면서 행복의 절정에 빠져 있어. 걔가 신나기도 하고 또 힘들 때 힘이 되어 준대.

cloud seven 행복의 절정 │ **have a bee in your bonnet about ~** ~에 대한 생각밖에 안 하다 │ **va-va-voom** 신이 남 │ **a tower of strength** 힘들 때 힘이 되어 주는 사람

276 No dice! Planting an infiltrator is a dead duck. Besides, there's nobody who will take the fall for us if he or she gets caught.

천만에! 잠입자를 심는 건 실패할 게 뻔해. 게다가 걸리면 우릴 위해서 책임을 뒤집어써 줄 사람도 없어.

no dice 안 돼, 천만에 │ **infiltrator** (정보 등을 빼내기 위한) 잠입자 │ **dead duck** 실패할 게 뻔한 일 │ **take the fall** (다른 사람 대신에) 책임을 뒤집어쓰다

277 Everybody knows you're not the slash-and-burn type of person, but I think your customary moseying rubs the boss the wrong way.

네가 마구 해를 입히는 타입이 아닌 건 다들 아는데 습관적으로 어슬렁어슬렁 걷는 네 걸음이 의도치 않게 사장님을 짜증 나게 만드는 것 같아.

slash-and-burn 마구 해를 입히는 | customary 흔히 하는, 습관적인 | mosey 어슬렁어슬렁 걸어가다 | rub ~ the wrong way 의도치 않게 ~를 짜증 나게 만들다

278 Today's a busman's holiday for my big sister. She's just had a baptism of fire in her work and her research list is as long as her arm. She looks like death warmed over now.

내 누나한테 오늘은 휴일 같지 않은 휴일이야. 직장에서 이제 막 아주 힘든 시작을 했고, 조사해야 될 목록이 아주 길거든. 지금 다 죽어 갈 것만 같아.

busman's holiday 평일처럼 바쁘게 보내는 휴일, 휴일 같지 않은 휴일 | a baptism of fire 아주 힘든 시작 | as long as your arm 아주 긴 | like death warmed over (아프거나 지쳐서) 다 죽어 갈 것만 같은

279 Good job on your inaugural address. It wasn't really laid on with a trowel and the way you touched on the budget crunch was so natural.

취임 연설 잘했어요. 딱히 과장된 것도 없었고, 예산 부족 사태에 대해서 간단히 언급한 것도 아주 자연스러웠어요.

inaugural address 취임 연설 | lay it on with a trowel 과장하다, 이러쿵저러쿵 떠벌리다 | touch on ~ (다른 주제를 말하면서) ~에 대해서 간단히 언급을 하다 | crunch 부족 사태

280 Look at the mean skills and razzle-dazzle. You can understand why he's the GOAT ninja, don't you?

저 기막힌 솜씨하고 현란함 좀 봐 봐. 저 사람이 왜 역대 최고 지존인 줄 알겠지?

mean (솜씨가) 기가 막힌 | razzle-dazzle (보는 사람들을 감탄시키기 위해서) 솜씨 등을 현란하게 과시하는 것 | GOAT (주로 스포츠에서) 역대 최고 | ninja 달인, 고수, 지존

281 My father's not strait-laced. He's not gonna ram things down your throat, so you don't have to walk on eggshells. Just be yourself.

우리 아빠 엄격한 사람 아니야. 뭐 강요 안 할 거니까 눈치 안 봐도 돼. 그냥 자연스럽게 행동해.

strait-laced (예의범절에) 엄격한 | ram ~ down one's throat 강요하다 | walk on eggshells 눈치를 보다 | be yourself 자연스럽게 행동해

282 You really do have a homespun way of thinking. That guy is trying to lull us into squandering money by acting so suave.

너 사고방식 진짜 소박하다. 저 남자 정중한 태도로 우릴 안심시켜서 돈 낭비하게 만들려는 거야.

homespun (생각 등이) 소박한 | lull ~ into ~ ~를 안심시켜서 ~를 하게 만들다 | squander 낭비하다 | suave (남자가 진실성은 부족하지만) 정중한

283 You're the one who always chickened out and skedaddled. And then now you're calling me a fraidy cat? That's a real beam in your eye.

맨날 꽁무니 빼고 튄 건 너였잖아. 그러고선 이제 와서 나한테 겁쟁이라고? 정말 지가 더 심하면서 남한테서 결점 찾으려 한다.

chicken out 꽁무니를 빼다 | skedaddle (누굴 피하려고) 서둘러서 가 버리다, 튀다 | fraidy cat 겁쟁이, 쫄보 | a beam in your eye 자신이 더 심하면서 남한테서 찾으려는 결점

284 It was pretty weird to see those two laughing together at the after-party, right? They used to go at it hammer and tongs, but they got along like a house on fire after burying the hatchet.

그 둘이 애프터파티에서 같이 웃고 있는 게 좀 이상했지? 걔들 원랜 맹렬하게 싸우곤 했었는데 화해하고 나서 급속히 친해졌어.

after-party 주요 파티가 끝나고 친한 사람들끼리 따로 모여서 느긋하게 어울리는 모임 | **go at it hammer and tongs** 맹렬하게 싸우다 | **get along like a house on fire** 급속히 친해지다 | **bury the hatchet** 화해하다

285 I hate beating around the bush. Let's cut to the chase. Spell it out why you dropped a dime on them.

나 말 빙빙 돌리는 거 싫어한다. 바로 본론으로 들어가자. 네가 그 사람들을 왜 밀고 했는지 자세히 한번 설명해 봐.

beat around the bush 말을 빙빙 돌리다 | **cut to the chase** 바로 본론으로 들어가다 | **spell ~ out** ~를 자세히 설명하다 | **drop a dime** 밀고하다

286 To add insult to injury, all the things she said about how she was so delirious, how she was really about to hand in her dinner pail were goldbricking.

설상가상으로 걔가 의식이 너무 혼미하다, 진짜 죽을 것 같다 라고 말한 게 알고 보니까 다 꾀병이었어.

to add insult to injury 설상가상으로 | **delirious** (특히 고열로 인해서) 의식이 혼미한, 헛소리를 하는 | **hand in one's dinner pail** 죽다 | **goldbrick** 꾀병을 부리다, 게으름을 피우다

287 Are these cribs? The scratch pad is peppered with jottings.

이거 커닝 페이퍼야? 메모 수첩에 급히 쓴 메모들이 아주 많네.

crib 커닝 페이퍼 | **scratch pad** 메모 수첩 | **peppered with ~** ~를 아주 많이 넣은 | **jotting** 급히 쓴 메모

288 Was the spoof really that side-splitting? You couldn't keep a straight face the whole time and kept cracking up.

그 패러디가 정말 그렇게 옆구리 땅길 정도로 웃겼어? 너 내내 웃음 못 참고 계속 웃어 대던데.

spoof (영화 등으로) 패러디를 한 것 | side-splitting 옆구리가 땅길 정도로 웃긴 | straight face (웃음을 참기 위해서 짓는) 무표정이나 심각한 표정 | crack up 마구 웃어 대다

289 The car has given up the ghost and everybody's up a stump. Please overhaul the engine. Everybody was waiting for you to make the scene.

자동차가 서서 다들 어찌할 바를 모르고 있어. 엔진 점검 좀 해 줘. 다들 네가 나타나길 기다리고 있었어.

give up the ghost (기계가) 서다, 죽다 | up a stump 어찌할 바를 모르는 | overhaul 점검하다 | make the scene 나타나다

290 We were neck and neck, but I won it by a whisker. He thought I was no great shakes, but he got knocked for a loop.

막상막하였는데 간발의 차이로 내가 이겼어. 걔 내가 별거 아닌 줄 알았다가 기절초풍을 하더라고.

neck and neck 막상막하인 | by a whisker 간발의 차이로 | no great shakes 별로 대단치 않은 | knock ~ for a loop ~를 기절초풍하게 만들다

291 He's a charlatan. He thinks I'm a patsy or something. He's trying to give me a bum steer and bilk me out of money.

쟤 돌팔이야. 내가 잘 속는 사람인 줄 아나 본데? 지금 나한테 잘못된 정보를 주면서 돈을 사취하려는 거야.

charlatan 돌팔이 | patsy 잘 속는 사람 | bum steer 잘못된 정보 | bilk 속이다, 사취하다

292 **Every dog has its day. You'll make a mint and live in clover one day before you turn up your toes.**

쥐구멍에도 볕 뜰 날이 있어. 너도 죽기 전에 언젠간 큰돈 벌어서 호화롭게 살 날이 있을 거야.

every dog has its day 쥐구멍에도 볕 뜰 날이 있다 | make a mint 큰돈을 벌다 | live in clover 호화롭게 살다 | turn up one's toes 죽다

293 **I knew it'd come unglued. I kept telling them it was like a house of cards, but they were so mulish. Derp!**

잘 안 될 줄 알았어. 계획이 불안정한 것 같다고 내가 계속 말했었는데 그렇게 고집 부리더니. 바보 같은!

come unglued (계획 등이) 잘되지 않다 | a house of cards 불안정한 계획 | mulish 고집이 아주 센 | Derp! 바보 같은!

294 **The brain drain stands out like a sore thumb. And I think it spawns a lot of hard-up people.**

브레인드레인이 눈에 확 띄어. 그래서 돈에 쪼들리는 사람들이 많이 생겨나는 것 같아.

brain drain 우수한 기술을 가진 사람들이 더 나은 보수나 조건을 찾아서 다른 나라로 빠져나가는 일 | stand out like a sore thumb 눈에 확 띄다 | spawn 낳다 | hard-up 돈에 쪼들리는

295 **That'll be the day. For my money, he cooked up the whole thing to pull your leg.**

그럴 리가 없어. 내 생각엔 걔가 너 놀리려고 전부 다 지어낸 거야.

that'll be the day 그럴 리가 없다 | for my money 내 생각엔 | cook ~ up ~를 꾸며내다, ~를 지어내다 | pull one's leg (사실이 아닌 것을 믿게 하면서) ~를 놀리다

296 She said it was a no-brainer. She said she'd leave no stone unturned to find the good Samaritan who laid his head on the block for her.

생각할 필요도 없대. 자신을 위해서 목숨을 건 은인을 찾기 위해선 온갖 수를 다 쓰겠대.

no-brainer 생각할 필요도 없는 쉬운 결정 | leave no stone unturned 온갖 수를 다 쓰다 | good Samaritan (곤경에 빠진 사람을 도와주는) 은인 | lay one's head on the block 목숨을 걸다, 위험을 감수하다

297 Does he want you to put it on his tab again? You've had a bellyful of it. Say flat out 'No' this time. And if you get into a run-in, call the cops.

그 사람이 또 외상으로 달아 달라고 해? 너 이미 한 바가지 겪었잖아. 이번엔 딱 부러지게 안 된다고 해. 그리고 언쟁 생기면 경찰 부르고.

tab (음식점, 술집 등의) 외상 장부 | have had a bellyful of ~ (질릴 만큼) ~를 한 바가지 겪다 | flat out 딱 부러지게 | run-in 언쟁

298 I was as poor as a church mouse in the past, but now I have money coming out of my ears. Putting on the ritz and twisting people around my little finger became the new normal.

옛날엔 찢어지게 가난했었는데 이젠 돈이 넘쳐나게 돼 버렸어. 호사스럽게 살면서 사람들을 맘대로 주무르는 게 새로운 일상이 돼 버렸어.

as poor as a church mouse 찢어지게 가난한 | have ~ coming out of your ears ~를 넘치게 많이 갖고 있다 | put on the ritz 호사스럽게 살다 | twist ~ around your little finger ~를 자기 맘대로 주무르다

299 I've stubbed my toe against a wall too before, while reeling after waking up at an unearthly hour. It's not a big deal. You'll be OK in no time.

나도 전에 너무 이른 시간에 일어나서 비틀거리다가 벽에 발가락 차인 적 있었어. 별 거 아니야. 금방 괜찮아질 거야.

stub (발가락이) 차이다 | reel 휘청거리다, 비틀거리다 | at an unearthly hour (성가실 정도로) 너무 이른 시간에 | in no time 곧

300 Where's my stash of 7 clams in my drawer? Did someone filch them? I turned my room inside out and I still couldn't find them.

내가 서랍에 보관해 둔 7달러 어디 갔어? 누가 좀도둑질했나? 방을 다 뒤집어 놨는 데도 못 찾겠어.

stash (안전하게) 보관해 둔 것 | clam 1달러 | filch 좀도둑질을 하다 | turn ~ inside out (무엇을 찾느라고) ~를 다 뒤집어 놓다

301 She used to be as thin as a rail in the past, but now she's well-upholstered with heavy jowls. It's a long lane that has no turning.

개 예전엔 아주 말랐었는데 이젠 뚱땡이 같고 턱살이 축 늘어졌어. 세상에 영원히 변치 않는 건 없어.

as thin as a rail 아주 마른 | well-upholstered 포동포동한, 뚱땡이 같은 | jowl 턱 아래 늘어진 살 | it's a long lane that has no turning 세상에 영원히 변치 않는 건 없다

302 And I give an honorable mention to our frosh who also showed nifty work and verve.

그리고 입선은 못 하셨지만 뛰어난 작품과 열정을 보여 주신 우리 대학 신입생에게 도 칭찬을 보내 드립니다.

honorable mention 선외가작 | frosh 대학 신입생, 대학교 1학년생 | nifty (솜씨가) 뛰어난 | verve 활기, 열정

303 I think I've read between the lines of what she had insinuated. She didn't say it directly because she's so phlegmatic, but I think she thought we'd gone through long-drawn-out negotiations.

나 그분이 우리한테 암시했던 말의 속뜻을 알아차린 것 같아. 그분 성격이 아주 침착하셔서 직접적으로 말을 안 했을 뿐이지, 우리가 협상을 너무 질질 끌었다고 생각하셨나 봐.

read between the lines 속뜻을 알아차리다 | insinuate (불쾌한 일을) 암시하다, 넌지시 말하다 | phlegmatic 침착한, 감정을 잘 안 보이는 성격의 | long-drawn-out 너무 오래 끄는, 너무 질질 끄는

304 **Are you dithering again? Your wishy-washy standpoint's really incorrigible.**

너 또 머뭇거리는 거야? 확고하지 못한 네 관점은 정말 구제 불능이다.

dither (결정을 못 내리고) 머뭇거리다 | wishy-washy 확고하지 못한 | standpoint 관점 | incorrigible (나쁜 습관 등이) 고쳐질 수 없는, 구제 불능인

305 **Look at the wilding! It looks like a garrison should come in a jiffy and quash it.**

이 집단 폭력 행위 좀 봐! 수비대가 신속히 와서 진압해야겠는데.

wilding (공공장소에서의) 집단 폭력 행위 | garrison 수비대 | in a jiffy 신속히 | quash 진압하다

306 **Over there, a salesman is dangling a freebie before people to make them buy a humidifier and a dehumidifier. Don't be lured.**

저기서 판매원이 사람들한테 사은품 내보이면서 가습기하고 제습기를 파는데 거기에 유혹되지 마.

dangle ~ before ~ (마음이 흔들릴 만한) ~를 ~한테 내보이다 | freebie 공짜로 주는 것, 사은품 | humidifier 가습기 | dehumidifier 제습기 | lure 유혹하다, 미끼, 올가미

307 **They're my next of kin. They've seen me since I was knee-high to a grasshopper, since I couldn't even toddle in the boondocks.**

그 사람들 내 제일 가까운 친척들이야. 내가 아주 어릴 때부터 촌구석에서 걸음마도 못 타던 시절부터 날 봐 왔어.

next of kin 가장 가까운 친척(들) | knee-high to a grasshopper 아주 작은, 아주 어린 | toddle (아이가) 걸음마를 타다, 아장아장 걷다 | boondocks 멀리 떨어진 시골, 촌구석, 깡촌

308 When you're pitted against your opponent in a real situation, it's very important to think well on your feet. Things you practice beforehand don't always work wonders. You can have it down to a fine art only through trial and error.

실제 상황에서 상대하고 맞붙게 되면 순간적으로 판단을 잘하는 게 굉장히 중요해. 사전에 연습한 것들이 항상 기적 같은 효과를 주진 않아. 오로지 시행착오를 통해서만이 완전히 습득할 수 있어.

pit ~ against ~ ~를 ~와 겨루게 하다, ~를 ~와 맞붙이다 | think on one's feet 순간적으로 판단을 하다, 즉석에서 판단하다 | work wonders 기적 같은 효과를 주다 | have ~ down to a fine art ~를 완전히 습득하다

309 Are those the rimless glasses you bought from an e-tailer? Wipe them squeaky clean before you put them on your pan.

그게 인터넷 소매업자한테 산 무테 안경이야? 얼굴에 쓰기 전에 아주 깨끗이 닦아.

rimless glasses 무테 안경 | e-tailer 인터넷 소매업자, 온라인 소매업체 | squeaky clean 아주 깨끗한 | pan 얼굴

310 The movie will be in the can next week. I know it well because my friend's a gofer in the place. He says he thinks the movie's spellbinding and it's gonna be a centerpiece.

내 친구가 그쪽에서 잔심부름을 해서 내가 잘 아는데 그 영화 다음 주에 상영할 수 있대. 영화가 완전히 마음을 사로잡는 것 같고 가장 주목해야 될 작품이 될 것 같대.

in the can (영화 등이) 상영할 수 있는 상태가 된 | gofer 잔심부름을 하는 사람 | spellbinding 마음을 완전히 사로잡는 | centerpiece 가장 주목해야 될 것

311 You're gonna be flabby and develop a paunch if you loll around the house all day. There're lots of guys who let themselves go to seed like that as they're getting older.

너 하루 종일 집에서 나른하게만 있다간 군살 축 늘어지고 뚱뚱하게 배 나온다. 나이 들면서 그렇게 볼품 없어지는 사람들 많아.

flabby 군살이 축 늘어진 | **paunch** (남자의) 뚱뚱한 배 | **loll** (눕거나 앉거나 서서) 나른하게 있다 | **go to seed** (관리 부족으로) 볼품 없어지다

312 When I was mounting guard as a sentry, night wind was a bogey. Reflections on a puddle were pretty scary too.

내가 보초병으로 보초를 서고 있었을 땐 밤바람이 괜히 날 두렵게 만들었었어. 물웅덩이에 비치는 모습들도 꽤나 무서웠었고.

mount guard 보초를 서다, 경계 근무를 서다 | **sentry** 보초병 | **bogey** 괜히 두려운 것 | **puddle** 물웅덩이

313 Don't snap up merchandise just because you can get it for a song. Besides, it looks like it's shopworn. Kick the tires before you pay for it.

그냥 헐값으로 살 수 있단 이유만으로 상품을 덥석 사지 마. 게다가 팔리지 않아서 찌든 물건 같은데. 돈 내기 전에 자세히 검사부터 해 봐.

snap ~ up ~를 덥석 사다 | **for a song** 헐값으로 | **shopworn** (상품이 오랫동안) 팔리지 않아서 찌든 | **kick the tires** (무엇을 사기 전에) 자세히 검사해 보다

314 It must give you the jitters up a storm when you have a boss breathing down your neck. Does he really want to have you totally eating out of his hand?

바로 코앞에서 널 감시하는 사장님이 있으면 신경과민이 엄청 오긴 하겠다. 정말 지가 시키는 대로 다 하게 만들려고 해?

jitters 신경과민 | **up a storm** 극도로, 엄청 | **breathe down one's neck** ~를 바로 코앞에서 감시하다 | **eat out of your hand** 시키는 대로 하다

315 Don't leave the trail mix on the floor. This cute puppy may snarf down everything. It's a mutt and everything's just 'finders keepers, losers weepers' to it.

바닥에 간식 두지 마. 이 귀여운 강아지가 게걸스럽게 다 먹어 치울지도 몰라. 잡종 견인데 주우면 그냥 다 지 꺼야.

trail mix (말린 과일, 견과류 등을 섞은) 간식 | snarf down 게걸스럽게 먹어 치우다 | mutt 잡종견 | finders keepers, losers weepers 주운 사람이 임자야

316 Keep a weather eye open. You should not be lackadaisical because he's the joker in the pack. And tell me if and when he makes unwonted movements.

끊임없이 주의해. 예측 불허의 인물이기 때문에 태만하게 굴어선 안 돼. 혹시라도 평소하고 다른 움직임 보이면 나한테 말하고.

keep a weather eye open 끊임없이 주의하다, 눈을 떼지 않고 있다 | lackadaisical 부주의한, 태만한 | the joker in the pack 예측 불허의 인물 | if and when (강조형으로) 혹시라도 ~면 | unwonted 뜻밖의, 평소와 다른

317 It wasn't fun because it stands to reason that it's a warmed-over sitcom. It just has a lot of unnecessary canned laughter followed by penny-ante gags.

그건 누가 봐도 재탕한 게 분명한 시트콤이라서 재미없던데. 그냥 시시껄렁한 개그 에 녹음된 웃음 소리만 쓸데없이 많고.

it stands to reason 누가 봐도 분명하다 | warmed-over 재탕한 | canned laughter 녹음된 웃음 소리 | penny-ante 시시껄렁한

318 Just let them cut loose and roughhouse till they're done in. Sometimes we need to be given free rein.

쟤들 그냥 탈진할 때까지 맘대로 행동하고 거칠게 뛰어놀도록 내버려둬. 가끔 완전히 자유로울 때도 있어야지.

cut loose 마음대로 행동하다 | roughhouse (소란스럽고) 거칠게 뛰어놀다 | done in 몹시 지친, 탈진한 | give ~ free rein 완전한 자유를 주다, 굴레에서 벗어나게 하다

319 She'd surreptitiously tried to drive a wedge between her friends, but she got caught and now everybody doesn't give her the time of day. I think she'll never live it down forever.

걔 친구들을 몰래 이간질하려 했었는데 그게 걸려서 이젠 다들 걔하고 상종도 안 하려고 해. 평생 절대 만회 못 할 것 같아.

surreptitiously 몰래 | drive a wedge between ~ ~의 사이를 이간질하다 | not give ~ the time of day ~하고 상종도 안 하려 하다 | live ~ down (잘못이나 실수 등을) 만회하다

320 Let's get down to brass tacks right out of the gate. We have to beat the clock. I've already organized just the keystones.

당장 본론으로 들어가자. 우리 정해진 시간 전에 마쳐야 돼. 내가 이미 핵심들만 정리해 놨어.

get down to brass tacks 본론으로 들어가다 | right out of the gate 시작하자마자, 당장 | beat the clock 정해진 시간 전에 마치다 | keystone 핵심

321 I loved the blowout. I had fun tripping the light fantastic and I also stuffed my face because there were a lot of delicacies.

파티 아주 좋았어. 춤추는 것도 재밌었고 별미도 많아서 음식도 많이 먹었어.

blowout (큰) 파티 | trip the light fantastic (사교 댄스와 같은) 춤을 추다 | stuff one's face (음식을) 많이 먹다 | delicacy (희귀하거나 비싼) 진미, 별미

322 I've heard that he always mooches off you even if you cold-shoulder him and even hits you up for big money every so often.

걔 네가 쌀쌀맞게 대해도 맨날 너한테 빈대 붙고 때때론 큰 돈을 달라고 부탁까지 한다면서?

mooch 빈대 붙다 | cold-shoulder 쌀쌀맞게 대하다, 매정하게 대하다 | hit ~ up for ~ ~한테 ~를 달라고 부탁을 하다 | every so often 간혹, 때때로

323 Welcome to our function! Excellent catering is our claim to fame. Have a whale of a time.

저희 행사에 오신 걸 환영합니다! 저희는 뛰어난 음식 공급으로 유명합니다. 즐거운 시간 보내세요.

function 행사 | catering (결혼식 등 행사에서) 음식을 공급하는 일 | claim to fame 유명한 이유 | have a whale of a time 즐거운 시간을 보내다

324 She flunked out of her school and totally made her parents have egg on their face. She really did dog it whatever she did. Now she's trying to close the barn door after the horse has escaped, but that's too late.

개 성적 불량으로 학교에서 퇴학당하고 부모님 체면 엄청 구기게 만들었어. 뭘 하든지 꾀 부리면서 건성으로 하긴 하더라. 이제 와서 소 잃고 외양간 고쳐 보려 하는데 너무 늦었지.

> **flunk out** 성적 불량으로 퇴학을 당하다 | **have egg on one's face** 체면을 구기다, 망신을 당하다 | **dog it** 꾀를 부리면서 건성으로 하다 | **close the barn door after the horse has escaped** 소 잃고 외양간 고치다

325 It all played out well. I've got to hand it to you all. Good job working hard on spying out the land and thrashing it out.

다 잘됐어. 너희 모두 인정해 줘야겠네. 이리저리 알아보고 철저히 논의하느라 수고 많았어.

> **play out** 발생하고 전개되다 | **have got to hand it to ~** ~는 인정해 줘야겠다, ~는 칭찬해 줄 만하다 | **spy out the land** 이리저리 알아보다 | **thrash ~ out** ~를 철저히 논의하다

326 He seems to have no scruples about being a leech and buttering people up. You'll just have to be on your soapbox.

걔는 거머리처럼 굴고 사람들한테 아부 떠는 거에 대해서 양심의 가책을 못 느끼는 것 같아. 그냥 네가 강력히 의견을 표시하는 수밖에 없어.

> **scruples** 찝찝함, 양심의 가책 | **leech** 거머리, 거머리 같은 사람 | **butter ~ up** ~한테 아부를 떨다 | **be on your soapbox** 강력히 의견을 표시하다

327 Even though there's a hue and cry, he doesn't bat an eyelash. He just started barnstorming. I think he's gonna be eventually impeached even if he wins the election.

대중의 강력한 항의도 있는데 저 사람 눈 하나 깜빡 안 하고 그냥 유세를 시작했어. 저 사람은 선거를 이겨도 결국 탄핵될 것 같아.

hue and cry 대중의 강력한 항의 | not bat an eyelash 눈 하나 깜빡이지 않다, 전혀 놀라지 않다 | barnstorm 유세를 하다 | impeach 탄핵하다

328 You blacked out. You drank too much because you didn't wanna be a spoilsport. Put your feet up and take the hair of the dog.

너 필름 끊겼었어. 흥을 깨지 않으려고 술을 너무 많이 마시더라. 쉬면서 해장술 좀 마셔.

black out 의식을 잃다 | spoilsport 흥을 깨는 사람 | put one's feet up 쉬다 | hair of the dog (숙취를 푸는) 해장술

329 I have a yen for this cell phone. I think it's a real doozie. It has a lot of new functions, but I'm sure it's foolproof since smartphones are now here to stay.

나 이 핸드폰 간절히 갖고 싶어. 이거 진짜 걸작 같아. 새로운 기능들이 많긴 한데 그래도 스마트폰은 이제 우리 생활의 일부니까 분명히 쉽게 이용할 순 있을 거야.

yen 간절히 바람 | doozie 특출난 것, 비범한 것, 걸작 | foolproof 실패할 염려가 없는, 쉽게 이용할 수 있는 | be here to stay 우리 생활의 일부이다

330 He's a kind of deviant dude. He's a bachelor and a rolling stone who likes to knock around places.

개 좀 일탈적인 애야. 이리저리 정처 없이 돌아다니는 거 좋아하는 떠돌이, 독신남 이야.

deviant 일탈적인 │ bachelor 미혼남, 독신남 │ rolling stone 떠돌이, 한 군데에서 머무는 걸 싫어하는 사람 │ knock around (별 목적 없이 경험도 하고 여행도 하고 살기도 하면서) 이리저리 정처 없이 돌아다니다

331 I think she's skimming money. Numbers aren't right time and time again. I'm gonna induce her to come clean.

개 아무래도 돈을 조금씩 빼돌리는 것 같아. 툭하면 계산이 안 맞아. 실토하게끔 유도를 해 봐야겠어.

skim 돈을 조금씩 빼돌리다 │ time and time again 되풀이해서, 툭하면 │ induce 유도하다 │ come clean (비밀로 하던 것을) 실토하다, 자백하다

332 All hell broke loose when some slits began to crop up on a glass tank in the aquarium. All I could think was take to my legs too though.

수족관의 유리 탱크에 틈들이 불쑥 생겨 나기 시작하니까 상황이 순식간에 아수라장으로 변하더라. 근데 나도 잽싸게 튈 생각밖에 안 들긴 했어.

all hell broke loose 순식간에 아수라장으로 변하다 │ slit 틈 │ crop up 불쑥 나타나다, 불쑥 발생하다 │ take to one's legs 잽싸게 튀다

333 I've got a hitch. Please straighten these out and tweak the configuration for good measure.

문제가 생겼어. 이것들 좀 바로잡아 주고, 추가로 환경 설정도 약간 수정해 줘.

hitch (잠깐 지체하게 하는) 문제 │ straighten ~ out (문제를) 바로잡다 │ tweak (기계나 시스템을) 약간 수정하다 │ for good measure 추가로, 덤으로

334 You are such a weakling. You can't even brace your bod against train rattling.

너 참 약골이다. 열차 덜컹거릴 때 몸을 버팅기지도 못하고.

weakling (육체적으로) 허약한 사람, 약골 | brace (넘어지지 않게) 버팅기다 | bod 몸 |
rattle 덜컹거리다

335 You look so buoyed up since you passed muster and got the green card. Try to make it a good toehold.

너 검열 통과하고 영주권 딴 이후로 아주 둥둥 떠다니는 것 같다. 좋은 성공의 발판
이 되도록 노력해 봐.

buoyed up 둥둥 떠다니듯이 기분이 좋은 | pass muster 검열을 통과하다 | green card
영주권, 취업 허가증 | toehold 성공의 발판

336 The transactions went down the tubes because they're too dogmatic and pig-headed. Their company's now on the rocks.

걔들이 너무 독단적인 데다가 막무가내라서 거래들이 완전히 실패를 했어. 회사가
지금 파탄 직전이야.

go down the tubes 완전히 실패를 하다 | pig-headed 막무가내인 | dogmatic 독단적인,
자신만 옳고 남들은 전부 틀렸다고 생각하는 | on the rocks 파탄 직전인, 파멸할 지경에
이른, 개판 오 분 전인

337 People say that it's a wild goose chase, one-horse race, but don't get despondent too much. Be on your mettle even if you lose.

사람들이 이게 부질없는 시도다, 결과가 뻔한 대회다 라고 말하지만 너무 실의에 빠
지지 마. 질 때 지더라도 패기만만하게 행동해.

a wild goose chase 부질없는 시도, 잡을 수 없는 걸 잡으려 하는 일 | one-horse race (한
팀이나 한 선수가 너무 뛰어나서) 결과가 뻔한 대회 | despondent 낙담한, 실의에 빠진 |
on your mettle 패기만만한

338 She totally knew the score and she should've kept it on the down-low, but she blabbed about it to her palsy-walsy friends.

개 사정을 다 알고 있었고 그걸 비밀로 했어야 됐는데 친한 친구들한테 입 싸게 막 떠들고 다녔어.

know the score (특히 좋지 않은) 사정을 알고 있다, 진상을 알고 있다 | keep ~ on the down-low ~를 비밀로 하다 | blab (입 싸게 비밀을) 떠들고 다니다 | palsy-walsy (지나칠 정도로) 친한

339 The honcho of the guardhouse who had a snub snout always made our blood run cold.

들창코를 가진 군대 영창의 책임자는 항상 우리의 피를 싸늘하게 만들었었지.

honcho 책임자 | guardhouse (군대의) 영창, 위병소 | snub 들창코의 | snout 코 | make somebody's blood run cold ~의 피를 싸늘하게 만들다

340 I'm going to a bricks-and-mortar bank to deposit my nest egg by the gross. Don't go anywhere, but stay in the house because a courier will come.

지금 나 비상금을 전체 다 예금하러 오프라인 은행에 가는데 배달원 올 거니까 어디 나가지 말고 집에 있어.

bricks-and-mortar (온라인이 아닌 걸 강조하는) 오프라인의 | nest egg 비상금 | by the gross 전체 다, 대량으로 | courier 배달원, 택배 회사

341 Let's fumigate our building. We have to nip insects in the bud or they'll get in our hair later. I'm gonna start with the john, so if you wanna use it, use it now.

우리 건물 소독 좀 하자. 벌레들은 싹을 잘라 버려야 돼. 안 그러면 나중에 괴로워져. 화장실부터 시작할 거니까 쓸 일 있으면 지금 써.

fumigate (화학성 연기를 이용해서) 소독을 하다 | nip ~ in the bud ~의 싹을 잘라 버리다 | get in somebody's hair ~를 괴롭히다 | john 화장실

342 He said his old flame named the day. He said he'd squared everything away while having a liquid lunch, but he looked so sad.

걔 옛날 애인이 결혼 날짜를 정했대. 낮술 하면서 다 정리했다고 말은 하는데 아주 슬퍼 보이더라고.

old flame 옛날 애인 | name the day (여성이) 결혼 날짜를 정하다 | square ~ away (만족스럽게) ~를 정리하다 | liquid lunch 낮술

343 Before you burn your bridges, get veritable veterans who are savvy and who also have the guts.

배수의 진을 치기 전에 요령 있고 배짱도 있는 진정한 베테랑들부터 구해.

burn one's bridges 배수의 진을 치다 | veritable (강조의 의미로 쓰이는) 진정한 | savvy 요령 있는 | have the guts 배짱이 있다

344 Alice's conspicuous by her absence, right? She's pulling up stakes. Let's go and give her a send-off. We may not see her for a dog's age.

엘리스가 없는 게 눈에 띄지? 걔 이사 가고 있어. 가서 배웅해 주자. 오랜 세월 동안 못 보게 될지도 몰라.

conspicuous by one's absence 없는 게 눈에 띄다 | pull up stakes 이사를 가다, 거처를 옮기다 | send-off 배웅 | dog's age 오래, 오랜 세월

345 The cat burglar rather got flabbergasted and frightened when I went off the deep end without shilly-shallying a bit.

내가 조금도 미적거리지 않고 버럭 화를 내니까 오히려 도둑이 질겁을 하더라고.

cat burglar (벽을 타고 들어오는) 도둑 | flabbergast 질겁하게 만들다 | go off the deep end 버럭 화를 내다 | shilly-shally 미적거리다

346 Don't be like a cat on a hot tin roof because you're not on the ragged edge yet. Don't give up to the bitter end and tough it out.

너 아직 위험한 고비에 놓인 거 아니니까 너무 불안해하지 마. 최후의 순간까지 포기하지 말고 굳세게 버텨 내 봐.

like a cat on a hot tin roof 안절부절 못하는, 굉장히 불안해하는 | on the ragged edge 위험한 고비에 놓인 | to the bitter end 끝장을 볼 때까지, 최후의 순간까지 | tough it out (어려움을) 굳세게 버텨 내다

347 The rocket homed in on outer space before my very eyes and it was so marvy. Everyone around me went into raptures.

로켓이 바로 내 눈앞에서 우주 공간을 향해 곧장 나아가는데 정말 너무 멋있더라. 내 주위 사람들 다 뻑 갔어.

home in on ~ ~를 향해서 곧장 나아가다 | before one's very eyes ~의 바로 눈앞에서 | marvy 멋있는, 놀라운, 기쁨을 주는 | go into raptures 황홀감에 빠지다, 뻑 가다

348 She's under the gun these days. The work is getting on top of her. And she has half a mind to quit the job. Don't rattle her cage.

재 요새 스트레스 많이 받아. 일을 감당하기 힘들어해. 일을 그만둘까 말까 생각 중이고. 신경 건드리지 마.

under the gun 스트레스를 많이 받는 | get on top of ~ 감당하기 힘들어지다 | have half a mind to ~ ~를 할까 말까 생각 중이다 | rattle one's cage ~의 신경을 건드리다

349 It's just as well that the pooch cottons to you. You've just said it's cute and it understood the words like a bat out of hell.

개가 너랑 친해지려고 해서 다행이다. 네가 귀엽다고 한 말을 쏜살같이 알아들었어.

it is just as well 다행이다 | pooch 개 | cotton to ~ ~하고 친해지려고 하다, ~가 좋아지다 | like a bat out of hell 쏜살같이

350 She was living on borrowed time even though she was suffering from dementia. In all likelihood, one of the people who were waiting in the wings committed the crime.

그분은 치매로 고생하셨지만 예상보다 오래 사셨고, 십중팔구 뒤를 이어받으려고 대기하던 사람들 중 한 명이 범행을 저질렀어.

be living on borrowed time 예상보다 오래 살다 | dementia 치매 | in all likelihood 거의 틀림없이, 십중팔구 | wait in the wings 뒤를 이어받으려고 대기하다, 차례를 기다리다

351 We were at cross-purposes while chewing the fat and the situation was funny. I thought she was trying to bamboozle me and she thought I was a bonehead.

담소를 나누는 도중에 우린 서로 다른 것에 대해서 얘기를 하며 오해를 하고 있었고, 상황이 웃겼어. 난 얘가 날 속이면서 헷갈리게 만들려는 줄 알았고, 얜 내가 바본 줄 알았대.

> **at cross-purposes** (무의식 중에) 서로 다른 것에 대해서 얘기를 하며 오해를 하는 | **chew the fat** (오랫동안) 담소를 나누다 | **bamboozle** 속이면서 헷갈리게 만들다 | **bonehead** 바보, 화상

352 I was so bushed that I just plunked down the rubber raft and went to the cabana. Nobody's gonna steal it, so don't make a mountain out of a molehill.

나 너무 지쳐서 그 고무 보트 그냥 아무렇게나 쿵 내려놓고 해변의 탈의실로 갔었어. 아무도 안 훔치니까 사소한 일을 큰 문제처럼 떠들진 마.

> **bushed** 몹시 지친, 기진맥진한 | **plunk** 아무렇게나 쿵 내려놓다 | **cabana** 해변의 탈의실 | **make a mountain out of a molehill** 사소한 일을 큰 문제처럼 떠들다

353 I was hooked on the singer's songs for several days. I think she's got whiz-bang riffs and runs and also very good at getting her tongue around.

나 며칠 동안 그 가수 노래들에 빠져 있었어. 기교도 대단한 것 같고 발음도 아주 잘하는 것 같아.

> **be hooked on ~** ~에 빠져 있다 | **whiz-bang** 대단한, 훌륭한 | **riffs and runs** (노래에서 높낮이를 빠르게 조절하는) 기교 | **get one's tongue around** (발음하기 힘든 말을) 발음하다

354 I know your GPA this time was baked in the cake, but next time, gird your loins from jump street. And get help from others rather than paddle your own canoe.

이번 평점은 과거에 뿌려 둔 씨앗 땜에 어쩔 수 없었다 쳐도 다음엔 처음부터 각오 단단히 해. 혼자의 힘으로 하기보단 남들한테 도움 받고.

> baked in the cake 과거에 뿌려 둔 씨앗 때문에 어떻게 바꾸거나 피할 수가 없는 | gird your loins 각오를 단단히 하다 | from jump street 처음부터 | paddle one's own canoe (남한테 의지하지 않고) 혼자 힘으로 해나가다

355 Hit the deck, pronto! Don't get flummoxed. We can weather the storm soon.

얼른 땅에 납작 엎드려! 당황하지 마. 금방 고비를 넘길 수 있어.

> hit the deck (숨거나 부상 등을 피하기 위해서 재빨리) 땅에 납작 엎드리다 | pronto 얼른, 빨리 | flummoxed 당황한 | weather the storm 고비를 넘기다, 총체적 난국을 돌파하다

356 She made no bones about putting her husband on the pan. She just barged in on our conversation and angrily talked about how her husband couldn't be kept on the straight and narrow.

그 여자 자기 남편 헐뜯는 걸 개의치 않더라고. 우리 대화에 그냥 불쑥 끼어들더니 자기 남편은 바른 생활을 못 한다면서 막 화를 냈었어.

> make no bones (불쾌하거나 어색할 정도로) 거침없이 ~를 하다, ~를 개의치 않다, 예사로 하다 | put ~ on the pan ~를 헐뜯다 | barge in on ~ ~에 불쑥 끼어들다, 불쑥 들어오다 | the straight and narrow 바른 생활

357 **What? Now the shoe is on the other foot? So now that guy is the scapegoat and gets short-changed? LOL! That serves him right!**

뭐? 이젠 상황이 180도 바뀌었다고? 그래서 이젠 걔가 희생양이고 걔가 부당 대우를 받는다고? 하하! 쌤통이다!

the shoe is on the other foot (특히 권력 관계에서) 상황이 180도 바뀌다 | scapegoat 희생양 | short-change 부당한 대우를 하다 | serve ~ right 쌤통이다, 인과응보다

358 **He's up to something. He doesn't run off at the mouth, but I just have a hunch. Try every trick in the book to find out what it is.**

쟤 무슨 수상한 짓을 벌이고 있어. 술술 다 말하진 않는데 그냥 내 직감이야. 가능한 모든 방법을 다 써서 무슨 일인지 알아내 봐.

up to ~ 수상한 짓을 벌이고 있는 | run off at the mouth (분별 없이) 술술 다 말하다, 말을 줄줄 늘어놓다 | hunch 예감, 직감 | every trick in the book 가능한 모든 방법

359 **Aren't we hogging the A1 place too long after we've had first dibs on it? Come to think of it, I think it's obnoxious to the others.**

우리가 최고 좋은 데 젤 먼저 찜해 놓고선 너무 오래 독차지하고 있는 거 아니야? 생각해 보니까 다른 사람들이 아주 불쾌할 것 같은데?

hog 독차지하다 | A1 최고의, 최상의 | dibs 자기 차례, 찜하기, 침 발라 놓기 | obnoxious 아주 불쾌한

360 **Can't you stop the hiccups? I thought you'd get them when you were bolting down such a great deal of food at the fete.**

딸꾹질 안 멈춰? 기념행사에서 그 많은 음식을 허겁지겁 먹을 때 그럴 것 같았어.

hiccup 딸꾹질 | bolt down 허겁지겁 먹다 | a great deal of ~ ~가 많은 | fete 기념행사

361 Piecemeal studying doesn't do any good. If you're really determined to study, you have to break your neck to be a real grind who pulls an all-nighter every day.

불규칙하게 조금씩 공부하는 건 전혀 도움이 안 돼. 공부를 정말로 제대로 할 생각이라면 매일 밤샘 공부를 하는 진짜 공부벌레가 되기 위해서 있는 힘껏 노력해야 돼.

piecemeal (계획적으로 하는 것이 아닌) 불규칙적으로 조금씩 하는 | break one's neck to ~ ~를 하기 위해서 있는 힘껏 노력하다 | grind 공부벌레 | all-nighter (파티, 공부 등) 밤새 하는 것

362 I've just tooled the go-cart around the delta area, making ruts, as a distraction.

머리 좀 식히려고 소형 자동차로 태평하게 바퀴 자국을 내면서 삼각주 지역을 돌고 왔어.

tool 태평한 태도로 차를 몰다 | go-cart (높이가 낮은) 소형 자동차 | delta 삼각주 | rut 바퀴 자국 | distraction 머리를 식히게 해 주는 것

363 You'll be one jump ahead of all the other students once you hit your stride because you're very quick on the uptake. It goes without saying that you'll do stellar work.

넌 이해가 아주 빠르니까 본격적으로 잘하기 시작하면 다른 학생들을 모두 앞설 거야. 해야 할 일을 아주 우수하게 잘하게 될 건 말할 것도 없고.

one jump ahead (남들보다) 한 발 앞서 있는 | hit your stride (처음에 헤매다가) 본격적으로 잘하기 시작하다 | quick on the uptake 이해가 빠른 | it goes without saying that (너무 당연해서) ~는 말할 것도 없는 | stellar 아주 우수한

364 He's booted out of the school and may even go to the slammer because he dragooned other students into fetching and carrying for him.

개 강제로 다른 학생들을 하인처럼 부려먹었기 땜에 학교에서도 쫓겨났고 감방까지 갈지도 몰라.

boot ~ out (인정사정없이) ~를 쫓아내다 | slammer 감방 | dragoon into 강제로 하게 만들다 | fetch and carry 하인처럼 온갖 일을 다 해 주다

365 I know all the ins and outs, so you don't have to wax lyrical about it. My friend has already lavished the story on me, raising a ruckus.

나 이미 자세한 내용 다 아니까 그렇게 열심히 얘기 안 해도 돼. 내 친구가 이미 야단 법석을 떨면서 지나치게 많이 해 줬어.

the ins and outs 자세한 내용, 자초지종 | wax lyrical about ~ ~에 대해서 굉장히 열심히 얘기하다 | lavish on 지나칠 정도로 많이 주다 | ruckus 야단법석

366 We have a score to settle with them. They could beat us last time because they landed on their feet and that was one in the eye for us. However, I think we're gonna lick them today because we're gonna fight tooth and nail.

우리 걔들한테 갚아야 될 빚이 있어. 걔들 저번에 운 좋아서 우리 팀을 이겼었고 그게 우리한텐 뼈 아픈 패배였어. 근데 오늘은 이를 악물고 싸울 거니까 우리가 무난히 이길 것 같아.

have a score to settle 갚아야 될 빚이 있다 | land on your feet 운이 좋다 | one in the eye for ~ 뼈아픈 패배 | lick 무난하게 이기다 | fight tooth and nail 이를 악물고 싸우다

367 The gadget turned out to be a mare's nest even though there's huge puffery about how it's so awesome without parallel in history.

그 도구 별거 아닌 걸로 드러났어. 역사상 유례가 없을 정도로 뛰어나다 뭐다 과대 선전만 심하고.

gadget (작고 유용한) 도구 | mare's nest 대단한 발견처럼 보였지만 사실은 별거 아닌 것 | puffery 과대 선전, 과장된 칭찬 | without parallel in history 역사상 유례가 없는

368 I ate colossal fish with my gourmet friend. She sprang for it and my stomach's still bloated.

미식가 친구하고 거대한 생선을 먹었어. 걔가 돈 내 줬고, 아직도 배가 터질 것 같아.

colossal 거대한 | gourmet 미식가 | spring for ~ ~의 값을 대신 지불해 주다 | bloated 부푼, 배가 터질 듯한

369 In the cold light of day, I think I really put two and two together and made five. I wanna get a line on him on my own, take stock of it and make the decision.

차분히 시간을 갖고 생각해 보니까 내가 너무 보고 들은 것만으로 엉뚱한 추측을 한 것 같아. 그 사람에 대해서 스스로 정보를 얻고 잘 살펴본 다음에 결정 내릴래.

in the cold light of day (당시의 감정들을 접어 두고) 차분히 시간을 갖고 생각해 보니까 | put two and two together and make five 자신이 보고 들은 것만으로 엉뚱한 추측을 하다 | get a line on ~ ~에 대한 정보를 획득하다 | take stock of ~ (어떠한 결정을 내리기 위해서) ~를 잘 살펴보다

370 I'm just slinking outa here. I feel so drowsy that I'm about to keel over. Peace out.

나 그냥 여기서 슬그머니 빠져나갈게. 너무 졸려서 쓰러질 것 같아. 안녕.

slink out of ~ ~에서 슬그머니 빠져나가다, 미꾸라지처럼 빠져나가다 | drowsy 졸린 | keel over 쓰러지다 | peace out (헤어질 때) 안녕

371 Money is a bone of contention which can cause a rift between people. It's wise to ward it off. That's why I went off on a tangent.

돈은 사람들 사이에 균열을 일으킬 수 있는 다툼거리야. 그런 건 피하는 게 좋지. 그래서 내가 주제를 급전환한 거야.

> bone of contention 논쟁점, 다툼거리 | rift (사람들 사이의) 균열 | ward off 막다, 피하다 | go off on a tangent 주제를 급전환하다

372 She's a simultaneous translator as well as a docent. It was all Greek to us, but I guess the problem will be ironed out. Let's give her a round of applause.

이분은 동시 통역사이자 안내원이에요. 무슨 말인지 하나도 몰랐었는데 그 문젠 없어질 것 같네요. 박수 한 차례 보내 주죠.

> simultaneous translator 동시 통역사 | docent (박물관, 동물원, 미술관 등의) 안내원 | it's all Greek to me 무슨 말인지 하나도 모르겠다 | iron ~ out (문제를) 없애다 | a round of applause 한 차례의 박수

373 He's a big, muscle-bound guy and he was totally off his face and he clapped hold of my collar first. So I yanked off my shirt and fought him back.

걘 덩치가 크고 근육 땜에 몸이 뻣뻣한 앤데, 걔가 먼저 완전히 취해서 내 멱살을 거칠게 붙잡았어. 그래서 나도 옷을 벗어 던지고 싸우게 된 거야.

> muscle-bound (과한 근육 운동으로) 몸이 뻣뻣한 | off one's face 완전히 취한 | clap hold of ~ ~를 거칠게 붙잡다 | yank off 벗어 던지다

374 **It was heart-wrenching at the mortuary and the crematory. He had an iron fist in a velvet glove.**

영안실하고 화장터에선 가슴이 찢어지게 슬펐어. 그분은 겉은 부드럽지만 속은 강하신 분이었어.

heart-wrenching 가슴이 찢어지게 슬픈 | mortuary 장례식장, 영안실 | crematory 화장터 | an iron fist in a velvet glove 겉은 부드럽지만 속은 강함, 외유내강

375 **He roughed up elderly people and buffaloed cops. Welp, that sums him up.**

그 사람은 노인들한테 폭력을 휘두르고 경찰들을 위협했어. 뭐, 그 사람이 어떤 사람인지 알 만하네.

rough up 폭력을 휘두르다 | buffalo 위협하다 | welp 음, 뭐, 글쎄 | sum up 압축해서 보여 주다

376 **I can't hear you out. I'm getting tuckered out. It's my rock-ribbed determination and it's my way or the highway.**

당신 얘기를 끝까지 들어 줄 수가 없어요. 지칠 대로 지쳐 가네요. 이건 내 확고한 결심이고, 내 방식을 따르기 싫으면 떠나세요.

hear ~ out ~의 말을 끝까지 들어주다 | tuckered out 지칠 대로 지친 | rock-ribbed 확고한 | my way or the highway 내 방식을 따르기 싫다면 떠나

377 **It was a set-up and bum rap. She's been as pure as the driven snow throughout her life. She must be exonerated.**

그거 모함이었고 누명이었어. 그분 평생 동안 도덕적으로 아주 바르게만 살아왔어. 무죄임이 밝혀져야 돼.

set-up 모함 | bum rap 누명 | as pure as the driven snow 도덕적으로 아주 바른 | exonerate 무죄임을 밝혀 주다

378 She's a well-heeled mogul, but according to hearsay, she feathered her own nest.

그 여자가 재산이 많은 거물이긴 한데, 전해 들은 말에 의하면 부정적인 방법으로 부자가 됐대.

well-heeled 재산이 많은, 부유한 | mogul 거물 | according to hearsay 전해 들은 말에 의하면 | feather one's own nest 부정적인 방법으로 부자가 되다

379 I'm confident that I'm not gonna be flappable. Despite the world, the flesh, and the devil, I've been following my credo and motto up to this day.

흔들리지 않을 자신 있어. 세상의 온갖 유혹들에도 불구하고 난 오늘날까지 내 신조와 좌우명을 따라 왔어.

flappable (힘든 상황에서) 흔들리기 쉬운 | the world, the flesh, and the devil 세상의 온갖 유혹들 | credo 신조 | motto 좌우명

380 She's between jobs now. The enterprise that she was working for went to the wall because magnates turned their back on it. She's looking for a part-time job as a band-aid solution.

걔 지금 실직 상태야. 걔가 다니던 기업의 큰손들이 등을 돌려서 기업이 실패해 버렸어. 지금 일시적인 해결책으로 아르바이트 구하는 중이야.

between jobs 실직 상태인 | go to the wall (자금 부족으로 기업 등이) 실패하다 | magnate (돈이 많고 영향력 있는) 큰손 | band-aid solution (문제의 근원을 다루는 게 아닌) 일시적인 해결책

381 I put the car through its paces by stepping on the gas and grinding to a halt. I think it's a cut above the last model.

속력도 내 보고 서서히 멈추기도 하면서 자동차 역량을 시험해 봤는데 저번 모델보다 나은 것 같긴 해.

> put ~ through its paces ~의 역량을 시험해 보다 | step on the gas 속력을 내다 | grind to a halt 서서히 멈추다 | a cut above ~ ~보다 나은, 한 수 위인

382 She's having a hard time due to a grab bag of hot potatoes. She's sinking into the quicksand. There's no rest for the wicked.

걔 여러 가지 난감한 문제들로 고생하고 있어. 헤어 나오기 힘든 상황이야. 전생에 지은 죄가 많나 보네.

> grab bag 여러 가지, 별의별, 갖가지 | hot potato 난감한 문제 | quicksand 헤어 나오기 힘든 상황 | there's no rest for the wicked (할 일이 많아서 힘들 때) 전생에 지은 죄가 많나 보네

383 Do you think this meme's funny? I think it's a vanilla, dank meme, but others were having hysterics and doubling up.

이 밈 웃긴 것 같아? 난 흔해빠지고 썰렁한 거 같은데 다른 사람들은 발작 웃음을 터트리고 배꼽을 잡아 대더라고.

> meme 유명인의 사진에 자신이 표현하고 싶은 문구를 써 넣거나, 웃긴 장면을 짤막하게 자른 영상 등 주로 웃긴 류로 인터넷에 퍼트리는 것 | vanilla 흔해빠진, 평범한 | dank meme (억지로 웃기려 하거나 너무 뻔한 것이라서) 썰렁한 밈 | hysterics 발작 웃음 | double up (너무 웃기거나 아파서) 몸을 웅크리다, 배꼽을 잡다

384 Their dreams have gone up in smoke. I kept telling them over and over not to pump money into it because things seemed like a snow job. They've made their bed and they must lie in it.

그들의 꿈은 물거품이 되었어. 달콤한 거짓말 같으니까 돈을 많이 투자하지 말라고 내가 그렇게 말했었는데. 지들이 벌인 일이니까 지들이 책임을 져야지.

go up in smoke 물거품이 되다, 수포로 돌아가다 | pump ~ into ~ (많은 돈을) 쏟아 붓다, 투자하다 | snow job 달콤한 거짓말 | you've made your bed and you must lie in it 네가 벌인 일이니까 네가 책임을 져야지

385 We won the pennant. We owned them, getting our nose in front from the beginning. I had so much fun strutting my stuff.

우리가 우승기 땄어. 초반부터 선두를 달리면서 완전히 압도를 했어. 내 능력 과시하느라 아주 재밌었다.

pennant 우승기 | own 완전히 압도를 하다 | get your nose in front 선두를 달리다 | strut one's stuff 능력을 과시하다

386 He's a bit on the headstrong side and doesn't see the forest for the trees, so he may stick to his guns.

걔 좀 고집불통인 편에다가 나무만 보고 숲은 보질 못해서 지 의견을 굽히지 않을 수도 있어.

on the ~ side ~인 경향이 있는, ~인 편인 | headstrong 고집불통인 | not see the forest for the trees 나무만 보고 숲은 보질 못하다 | stick to your guns 자신의 의견을 굽히지 않다

387 The guesstimates are off the beam from the prerequisite. I'll rule them out.

그 추정들은 전제 조건부터 잘못됐어요. 배제할게요.

guesstimate 추정, 어림짐작 | off the beam 틀린, 잘못된 | prerequisite 전제 조건 | rule out 배제하다, 제외시키다

388 I'm no shrinking violet. I don't like to snarl so much, but I fire back and sound off when I have to.

나 수줍음 많이 타지 않아. 으르렁거리는 걸 아주 좋아하진 않는데 필요할 땐 강하게 반격하고 큰소리로 의견 밝혀.

shrinking violet 수줍음을 많이 타는 사람 | snarl 으르렁거리다 | fire back 강하게 반격을 하다, 말대꾸하다 | sound off 큰소리로 자신의 의견을 밝히다

389 I think the women went into a huddle and gave you a stage whisper. They probably thought you were as mad as a March hare when you were manhandling a woman.

그 여자들 바짝 다가붙어서 일부러 너 들으라고 크게 속삭인 것 같더라. 여자를 거칠게 밀친 네 행동이 완전히 정신 나갔었다고 생각했나 봐.

go into a huddle (다른 사람들한테 안 들리게 조용히 말하려고) 바짝 다가붙다 | stage whisper 남이 들으라고 일부러 크게 속삭이는 것 | as mad as a March hare 완전히 정신이 나간 | manhandle (어디로 끌고 갈 때 등) ~를 거칠게 밀치다, 거칠게 다루다

390 I stumbled across my old roomie at an eatery. He was working as a valet parker. My jaw dropped as soon as I saw him and vice versa.

음식점에서 우연히 내 예전 룸메이트를 발견했어. 대리 주차를 하면서 일하고 있더라고. 나 걔 보자마자 입이 쩍 벌어졌어. 역으로도 마찬가지였고.

stumble across ~ ~를 우연히 발견하다 | roomie 룸메이트 | eatery 식당, 음식점 | valet parker 대리 주차를 하는 사람 | vice versa 역으로도 마찬가지다

391 The ragtag horde of culprits can't even make head or tail of what they've done.

문제를 일으킨 그 오합지졸 무리 장본인들은 지들이 무슨 일을 저질렀는지도 몰라.

ragtag 오합지졸의, 어중이떠중이들의 | horde 무리 | culprit (문제를 일으킨) 장본인 | not make head or tail of ~ ~를 전혀 이해하지 못하다, 갈피를 못 잡다, 뭐가 뭔지 모르다

392 And last but not least, I like how you guys are so fired up, but don't be too sassy and be cruising for a bruising.

그리고 마지막으로 말했다고 흘려듣진 말고, 너희가 엄청 신나 있는 건 좋은데 너무 까불면서 말썽을 자초하진 마.

last but not least 마지막에 말했다고 안 중요한 것은 아닌 | fired up 아주 신이 난, 열광적이 된 | sassy (무례하게) 까부는, 무엄한 | cruising for a bruising 말썽을 자초하는

393 It's not a subjective matter. There's objective evidence that they wittingly lunged at the victims miles from anywhere.

이건 주관적인 문제가 아니에요. 인적이 드문 곳에서 이 사람들이 피해자들한테 고의로 달려들었단 객관적인 증거가 있어요.

subjective 주관적인 | objective 객관적인 | wittingly 고의로 | lunge 달려들다 | miles from anywhere 인적이 드문 곳에서

394 Your swansong was a real killer. It sent me into orbit. And it came home to me that it was the real end.

네 경력 마지막 무대 정말 인상적이었어. 우주로 날아가 버릴 정도로 좋았어. 그리고 이젠 정말 마지막이란 생각이 가슴에 뼈저리게 와 닿더라고.

swansong (가수, 운동 선수, 배우 등이) 경력에서 마지막으로 하는 것 | killer 아주 인상적인 것 | send into orbit 우주로 날려 버릴 정도로 좋게 만들다, 어떠한 감정을 극한으로 만들다 | come home to ~ ~의 가슴에 뼈저리게 와 닿다

395 He's having an infatuation. He says he feels as if someone threw a Molotov cocktail in his heart. And it's so funny that he stammers as if his lips are paralyzed whenever he sees that girl.

쟤 사랑의 열병을 앓고 있어. 누가 지 가슴에 화염병을 던져 놓은 것 같대. 그리고 그 여자애만 보면 마치 입술이 마비된 것처럼 말을 더듬는데 완전히 웃겨.

infatuation 사랑의 열병 | Molotov cocktail 화염병 | stammer 말을 더듬다 | paralyze 마비시키다

396 Someone rear-ended my car. And that caused a harrowing pileup. The car, headache, traffic jam, I seriously went ballistic.

누가 내 차 뒤를 들이받았어. 그리고 그게 또 끔찍한 연쇄 충돌을 일으켰어. 자동차에 두통에 교통 체증에 아주 분통이 터지더라고.

rear-end (다른 차의 뒷부분을) 들이받다 | harrowing 끔찍한 | pileup 연쇄 충돌 | go ballistic 분통을 터트리다

397 Do you really wanna wear bling-bling clothes like those and hobnob with blue-blooded people? You barely keep the wolf from the door these days.

너 정말 그렇게 화려하게 차려입고 귀족 혈통 사람들하고 어울리면서 지내고 싶냐? 너 요새 입에 겨우 풀칠하고 살잖아.

bling-bling 화려하게 차려입은 | hobnob (부유하거나 유명한 사람들하고) 어울리면서 지내다 | blue-blooded 귀족 혈통의 | keep the wolf from the door 굶주림은 겨우 면하다, 입에 풀칠하고 살다

398 If you keep crying wolf and being a hellion, you'll be on the Santa's naughty list. Then you won't get the squirt gun that you want.

너 자꾸 양치기 소년처럼 굴고 말 지독히 안 들으면 산타 할아버지의 나쁜 아이들 목록에 들어가. 그럼 네가 받고 싶은 물총도 못 받아.

cry wolf (도움이 꼭 필요하지 않을 때) 양치기 소년처럼 쓸데없이 도와달라면서 소란을 피우다 | hellion 말을 지독히 안 듣는 아이 | naughty list (크리스마스 선물을 못 받을) 나쁜 아이들 목록 | squirt gun 물총

399 Do you really want to throw in your lot with me? Do you really want to ride out the storm? All roads lead to Rome, but first, you should close ranks.

정말 저하고 운명을 같이 하고 싶습니까? 정말 역경 속에서 살아남고 싶습니까? 목표를 달성하는데 방법은 많습니다. 근데 우선은 똘똘 뭉쳐야 돼요.

throw in your lot with ~ ~하고 운명을 같이 하기로 하다 | ride out the storm 역경 속에서 살아남다 | all roads lead to Rome 목표를 달성하는데 방법은 많다 | close ranks 똘똘 뭉치다, 결속을 강화하다

400 People say that bread is the staff of life, but it reeks too much. And also the pap is too gloppy. I can't eat them.

빵이 아무리 생명의 양식이라지만 이건 악취가 너무 심해. 죽도 너무 질척하고. 나 이거 못 먹어.

the staff of life (특히 빵을 가리키는) 생명의 양식, 기본적인 양식 | reek 심하게 악취가 나다 | pap 죽 | gloppy (음식이) 질척한, 맛대가리 없게 생긴

401 Let's have fun with white-knuckle rides rather than a carousel or Ferris wheel. There're lots of bumper roller coasters and they all look fun to me.

회전 목마나 회전 관람차보단 무서운 놀이 기구 타자. 엄청 큰 롤러코스터들 많은데 다 재밌을 것 같네.

white-knuckle ride 무서운 놀이 기구 | carousel 회전목마 | Ferris wheel (풍차 모양의) 회전 관람차 | bumper 엄청 큰

402 Why are you in such a tizzy? Stop agonizing now and cross that bridge when you come to it. No fire and brimstone waiting for you.

왜 그렇게 초조해? 지금 고뇌하지 말고 막상 일이 벌어지면 그때 가서 생각해. 무슨 불과 유황이 기다리고 있는 것도 아닌데.

tizzy 초조한 상태 | agonize 고민하다, 고뇌하다, 번민하다 | cross that bridge when you come to it (미리 걱정하지 말고) 막상 일이 벌어지면 그때 가서 생각해 | fire and brimstone (지옥의 고통을 뜻하는) 불과 유황, 천벌

403 My close friend is a whiz at making video montages and composite pics. She's in a class of her own.

내 친한 친구가 동영상 짜깁기하고 합성 사진 만드는 데 천재야. 타의 추종을 불허할 정도로 뛰어나.

whiz (어떤 분야를 아주 잘하는) 천재, 명수, 척척박사 | montage 짜깁기 | composite picture 합성 사진 | be in a class of your own 타의 추종을 불허할 정도로 뛰어난, 신의 경지에 도달한

404 **Their decoy is a seductive woman. She pours it on men with a cutesy face.**

개들이 바람잡이로 쓰는 건 어떤 유혹적인 여자야. 요염 떠는 얼굴로 남자들한테 칭찬을 쏟아 부어.

decoy (함정에 빠트리기 위해서) 유인하는 것, 바람잡이 | seductive 유혹적인 | pour it on (지나치게) 칭찬을 쏟아 붓다, 온 힘을 쏟아 붓다 | cutesy 요염을 떠는

405 **People jeered at a mobster as he was being taken to a paddy wagon and someone even rained blows on him.**

조직 폭력배가 죄수 호송차로 끌려갈 때 사람들이 야유를 했고, 어떤 사람은 주먹까지 퍼붓더라고.

jeer 야유하다 | mobster 조직 폭력배 | paddy wagon 죄수 호송차 | rain blows on ~ ~한테 주먹을 퍼붓다

406 **My big brother's one of the old school. He's not modish and he's not persnickety about clothes. He just avoids wearing clothes that are too skeevy.**

내 형이 좀 옛날 스타일이야. 너무 초라한 옷들만 좀 피하지 유행을 따라가지도 않고 옷 입는 거에 까다롭지가 않아.

of the old school (좋은 의미로) 옛날 스타일의, 과거에 더 흔히 볼 수 있었던 좋은 특징들을 지닌 | modish 유행을 따라가는 | persnickety 까다로운, 옹졸한 | skeevy 초라한, 지저분한

407 **Whatever you do, wrapping your mind around a cornerstone is of paramount importance. If that's weak, you're gonna have a hard time all the way down the line.**

뭐든지 기초를 이해하는 게 젤 중요해. 기초가 약하면 모든 단계에서 쩔쩔매게 돼.

wrap one's mind around ~ ~를 이해하다 | cornerstone 초석, 기초 | of paramount importance 제일 중요한 | all the way down the line 모든 점에서, 모든 단계에서

408 Everyone come here! I'm gonna delineate the opponents' kryptonite and a master stroke that will throw them off balance.

다들 이리 와 봐! 상대 애들 약점하고 걔들을 당황케 만들 묘수를 상세히 설명해 줄게.

delineate 상세하게 설명하다 | kryptonite 약점 | master stroke 묘수 | throw ~ off balance (예상치 못한 짓을 해서) ~를 당황케 만들다

409 Recently she gushed some loopy stuff to stay relevant, but no harm, no foul.

최근에 그분 대중한테 잊혀지지 않으려고 제정신이 아닌 말들을 마구 쏟아냈었죠. 하지만 크게 문제 된 거 없으니까 그냥 넘어갑시다.

gush (별로 진실성 없이) 마구 쏟아내다 | loopy 제정신이 아닌, 나사가 빠진 것 같은 | stay relevant (유명인 등이 말이나 행동으로) 대중한테 잊혀지지 않으려고 하는 | no harm, no foul (누가 실수를 했거나 잘못된 짓을 했지만) 크게 문제 된 거 없으니까 그냥 넘어가자

410 It's really good to see you guys mending fences. OK, both of you, one for the road! Down the hatch! Bottoms up!

너네 불화를 개선하는 거 보기 정말 좋다. 자, 둘이 마지막 한 잔! 건배! 원샷!

mend fences 불화를 개선하다, 화해하다 | one for the road (떠나기 전에) 마지막 한 잔 | down the hatch! 건배!, 위하여! | bottoms up! 원샷!

411 When I was a kid, whenever I saw that royal blue mortarboard, I wanted to knuckle down to studying for no special reason. It's superstitious, but I think it somehow possesses paranormal powers.

내가 꼬마였을 땐 저 감청색 사각모만 보면 괜히 공부를 열심히 시작하고 싶은 마음이 생겼어. 미신적이긴 한데 저건 왠지 초자연적인 힘을 소유하고 있는 것 같아.

royal blue 감청색 | mortarboard (대학의 교수나 학생이 쓰는) 사각모 | knuckle down 열심히 하기 시작하다 | superstitious 미신적인 | paranormal 초자연적인, 불가사의한

412 What's cooking, you scalawags? Why are you talking under your breath with a humongous smile?

무슨 일이야, 이 망나니들? 왜 아주 커다란 미소를 짓고 소곤소곤 말하고 있어?

what's cooking? 무슨 일이야? | scalawag 장난꾸러기, 망나니 | under one's breath 소곤소곤 | humongous 아주 커다란

413 Big-ups to your treatise. It's taut on the whole and the point is an open book.

논문 아주 잘 썼어. 전체적으로 깔끔하고 요점도 이해하기 아주 쉬워.

big-up 인정, 환영 등 긍정의 표시 | treatise 논문 | taut 깔끔한, 팽팽한 | open book 이해하기 아주 쉬운 것

414 I overheard what she said and it seemed like she was really beginning to wilt in her company. She was crying and saying that she was paid peanuts and even getting muzzled.

걔가 말하는 걸 우연히 들었는데, 회사에서 굉장히 지쳐 가나 봐. 쥐꼬리만한 돈을 받으면서 따지지도 못하게 입까지 틀어 막혔다고 막 울면서 얘기하더라고.

overhear (남의 대화를) 우연히 듣다 | wilt 지치다 | peanuts 쥐꼬리만한 돈 | muzzle (의견을 자유롭게 표현하지 못 하도록) 입을 틀어 막다, 입마개를 씌우다

415 Stop being so featherbrained. Go back to the drawing board and take a calm, stepwise procedure and don't let the things I say go in one ear and out the other.

덤벙대지 말고 처음부터 다시 시작해. 한 귀로 듣고 한 귀로 흘려버리지 말고 단계적으로 침착하게 해.

featherbrained 경솔한, 덤벙대는 | go back to the drawing board 처음부터 다시 시작하다 | stepwise 단계적인 | go in one ear and out the other 한 귀로 듣고 한 귀로 흘려버리는

416 I'm on intimate terms with him, but still, he's so cagey whenever he has a monkey on his back. It's not that he's trying to keep you at arm's length. It's just his personality.

나 걔하고 친한 사인데, 걔 무슨 골치 아픈 문제 있을 때 나한테도 터놓고 얘기 안 하려고 해. 네가 싫어서 너랑 거리를 두려는 게 아니라 걔 원래 성격이 그래.

on intimate terms with ~ ~하고 친한 사이인 | cagey ~에 대해서 말을 잘 안 하려고 하는, 터놓고 얘기하지 않으려고 하는 | a monkey on one's back 골치 아픈 문제 | keep ~ at arm's length (너무 친해지지 않으려고) ~하고 거리를 두다

417 He was on the razor's edge in the small hours, but I had to leave him in the lurch and the guilt couldn't be obliterated for a long time.

오밤중에 위기일발의 상황에 처해 있던 그 사람을 난 그냥 저버려야 했었고, 그 죄책감은 오랫동안 지워지지가 않았어.

on the razor's edge 위기일발의 상황에 처해 있는 | the small hours 꼭두새벽, 오밤중 | leave ~ in the lurch (곤경에 처한) ~를 그냥 못 본 체하다, 저버리다 | obliterate 없애다, 지우다

418 My sister's haggling and squabbling over a pinchbeck necklace. It looked pretty expensive considering that it's not the real McCoy.

누나 지금 가짜 목걸이 두고 흥정하면서 옥신각신하고 있어. 진품도 아닌데 좀 비싼 것 같긴 하더라.

haggle 흥정하다 | squabble 옥신각신하다, 티격태격 다투다 | pinchbeck 가짜의, 모조품의, 값싸고 번지르르한 | the real McCoy 진품

419 Their free ride got reported to the police. It's assumed that a man who'd always groveled and waited on them hand and foot reported it out of grudge after being drummed out.

그 사람들 불로 소득 해 오던 사실이 경찰에 신고당했대. 항상 굽실거리면서 손발 노릇을 해 오던 사람이 쫓겨나고선 원한을 품고 신고했나 봐.

free ride 무임승차, 불로 소득 | grovel 굽실거리다 | wait on ~ hand and foot ~의 손발 노릇을 하다, 지극정성으로 ~의 시중을 들다 | grudge 원한, 유감 | drum ~ out ~를 쫓아내다

420 The explanation in these parentheses is all wet. The story's scintillating, everything else rocks, but that's the fly in the ointment.

너 이 괄호 안에 든 설명 완전히 틀렸어. 스토리 아주 재미있고 다른 거 다 끝내주는데 저게 옥에 티네.

all wet 완전히 틀린, 완전히 빗나간 | scintillating 아주 재미있는 | rock 끝내주다 | fly in the ointment 옥에 티, 완벽히 좋을 뻔한 걸 망치는 티끌 같은 결점

421 I think she's being so wily and playing both ends against the middle with spurious talks. If so, I'll cook her goose and give her a dose of her own medicine.

걔 잔꾀 부리면서 거짓말로 양쪽을 싸우게 만들려는 것 같아. 그렇다면 내가 그 계획에 초를 치고 똑같은 방식으로 복수해 줄게.

wily 약삭빠른, 교활한, 잔꾀를 부리는 | play both ends against the middle (자신이 득을 챙기기 위해서 서로 적이나 라이벌 등을) 싸우게 만들려고 하다, 어부지리를 얻으려 하다 | spurious 거짓된 | cook a person's goose ~의 희망이나 계획에 초를 치다 | a dose of one's own medicine ~가 해 오던 똑같은 방식으로 복수를 하는 것

422 What do you call that thingy in a car that shows speed? A circle that has gradations which somewhat form a serrated edge. Ah, what was that thingamajig? It's right on the tip of my tongue.

차 안에 있는 그 속도 보여 주는 걸 뭐라고 하지? 눈금들이 약간 톱니 모양 가장자리를 만드는 그 동그라미. 아, 그게 뭐였지? 생각날 듯 말 듯 한데 생각이 안 나네.

thingy (이름을 잘 모르는 것을 가리키는) 그것 | gradation 눈금 | serrated 톱니 모양의 | thingamajig (이름을 잘 모르는 것을 가리키는) 그것, 아무개 | on the tip of your tongue 생각이 날 듯 말 듯 하지만 간발의 차이로 생각이 안 나는, 혀끝에서 뱅뱅 맴도는

423 If I had my druthers, I'd rather overshoot my budget to swankify my ranch house than build it on a shoestring to save money.

만약 나한테 선택권이 있다면 돈 아끼려고 단층집을 쥐꼬리 만한 돈으로 만들 바엔 차라리 예산 한도보다 돈을 더 써서라도 화려하게 만들 거야.

have one's druthers 선택권을 가지다 | overshoot (계획한 것보다) 돈을 더 많이 쓰다 | swankify 호화롭게 하다, 화려하게 하다 | on a shoestring (예산 등을) 쥐꼬리 만한 돈으로

424 He's a sandwich short of a picnic and a loose cannon, but it's also true that he's a mother lode of news that leaps out because he's one of a kind.

그 사람 띨빵하고 돌발적인 행동을 자주 하긴 하는데, 아주 독특해서 눈길이 가는 뉴스거리가 넘쳐나는 것도 사실이야.

a sandwich short of a picnic 띨빵한, 바보 같은 | loose cannon (특히 공인이면서) 돌발적인 행동을 자주 하는 사람, 무슨 일을 저지를지 모르는 사람 | mother lode 무엇이 넘쳐나는 근원 | leap out 눈길을 끌다 | one of a kind 아주 독특한 것

425 That man's a wanted sharper. He's hoodwinked over 100 pigeons.

그 사람 지명 수배 중인 타짜예요. 순진한 사람들을 100명 이상 속였어요.

wanted 수배 중인, 지명 수배 중인 | sharper (특히 카드 도박에서 사기를 치는) 사기꾼, 타짜 | hoodwink 속이다 | pigeon (도박에서 사기를 당하는) 순진한 사람

426 The teacher's so whimsical. He marches to a different drummer, but I think he's fine. He bears the stamp of never missing a meat-and-potatoes part.

그 선생님 굉장히 엉뚱해. 대부분 사람들하고 사고방식이 다른데, 난 그분 괜찮은 것 같아. 핵심적인 부분은 절대로 놓치지 않는 특징이 뚜렷해.

whimsical 엉뚱한, 별난 | march to a different drummer 대부분 사람들하고 다른 사고방식을 갖다 | bear the stamp of ~ ~의 특징을 뚜렷이 지니고 있는 | meat-and-potatoes 핵심적인

427 There're lots of people who jump in with both feet and eventually draw in their horns, but not many people doggedly stand the gaff.

기세 좋게 시작했다가 결국엔 소극적이 되는 사람들은 많아. 끈덕지게 끝까지 꾹 참는 사람들이 드물지.

jump in with both feet 기세 좋게 시작하다 | draw in one's horns 움츠러들다, 소극적이 되다 | dogged 완강한, 끈덕진 | stand the gaff 꾹 참다, 중압을 견뎌 내다

428 She blurted out seminal information which should've been kept under wraps. So she's on the brink of getting thrown out on her ear.

걔 발표 전까지 비밀로 해 둬야 됐던 중대한 정보를 무심결에 말해 버렸어. 그래서 지금 쫓겨나기 직전이야.

blurt out 무심결에 말하다 │ seminal 중대한, 영향을 크게 주는 │ under wraps (당분간) 발표 전까지 비밀로 해 두는 │ on the brink of ~ ~를 하기 직전인 │ out on your ear 쫓겨나는

429 I don't wanna be so touchy-feely, but I don't wanna show pearl-clutching over grabbing a hand or something like that either, stuck in a hackneyed stereotype.

애정 표현이 너무 적나라한 것도 싫지만, 진부한 고정 관념에 사로잡혀서 뭐 손 좀 잡았거나 그랬다고 충격 받은 척하기도 싫어.

touchy-feely 애정 표현이 너무 적나라한 │ pearl-clutching (무엇이 도덕적으로 잘못됐단 듯이) 충격을 받은 척 │ hackneyed 진부한 │ stereotype 고정 관념

430 It's a taxing job. I want people who have their head screwed on and who can soldier on at full capacity.

이건 아주 힘든 일이야. 분별 있고 전력을 다해서 계속해 나갈 수 있는 사람만 와.

taxing 아주 힘든 │ have one's head screwed on 빈틈이 없다, 분별이 있다, 허술함이 없다 │ soldier on (힘든 일을) 계속해 나가다 │ at full capacity 전력을 다하는

431 It seems like everybody's going through the motions of doing the work because they're sweltering. Some peeps even look like they're making themselves scarce. The weather's really searing hot though.

사람들이 무더위에 시달려서 다들 일을 하는 시늉만 하는 것 같아. 슬금슬금 떠나는 사람도 있는 것 같고. 근데 날씨가 진짜 탈 듯이 덥긴 하다.

> go through the motions of ~ ~를 하는 시늉만 하다, ~를 마지못해서 하다 | swelter 무더위에 시달리다 | make oneself scarce (힘든 상황 등을 피하기 위해서) 슬쩍 떠나다, 슬금슬금 떠나다 | searing 탈 듯한

432 My cell phone has seen better days. It's about to go kaput. I've seen several bleeding-edge dazzlers. Buy me one on my b-day.

내 핸드폰이 상태가 안 좋아졌어. 고장 나려고 해. 눈에 띄는 최첨단 핸드폰 몇 개 본 거 있는데 내 생일 때 하나 사 줘.

> have seen better days 왕년엔 잘 나갔다, 상태가 안 좋다, 다 낡았다 | kaput 고장이 난, 망가진 | b-day 생일, 탄생일 | bleeding-edge 최첨단의 | dazzler 눈에 띄는 것, 눈에 띄는 사람

433 It was a real upset. An underdog team that is nothing to write home about turned the tables on the best team.

진짜 예상을 뒤엎는 경기였어. 특별히 내세울 게 없는 약체 팀이 1등 팀을 역전해서 이겼어.

> upset (질 거라고 생각했던 쪽이 이겨서) 예상을 뒤엎는 경기 | underdog (이기거나 성공할 가능성이 적은) 약체 | nothing to write home about 특별히 내세울 게 없는 | turn the tables on ~ (형세를) 역전해서 이기다, 뒤지다가 앞서다

434 I always gulp down slathers of water with my satchel on right before I go to school. It's almost a ritual in my life.

나 맨날 학교 가기 직전에 책가방 멘 채로 꿀꺽꿀꺽 물을 듬뿍 마셔. 거의 내 인생의 의식 절차야.

gulp 꿀꺽꿀꺽 삼키거나 마시다 | slathers 대량, 듬뿍 | satchel (한쪽 어깨에 길게 메는) 책가방 | ritual 의식 절차, 의식 절차와 같이 하는 습관

435 He's a black sheep because he's a big spendthrift. He bought a 3D printer at a price a few days ago just to keep up with the Joneses.

갠 돈을 너무 헤프게 써서 골칫덩어리야. 며칠 전에도 그냥 단순히 남들한테 뒤지지 않으려고 3D 프린터를 상당히 비싸게 주고 샀어.

black sheep (가족이나 조직 내에서의) 골칫덩어리, 말썽쟁이, 문제아 | spendthrift 돈을 헤프게 쓰는 사람, 낭비벽이 있는 사람 | at a price 상당히 비싸게 | keep up with the Joneses (친구나 이웃이 가진 비싼 것들을 따라 사는 등) 남들한테 뒤지지 않으려고 애를 쓰다, 다른 사람들한테 꿇리지 않기 위해서 노력하다

436 Join the club. I feel ambivalent about it too. I wanna destroy the millstone around my neck, but at the same time, I also know that it'll pay dividends.

같은 신세네. 나도 애증이 엇갈린다. 이 어깨에 무거운 짐을 떨쳐 버리고 싶기도 한데, 언젠간 나한테 크게 득이 될 걸 또 아니까.

join the club 같은 신세네, 동지네 | ambivalent 반대되는 감정이 공존하는, 애증이 엇갈리는 | millstone around one's neck 피할 수 없는 무거운 책임, 어깨에 무거운 짐 | pay dividends 언젠간 크게 득이 되다, 나중에 보답이 되다, 장래에 도움이 되다

437 She often uses her food stamps to buy things like a cuke, shiitake mushroom or watercress. And she avoids big-ticket food as much as possible.

그분 식료품 할인권으로 오이, 표고버섯, 물냉이 같은 걸 자주 사더라고. 돈이 많이 드는 음식은 최대한 피하고.

food stamp (정부가 저소득자들한테 주는) 식량 구매권, 식료품 할인권 | cuke 오이 |
shiitake mushroom 표고버섯 | watercress 물냉이 | big-ticket 돈이 많이 드는, 고가의

438 My sister mottled and ruined my father's still life like this. She didn't get bawled out though because she was so guilt-ridden.

내 동생이 이렇게 아빠 정물화를 얼룩덜룩하게 망쳐 놨어. 근데 걔가 죄책감에 깊이 빠져 있어서 호통을 맞진 않았어.

mottle 얼룩덜룩하게 만들다, 반점 | still life 정물화 | bawl ~ out ~한테 호통을 치다 |
guilt-ridden 죄책감에 빠져 있는, 죄의식에 차 있는

439 When I was looking at the hometown pictures on the mantelpiece, letting my hands and feet thaw out, that was the best moment. It was really good to cast my mind back to my childhood at a toasty place.

손발을 녹이면서 벽난로 선반에 있는 고향 사진들을 볼 때가 젤 좋았어요. 훈훈한 곳에서 어린 시절을 회상하니까 정말 좋더라고요.

mantelpiece 벽난로 위에 있는 선반 | thaw 녹다, 해동시키다 | cast a person's mind
back to ~ ~를 회상하다 | toasty 따스한, 훈훈한, 따끈따끈한

440 It's a really bodacious restaurant, but on the flip side, it's jam-packed all the time, so we have to wait for a long time. And that's not your cup of tea.

거기 레스토랑 정말 끝내주긴 하는데 또 다른 면으론 맨날 꽉 차 있어서 오래 기다려야 돼. 그리고 그렇게 하는 건 또 네 기호에 안 맞잖아.

bodacious 끝내주는, 대담무쌍한, 당돌한 | flip side (반갑지 않은) 또 다른 면, 이면 | jam-packed 빽빽하게 꽉 찬, 아주 붐비는 | not one's cup of tea ~의 취향이 아닌, 기호에 안 맞는

441 You'll get a rap on the knuckles if you keep being a wisenheimer on your high horse. You're still wet behind the ears.

너 계속 뻐기면서 다 아는 척하면 야단맞는다. 아직 대가리에 피도 안 마른 게.

get a rap on the knuckles 야단을 맞다 | wisenheimer (거만하게) 다 아는 척하는 사람 |
on one's high horse 뻐기는, 거들먹거리는 | wet behind the ears 대가리에 피도 안
마른, 미숙한

442 A plan that I spitballed is in the pipeline and the staff members are going great guns, but I remember some execs tried to scuttle this great plan on the spot.

내가 머릿속에서 대충 떠오르는 대로 제안했었던 어떤 계획이 지금 구체화 단계에 있어. 직원들도 척척 잘해 나가고 있고. 그런데 몇몇 간부들은 이 좋은 계획을 그 자리에서 무산시키려고 했었지.

spitball (머릿속에서 대충 떠오르는 대로) 제안을 하다 | in the pipeline (계획이나 준비
등이) 구체화 단계에 있는 | go great guns 척척 잘해 나가다 | scuttle (계획이나 거래 등을)
무산시키다

443 There were lots of dowdy clothes, fair-to-middling shoes and also lots of frumps, but I could luckily buy two superfly clothes.

촌스런 옷도 많았고, 그저 그런 신발도 많았고, 유행에 안 맞는 옷차림을 한 여자도 많았었는데, 그래도 운 좋게 멋있는 옷 두 개는 샀어.

dowdy 촌스러운 | fair-to-middling 그저 그런 | frump 유행에 안 맞는 옷차림을 한
여자 | superfly (비싸 보이고) 멋있는

444 **It was a real bummer that the outing got canceled last time and the kids pouted in a sulky mood, but now they're so thrilled after being told that we're going for sure today.**

접때 야유회가 취소돼서 엄청 실망이었었거든. 애들도 뚱해서 입술을 뿌루퉁 내밀었었고. 근데 오늘은 꼭 간다니까 저렇게 신난 거야.

bummer 실망스러운 일 | outing (단체가 단일로 하는) 여행, 견학, 야유회, 소풍 | pout (삐져서) 입술을 뿌루퉁 내밀다 | in a sulky mood 뚱한, 시무룩한 | thrilled 아주 신이 난

445 **The jury is still out on her tax dodge. We'll have to wait until the final decree, but we all know that she likes to scrimp, so the whole story rings true to me.**

저 여자의 탈세 문제에 대해선 아직 평결이 나오질 않고 있어. 최종 판결 때까지 기다려 봐야겠지만, 저 여자가 지나치게 절약하길 좋아하는 건 뭐 다들 아는 사실이니까 난 얘기가 전부 사실처럼 들려.

the jury is still out 아직 평결이 나오질 않고 있다 | tax dodge 탈세, 절세 | the final decree 최종 판결 | scrimp 지나치게 절약하다, 내핍 생활을 하다 | ring true 사실처럼 들리다

446 **Slinging beer won't be so easy. You know, dealing with hotheads and sauced people isn't all plain sailing.**

바텐더로 일하는 게 그렇게 쉽진 않을 거야. 성급한 사람들, 그리고 술 취한 사람들을 상대하는 게 다 순조롭게 흘러가진 않잖아.

sling beer 바텐더로 일하다 | hothead 성급한 사람 | sauced 술에 취한 | plain sailing 순조롭게 척척 진행되는 일

447 **This itty-bitty young'un is already streetwise. So you're whip-smart enough to refuse my sop, right?**

이 조그만 꼬맹이가 벌써부터 세상 물정에 밝네. 내가 달래려고 준 선물을 야무지게 거절해?

itty-bitty 조그만 | young'un 꼬맹이 | streetwise 세상 물정에 밝은 | whip-smart 아주 영리한, 야무진 | sop 달래기 위한 작은 선물, 비위를 맞추기 위해서 주는 것

448 It's the lesser of two evils. You guys are running on empty. Try to make it pick up steam because it needs more cowbell.

둘 다 별로지만 그나마 이게 낫다. 너희 새로움을 잃어 버렸어. 더 강한 임팩트가 필요하니까 분발하려고 노력해 봐.

it's the lesser of two evils 둘 다 별로지만 그나마 이게 낫다 | running on empty 새로움을 잃어 버린 | pick up steam 차츰 힘을 내다, 분발하다 | more cowbell 어떤 것을 더 나아지게 만드는 것, 더 강한 임팩트

449 The guilt lies heavy on you on and on even if you try to blot it out, right? However, I guess we become a tough cookie as we're experiencing twists and turns.

애써 잊어 보려 노력해도 죄책감이 끊임없이 괴롭히지? 그래도 우여곡절을 겪으면서 사람이 강해지는 것 같더라.

lie heavy on ~ (정신적으로) ~를 괴롭히다 | blot ~ out ~를 애써 잊다 | cookie 어떠한 종류의 사람 | twists and turns 우여곡절, 구불구불

450 Today, one of my friends flubbed it while driving a dragster, so the car got totally rekt and all his arms and legs are in casts.

오늘 내 친구 한 명이 단거리 경주용 자동차를 몰다가 실수를 해서 차는 완전히 만신창이가 됐고, 걔는 팔다리 전체에 깁스를 했어.

flub 망치다, 실수를 하다 | dragster (길고 빠른) 단거리 경주용 자동차 | rekt 만신창이가 된 | in a cast (부러진 부위 등에) 깁스를 한

451 I have a red-hot snippet. Our teacher Mr Park has just got back from the sabbatical. Let's wrap up the meeting and greet him.

따끈따끈한 소식이 있어요. 방금 박 선생님이 안식 기간을 마치고 돌아오셨어요. 회의는 마무리짓고 인사드리러 가죠.

red-hot (소식 등이) 따끈따끈한, 최신의 | snippet (작은) 정보, 소식 | sabbatical 안식 기간 | wrap ~ up ~를 마무리짓다

452 His quirk is that he normally looks so loosey-goosey and complacent, but he becomes so hell-bent on his work when he has to.

그 사람의 별난 점은 평소엔 정말 느긋해 보이고 현실에 안주하는 것 같은데, 필요할 땐 아주 작정을 하고 열심히 해.

quirk (성격상의) 별난 점, 기벽 | loosey-goosey 느긋한, 느슨한 | complacent (현재 상황이 위험해도) 현실에 안주하는, 자기만족적인 | hell-bent (절대로 하겠다고) 굳게 결심한, 작정을 한, 독종처럼 마음을 먹은

453 She a despicable snitch who tattled on my friends to the teacher. We detest her so much.

걘 내 친구들을 선생님한테 고자질한 비열한 고자질쟁이야. 우린 걜 아주 증오해.

despicable 비열한, 야비한 | snitch 고자질쟁이 | tattle 고자질하다, 일러바치다 | detest 혐오하다, 증오하다

454 The bomb squad defused all the IEDs. The result was dicey since we had no information about the bombs, so I must give props to the spunk.

폭탄 처리반이 사제 폭탄들을 모두 제거했다. 폭탄에 대한 정보가 없어서 결과가 불확실했었는데, 그 용기에 경의를 표한다.

bomb squad 폭탄 처리반 | IED 사제 폭탄 | dicey 불확실한, 위험한 | give props 경의를 표하다 | spunk 용기, 투지, 담력

455 Wow, Amazeballs! It's right on the money. Honest to goodness, that was a wild guess.

와, 진짜 놀랍네! 정확히 맞았어. 정말 대충 찍은 건데.

amazeballs 아주 놀라운, 아주 대단한 | on the money 정확한, 옳은 | honest to goodness 정말로, 맹세코 | wild guess 대충 찍기

456 They're being interrogated about the human trafficking racket, but they clam up. Let's just give them the third degree.

걔들 인신매매로 돈을 번 혐의에 대해서 심문받고 있는데, 입을 꼭 다물고 말을 안 해. 그냥 거친 방식으로 자백시키자.

human trafficking 인신매매 | racket 부정한 돈벌이 | clam up 입을 꼭 다물다 | give ~ the third degree (협박이나 폭력 등) 거친 방식을 써 가면서 자백시키다, 거칠게 질문을 퍼붓다

457 Cold. No, colder. Yes, you're getting warmer. Close, but no cigar… Correctamundo! Right on the button.

틀렸어. 아냐, 더 틀렸어. 그래, 정답에 더 가까워지네. 거의 맞혔지만 정답은 아니고… 정답! 정확히 맞았어.

cold (답이) 틀린 | warm (정답에) 가까워지는 | close, but no cigar 거의 맞혔지만 정답은 아닌, 아주 근접했지만 아쉽게 실패한 | correctamundo 정답인 | on the button 정확히, 제시간에, 어김없이

458 What's going down? Every man jack scrambled to their feet. They were just twiddling their thumbs.

무슨 일이야? 너나 할 거 없이 다들 재빨리 몸을 일으켜 세우네. 그냥 손가락이나 만지작거리고 있다가 말이야.

go down (어떤 일이) 일어나다, 벌어지다 | every man jack 너나 할 거 없이 다들 | scramble to your feet (손으로 몸을 지탱하면서) 재빨리 몸을 일으켜 세우다 | twiddle one's thumbs (무료해서) 손가락이나 만지작거리다

459 She looks like a sylph, but she kept purring like a gold digger. So that made me hang back from getting close to her.

그 여자 생긴 건 요정 같은데, 계속 꽃뱀처럼 아양을 떨더라고. 그래서 친해지는 게 꺼려졌어.

sylph 요정 | purr 아양을 떨다, 부르릉 소리를 내다 | gold digger 꽃뱀 | hang back 꺼려 하다

460 With all due respect, your verdict has a dire slant, sir.

외람된 말이지만, 당신의 결정엔 심각하게 편향된 관점이 있습니다.

with all due respect 외람된 말이지만, 죄송합니다만 | verdict 의견, 결정 | dire 심각한 | slant 편향된 관점

461 **Last time, you raised Cain when everyone was whooping it up. People were so dismayed. They'll probably freeze you out if you go there again.**

접때 다들 신나게 놀고 있는데 네가 소동을 일으켰잖아. 사람들이 얼마나 경악을 했는데. 너 거기 또 가면 쌀쌀맞게 내쫓을걸?

raise Cain 소동을 일으키다 | **whoop it up** (떠들면서) 신나게 놀다 | **dismay** 경악하게 만들다, 실망시키다 | **freeze ~ out** 쌀쌀맞게 굴어서 내쫓다, 배척하다

462 **Take a gander at this brain-teaser. It's so cryptic. I really wanna solve this before I hit the sack.**

이 문제 좀 봐. 진짜 아리송해. 꼭 풀고 나서 잠자리에 들고 싶네.

take a gander 보다 | **brain-teaser** (퍼즐처럼 머리를 아프게 하지만 즐기기 위해서 하는) 문제 | **cryptic** 아리송한 | **hit the sack** 잠자리에 들다

463 **That was a super fluke. Don't read too much into it. It was just a shot in the dark, but wow, it was the darnedest thing.**

그거 완전히 운빨이야. 너무 많은 의미를 부여하지 마. 그냥 한번 해 봤는데 거참 신통하네.

fluke 요행, 운빨, 운수대통 | **read too much into ~** ~에 너무 많은 의미를 부여하다 | **a shot in the dark** (어떻게 될지 모르고) 그냥 한번 해 보는 일 | **the darnedest thing** 아주 신통한 것

464 **It seems like a small posse of masked men had a door staved in, rode the rails, then shook down the passengers.**

복면을 쓴 작은 무리가 승객들을 갈취한 것 같아요. 문을 부수고 화물칸에서 무임승차를 하고 있다가요.

posse 무리, 패거리 | **stave ~ in** (밖에서 안으로) ~를 부수다 | **ride the rails** 화물칸에서 무임 승차를 하다 | **shake ~ down** ~를 갈취하다

465 There're always lots of peeps who are prim and proper or who work like a demon because they wanna score Brownie points. Then they may earn a place in the sun.

원래 윗사람들한테 점수 따려고 새침 떨거나 귀신같이 일하는 사람들 많아. 그럼 지들이 유리한 위치를 차지할 수도 있으니까.

prim and proper 새침 떠는, 점잔 빼는 | like a demon 귀신처럼 잘하는, 귀신같이 열심히 하는 | Brownie point (윗사람한테 따는) 점수나 신임 | a place in the sun (특히 직업에서의) 유리한 위치

466 This bangle's our great grandmother's hallowed keepsake. She was a martyr.

이 팔찌 우리 증조 할머니의 소중한 유품이야. 순교자셨어.

bangle 팔찌 | hallowed 소중한, 신성한, 거룩한, 보배로운 | keepsake 기념품, 유품 | martyr 순교자

467 Don't be a cheapskate. We all know that you're loaded, so dip into your pocket rather than brazen it out.

구두쇠처럼 굴지 좀 마. 너 돈 많은 거 다 아는데 뻔뻔하게 굴지 말고 호주머니 좀 털어.

cheapskate 구두쇠, 수전노 | loaded 돈이 많은 | dip into your pocket (돈을 쓰기 위해서) 주머니에 손을 넣다, 호주머니를 털다 | brazen it out 뻔뻔하게 굴다, 철면피처럼 굴다

468 Yes, my gramps's very spry and zingy. He's so healthy that he doesn't even need a cane or magnifier.

네, 할아버지 아주 기운차시고 생기 넘치세요. 지팡이나 돋보기가 필요 없으실 정도로 건강하세요.

gramps 할아버지 | spry (고령 등의 나이에 비해서) 기운찬, 활발한 | zingy 생기 넘치는 | cane 지팡이, 회초리 | magnifier 돋보기, 확대경

469 He crashed out in a sprawl. He got plastered after boozing.

걔 큰 대자로 뻗어 버렸어. 술을 진탕 마시고 곤드레만드레 취했거든.

crash (졸려서) 뻗어 버리다 | in a sprawl 큰 대자로 뻗은 | plastered (술에) 완전히 취한, 곤드레만드레 취한 | booze 술을 진탕 마시다

470 It was a little offbeat trip. We took our kitties with us. However, our plans were not stymied. Playing with them and giving them kibbles actually helped us get exhilarated.

여행이 조금 색달랐어. 우리 고양이들을 데리고 갔어. 근데 우리 계획들에 방해가 되진 않았어. 같이 놀고 먹이도 주고 하는 게 오히려 우릴 더 신나게 만들었어.

offbeat 색다른 | stymie (계획 등을) 방해하다 | kibble (알갱이로 된) 애완동물 먹이 | exhilarate 아주 신나게 만들다, 아주 기쁘게 만들다

471 You're so buff. Your abs are ripped and your thunder thighs look so brawny.

너 진짜 몸짱이다. 복근도 조각처럼 갈라지고 말벅지도 아주 건장해 보여.

buff 몸짱인, 애호가 | ripped (복근 등이) 조각처럼 갈라진 | thunder thigh 말벅지, 살찐 허벅다리 | brawny 건장한

472 Chillax. You don't need to be so thin-skinned. Don't act so priggishly. You may get on the wrong side of the people.

진정해. 왜 그렇게 민감해? 너무 깐깐하게 굴지 마. 너 그러다가 사람들한테 찍힌다.

chillax 진정하다 | thin-skinned 민감한 | priggishly 깐깐하게, 까다롭게 | get on the wrong side of ~ ~한테 찍히다, 눈 밖에 나다, 미움을 사다

473 Snap out of the mokers right now! You can't be so crestfallen for the sake of our team. You know so well there's a bright future that has our name on it.

당장 절망에서 박차고 일어나! 너 우리 팀을 위해서라도 그렇게 의기소침해 있으면 안 돼. 우릴 위한 찬란한 미래가 있는 거 너도 잘 알잖아.

snap out of ~ ~를 박차고 일어나다 │ mokers 절망, 우울증 │ crestfallen 의기소침한, 풀이 죽은 │ have your name on it ~를 위해서, ~를 겨냥한

474 Yesterday, I had a flat tire with a blood-curdling sound in the middle of nowhere where I couldn't see a single critter.

어제 생물 하나 보이지 않는 외진 곳에서 소름 끼치게 무서운 소리와 함께 타이어가 펑크 났었어.

flat tire 펑크 난 타이어 │ blood-curdling 피가 얼어붙을 정도로 무서운, 소름 끼치게 무서운 │ in the middle of nowhere 인적이 끊긴 곳에서, 외진 곳에서 │ critter 생물

475 He ralphed a while ago. A crackpot with bleary eyes shucked off his top and gave us a graphic description of a scar.

얘 조금 전에 토했어. 눈빛도 흐릿한 어떤 별난 사람이 지 웃통을 벗어 던지고선 어떤 흉터에 대해서 생생하게 설명을 해 대더라고.

ralph 토하다 │ crackpot 별난 사람, 별꼴인 사람 │ bleary (눈빛이) 흐릿한 │ shuck off (옷 등을) 벗어 던지다 │ graphic (특히 불쾌한 것에 대해서) 생생한

476 Once upon a time, a gnome was bright-eyed and bushy-tailed on his shanks' mare. Then he saw a very beautiful girl by happenstance.

옛날옛날에 한 땅속 요정이 발랄하게 걷고 있었어. 그러다가 우연히 아주 이쁜 여자를 보게 됐어.

gnome 땅속 요정 │ bright-eyed and bushy-tailed 발랄한 │ shanks' mare 두 다리, 도보 │ by happenstance 우연히

477 I know you have lots of sweepstakes victories under your belt, but when gang members are counted in, it's a whole new ball game.

네가 몰빵 내기를 많이 이겨 본 건 아는데, 범죄 조직 일원들이 끼면 그건 얘기가 완전히 달라지는 거야.

sweepstakes (이긴 사람이 걸린 돈을 다 가져가는) 몰빵 내기, 내기 경마 | under one's belt 이미 경험한, 이미 체험한 | count ~ in ~를 끼우다, ~를 포함시키다 | a whole new ball game (주로 힘들어진 상황을 뜻하면서) 얘기가 완전히 달라진 것, 완전히 새로운 사태

478 A company that cons customers should be crashed and burned. People shouldn't just sit on their hands. They should boycott its goods.

소비자들한테 사기를 치는 회사는 보기 좋게 망해야 돼. 사람들이 그냥 수수방관하면 안 되고 상품 구매를 거부해야지.

con 사기를 치다 | crash and burn 보기 좋게 망하다 | sit on your hands 수수방관하다 | boycott 구매를 거부하다, 구매 거부 운동

479 You intensely slurred a chink in your friend's armor in a fit of red mist. You did borrow trouble.

너 홧김에 네 친구의 약점을 엄청 비방했잖아. 너 긁어서 부스럼 만든 거야.

slur 비방하다, 불분명하게 발음하다 | a chink in one's armor 약점, 맹점 | in a fit of red mist 홧김에 | borrow trouble 쓸데없는 걱정을 하다, 긁어 부스럼을 만들다

480 She has a flair for languages. She catches on to 5 different languages and she's also great at putting things in black and white. I guess she's a mental giant.

얘 언어에 천부적인 감각이 있어. 5개 국어를 알아듣고 글도 아주 잘 써. 천잰가 봐.

flair 타고난 재능, 천부적인 감각 | catch on to ~ ~를 알아듣다, ~를 이해하다 | in black and white 인쇄된, 글로 쓰여진 | mental giant 천재

481 **I bumped into my old friend that I hadn't clapped eyes on for a long time. I'm gonna hang out with her at the mall, schmoozing.**

오랫동안 못 본 옛날 친구랑 우연히 마주쳤어. 걔랑 쇼핑몰에서 수다 떨면서 같이 시간 좀 보내고 올게.

bump into ~ ~하고 우연히 마주치다 | clap eyes on ~ ~를 보다 | hang out (느긋하게 어울리면서) ~하고 시간을 보내다 | schmooze 한담을 나누다, 수다를 떨다

482 **I blew a gasket because the storekeeper tried to fool me with a tawdry, simulated finger ring. I can't be a peacenik all the time.**

가게 주인이 번쩍거리기만 한 싸구려, 모조 반지로 날 속이려고 해서 내가 성질이 폭발한 거야. 나도 언제나 평화주의자로만 살 순 없거든.

blow a gasket 성질이 폭발하다 | tawdry 번쩍거리기만 하고 싸구려의, 휘황찬란하기만 한 | simulated 모조의, 모의의 | peacenik 평화주의자

483 **We're the first string players. We're far and away the best and our goal is to make a sweep. Don't let the expectations turn to ashes in your mouth, everybody.**

우린 1군 선수들이다. 우린 단연코 최고이고 목표는 전승이다. 다들 기대에 어긋나게 하지 말자.

first string 1군 | far and away 단연코 | sweep 싹쓸이, 전승 | turn to ashes in a person's mouth 기대에 어긋나고 말다

484 **Many people had banked on the guy and put him on a pedestal, but it seems like he walked out on everybody for his dear life when he had his back to the wall.**

많은 사람들이 저 사람을 의지하고 맹목적으로 받들어 모셨는데, 저 사람은 막다른 골목에 몰리게 되니까 걸음아 날 살려라 하고 사람들을 다 버린 것 같아.

bank on ~ ~를 의지하다 | put ~ on a pedestal ~를 맹목적으로 받들어 모시다, 무작정 존경하다, 지극정성으로 모시다 | walk out on ~ ~를 버리다 | for dear life 걸음아 날 살려라 하고, 필사적으로 | have one's back to the wall 궁지에 몰리다, 막다른 골목에 몰리게 되다

485 **You always talk the talk, not walk the walk. A man should be a man of his word, not just be big-headed.**

넌 맨날 말만 뻔지르르하지, 실제 행동으론 보여 주지 못하잖아. 남자가 자신이 한 말을 지켜야지 자만심만 넘치면 어떡해?

talk the talk 말을 뻔지르르하게 하다 | walk the walk (말뿐이 아닌) 실제 행동으로 보여 주다 | man of his word 자신이 한 말을 지키는 사람 | big-headed 자만심이 넘치는

486 **Ciao! Good luck with rounding out the year and I hope our next year's gonna be a knockout too. I'll give you a buzz next year.**

잘 가! 한 해 마무리 잘 짓고 내년도 아주 멋진 한 해가 되자. 내년에 전화할게.

ciao 반가워, 잘 가 | round ~ out ~를 마무리짓다 | knockout (쓰러질 정도로) 멋진 것, 매력덩어리 | give ~ a buzz ~한테 전화를 하다

487 **I thought you blew me off. Do you know how much I stewed, chilled to the marrow? It's so good to see you all in one piece though.**

난 네가 나 바람맞힌 줄 알았어. 내가 뼛속까지 추워 가면서 얼마나 마음 졸였는 줄 알아? 그래도 다친 데 없어서 다행이다.

blow ~ off ~를 바람맞히다 | stew 마음을 졸이다, 애태우다 | chilled to the marrow 뼛속까지 추운, 골수까지 무서운 | all in one piece 안전히, 다친 데 없이

488 Do you feel barfy? You made a grimace when you caught a whiff of the litter.

메스껍냐? 쓰레기 냄새 잠시 훅 풍길 때 얼굴 찡그리던데.

barfy 메스꺼운 | grimace 찡그린 표정, 우거지상 | whiff 잠시 훅 풍기는 냄새, 헛스윙 | litter (공공장소 등에 버려져 있는) 쓰레기, 어질러져 있는 것들

489 The infantrymen pumped full of lead into the monsters and they all croaked. The infantrymen died too, but they all sold their life dearly.

보병들은 괴물들한테 총을 난사했고 괴물들은 다 꼬꾸라졌어. 보병들도 죽긴 했지만 다들 생명을 값지게 버리게 된 거지.

infantryman 보병 | pump full of lead 총을 난사하다 | croak 죽다, 꼬꾸라지다 | sell one's life dearly 생명을 값지게 버리다, 적한테 큰 손해를 입히고 전사하다, 개죽음을 당하지 않다

490 She does not care two hoots about the scoffers. She dotes on the boy, warts and all.

걔 남들이 비웃는 거 전혀 아랑곳하지 않아. 그냥 무작정 그 남자애를 사랑해. 그의 나쁜 점들까지도 전부 다.

not care two hoots about ~ ~에 대해서 조금도 신경 쓰지 않다, 전혀 아랑곳하지 않다 | scoffer 비웃는 사람 | dote on ~ ~를 무작정 사랑하다, 맹목적으로 사랑하다, 애지중지하다 | warts and all 나쁜 점들까지도 전부 다

491 I swear blind that these newly invented antibiotics will be an indispensable boon to the world.

새로 발명한 이 항생제는 틀림없이 세상에 없어선 안 될 요긴한 게 될 거야.

swear blind 틀림없다고 확신하다, ~라고 단언하다 | antibiotic 항생제 | indispensable 없어선 안 될, 불가결한, 필수적인 | boon 요긴한 것

492 Somebody smoked all the plunderers. I think one of the plunderers double-crossed them in order to take the cold cash.

누가 도적들을 총으로 다 쏴 죽였어. 패거리 중 한 명이 현금을 가져가려고 배신을 한 것 같아.

smoke 총으로 쏴서 죽이다 | plunderer 도적, 약탈자 | double-cross (불법적인 상황에서) 배신을 하다 | cold cash 현금, 현찰

493 Hey, you can't be huffing and puffing now. You've got to bust a gut to hoof it to the summit.

야, 벌써 헉헉대면 어떡해? 너 꼭대기까지 걸어가려면 무진장 애써야겠는데?

huff and puff 헉헉대다, 헐떡거리다 | bust a gut 무진장 애쓰다 | hoof it 걸어가다 | summit 꼭대기, 정점, 최고조, 정상 회담

494 I got tuned in to a skeleton in the closet while listening in on a conversation of the people next door. They said they lost the house on the mortgage in a horse race.

나 옆집 사람들 대화를 엿듣다가 집안의 수치를 알게 됐어. 그 사람들 담보 대출 받은 집을 경마에서 잃었대.

tune in to ~ ~를 알게 되다 | skeleton in the closet 집안의 수치 | listen in on ~ ~를 엿듣다 | mortgage 담보 대출, 융자금, 저당 잡히다

495 The hair extensions match well with your satiny hair. They're snatched and full of pizzazz.

붙임 머리가 네 보드라운 머리하고 잘 어울린다. 아주 멋지고 쌔끈하네.

hair extensions 붙임 머리 | satiny 고운, 보드라운, 윤이 나는 | snatched 아주 멋진 | pizzazz 쌔끈함, 매력적인 생기

496 A passenger was off his rocker, saw red and caused air rage. I think I gawked at it for like 10 mins.

어떤 정신 나간 승객이 갑자기 격분해서 기내 난동을 일으켰어. 한 10분은 얼빠진 듯이 쳐다본 것 같네.

be off your rocker 정신이 나가다 | see red 갑자기 격분하다, 울그락불그락하다 | air rage 기내 난동 | gawk 얼빠진 듯이 쳐다보다

497 Stop trotting out the flimsy, threadbare excuses day in, day out because I know otherwise so well.

그렇지 않은 거 다 아니까 허구한 날 믿기지 않는 뻔한 핑계들 좀 그만 대.

trot ~ out (늘 하는 변명 등을) 대다 | flimsy 얄팍한, 믿기지 않는, 설득력이 없는 | threadbare (변명 등이) 뻔한 | day in, day out 허구한 날, 날이면 날마다 | know otherwise 그렇지 않단 걸 알다

498 It won't last long like a mayfly if you always just look for a slice of the action. You've got to dip your toe into something new and try to accomplish things from scratch.

맨날 한 몫 낄 생각만 하면 하루살이처럼 오래 못 가. 새로운 일을 시도해 보고 무에서부터 뭔가를 이룰 생각을 해야지.

a slice of the action (남이 잘 시작해 놓은 일에) 한 몫 끼기 | mayfly 하루살이 | dip one's toe into ~ (새로운 일을) 시도해 보다 | from scratch 무에서부터

499 The gumshoe tried his best to tail the fences, but they were good at giving him the slip.

형사는 미행하는 일에 최선을 다 했는데 장물아비들이 잘 따돌렸어.

gumshoe 형사, 탐정 | tail 미행하다 | fence 장물아비 | give ~ the slip ~를 속이고 달아나다, ~를 따돌리다

500 This script's lowbrow because it has too many lewd jokes and that one's gobbledygook because it's highbrow. I'll show you the epitome.

이 대본은 선정적인 농담들이 많아서 교양이 너무 없고, 저 대본은 교양이 너무 심해서 도저히 무슨 말인지를 모르겠어. 내가 완벽한 본보기를 보여 줄게.

lowbrow (이해하기 쉽고) 너무 저속한, 너무 교양이 없는 | lewd 외설적인, 선정적인 | gobbledygook (전문 용어 등이 너무 많아서) 도저히 무슨 말인지를 모르겠는 말 | highbrow (이해하기 어렵고) 교양이 너무 심한 | epitome 완벽한 본보기

501 She just ankled in and is raising hell. Why is she cutting off her nose to spite her face? She needs it like a hole in the head.

저분 그냥 걸어 들어가서 큰소리로 항의하고 있어. 저럴 필요 전혀 없는데 왜 누워서 침 뱉기를 하지?

ankle in 걸어 들어가다 | raise hell 큰소리로 항의하다 | cut off one's nose to spite one's face 홧김에 자신한테 불리한 짓을 하다, 혹 떼러 갔다가 혹 붙여 오다, 누워서 침을 뱉다 | need ~ like a hole in the head ~는 전혀 필요 없다

502 It's not the gremlin. I think the machine's innards are on the blink. There is someone who can pinpoint the problem.

그렘린이 아니라 기계 내부의 고장 같아요. 문제를 정확히 집어낼 수 있는 사람이 있긴 해요.

gremlin 기계 고장의 원인으로 여겨지는 가상의 꼬마 마귀 | innards (기계의) 내부, 내장 | on the blink (기계가) 제대로 작동이 안 되는, 고장이 난 | pinpoint 정확히 집어내다, 정확히 찾아내다

503 When did I treat you like an ugly duckling? I don't play favorites. I get my dander up because you always get paranoid and kvetch about it.

내가 언제 널 미운 오리 새끼처럼 대했어? 나 사람들 편애 안 해. 네가 맨날 피해망상을 갖고 투덜대니까 내가 화를 내는 거지.

ugly duckling 미운 오리 새끼 | play favorites 편파적이다, 편애를 하다 | get one's dander up 성을 내다 | paranoid 피해망상적인, 편집증 환자의 | kvetch 투덜대다

504 I skunked him at warp speed. He fumed at it when he was consecutively getting the goose egg.

내가 초고속 퍼펙트로 이겼어. 걔 연속으로 빵점 받으니까 씩씩대더라고.

skunk (상대가 아예 득점을 못 하게 하면서) 퍼펙트로 이기다, 완벽히 무찌르다 | warp speed 초고속 | fume at ~ ~한테 씩씩대다 | goose egg 빵점, 무득점

505 I cringed so much when you showboated with the crummy dexterity.

너 그 형편없는 재주로 과시를 해 댔을 때 나 정말 너무 민망했었어.

cringe 민망하다 | showboat 과시하다 | crummy 형편없는, 개떡 같은 | dexterity 재주, 손재주

506 Stand bolt upright because you didn't sink into the deep mire yet, but you have to give your eye teeth to redeem yourself.

아직 깊은 수렁 속으로 빠진 건 아니니까 허리 똑바로 펴. 하지만 무슨 짓을 해서라도 꼭 만회해라.

bolt upright 허리를 똑바로 | mire 진흙탕, 수렁 | give your eye teeth to ~ ~를 하기 위해선 무슨 짓이든 다 하다 | redeem yourself (실수 등을) 만회하다

507 Those were the days. We even decked out like a sachem and pranced around streets.

그때가 좋았었지. 추장으로 치장을 하고 거리를 활보하기도 했었는데 우리.

those were the days 그때가 좋았었지, 옛날이 좋았었지 | deck out 치장을 하다, 꾸미다 | sachem 추장, 족장, 촌장, 수장, 두목 | prance (과장되게 뽐내면서) 활보하다

508 That's a rounded-up ballpark figure. So technically, it's not right to a T.

그거 반올림된 대략적 수치야. 그러니까 엄밀히 따지자면 자로 잰 것처럼 정확히 맞진 않아.

round 반올림하다 | ballpark 대략적인 액수 | technically 엄밀히 따지자면 | to a T 자로 잰 것처럼 정확히

509 Has that clunker gone haywire again? Please go to a junkyard and have it scrapped.

그 고물차가 또 고장났다고? 제발 폐차장 가서 폐기 좀 해라.

clunker (특히 자동차를 일컫는) 고물 | haywire 고장이 난, 통제가 안 되는 | junkyard 폐차장, 폐품 처리장 | scrap 폐기하다

510 Hey, I gloated so much when the guileful man tipped his hand inadvertently.

야, 나 그 음흉한 인간이 무심코 지 속셈을 드러내 버렸을 때 진짜 고소하더라.

gloat 고소해하다 | guileful 교활한, 음흉한 | tip one's hand (부주의하게) 속셈을 드러내다, 속마음을 비치다 | inadvertently 무심코

511 What do you mean by you don't like retro clothes because they're old hat? You're getting ahead of yourself. The proof of the pudding is in the eating.

복고풍이 시대에 뒤떨어져서 싫다니 너 너무 성급하게 앞서 나간다. 제대로 알려면 실제로 한번 입어 봐야지.

retro 복고풍의 | be old hat 시대에 뒤떨어지다 | get ahead of oneself 너무 성급하게 앞서 나가다 | the proof of the pudding is in the eating 어떤 걸 제대로 알려면 실제로 겪어 봐야 된다, 백문이 불여일견

512 That kind of hoax can shade into malice even if we are on a first-name basis.

우리가 아무리 친숙한 사이라도 그런 식의 불쾌한 장난질은 조금씩 악의로 변할 수가 있지.

hoax 불쾌한 일에 대해서 거짓말을 하는 장난질 | shade into ~ 조금씩 ~로 변하다, 서서히 바뀌다 | malice 악의, 적의 | on a first-name basis 친한 사이인, 친숙한 사이인

513 It's a crime scene. Seal it off from stem to stern and let the laypeople out before you can say knife.

이건 범죄 현장이야. 모조리 다 봉쇄하고 문외한들은 냉큼 내보내.

seal ~ off ~를 봉쇄하다 | from stem to stern 이물에서 고물까지, 모조리 다 | layperson 비전문가, 문외한 | before you can say knife 냉큼, 순식간에

514 That teacher's normally staid and laconic, but he gives us a hilarious, deadpan joke every once in a while.

그 선생님 평소엔 근엄하고 딱 할 말만 하는데, 가끔 한 번씩 진지한 표정으로 진짜 웃긴 농담도 해.

staid 고루한, 근엄한, 재미없는 | laconic 딱 할 말만 하는 | hilarious 아주 웃긴 | deadpan (특히 농담을 하는 사람이 그 사실을 숨기면서) 표정이 진지한, 무표정인

515 I just wanted to beat you at your own game and make you peeved for fun because you kept wheeling out the same thing. Don't be so morose.

네가 계속 똑같은 거 우려먹길래 내가 그걸 역으로 써서 널 이기고 장난으로 약 올려 보고 싶었어. 너무 뿔나 있지 마.

beat ~ at one's own game 상대가 자신을 이기려고 쓴 방법을 역으로 써서 이기다, 상대의 주 종목에서 상대를 능가하다 | **peeve** 약 올리다 | **wheel ~ out** ~를 계속 우려먹다, 같은 걸 매번 끄집어내다 | **morose** 뿔난, 시무룩한, 꿈해 있는

516 Yes, he's here. I wrung his hand verging on having it mangled when I was pressing the flesh.

어, 걔 왔어. 사람들하고 악수하고 다닐 때 걔 손은 거의 짓이길 정도로 꽉 움켜쥐었어.

wring one's hand (악수를 하면서) ~의 손을 꽉 움켜쥐다 | **verge on ~** 거의 ~이다 | **mangle** 짓이기다 | **press the flesh** (많은 사람들하고) 악수를 하다

517 Do it for your own good even though it's not your bag. You can bet your bottom dollar that it's gonna give you a leg-up.

네 취미가 아니더라도 네 자신을 위해서 해. 장담하는데 너한테 도움을 줄 거야.

for your own good 네 자신을 위해서 | **not somebody's bag** ~의 취미가 아닌, ~의 장기가 아닌 | **you can bet your bottom dollar** 장담하는데 | **leg-up** 도움, 거들어 줌

518 It remains to be seen who's gonna win. He had a 2-year layoff due to a torn ligament and damaged cartilage.

누가 이길진 지켜봐야 돼. 쟤 인대 파열과 연골 손상으로 2년간 활동 중지를 했어.

it remains to be seen 아직 모른다, 지켜봐야 된다 | **layoff** 활동 중지 기간 | **ligament** 인대 | **cartilage** 연골, 물렁뼈

519 Is that delish? You just can't stop slurping. That's a balloon flower infusion, right?

맛있냐? 계속 후루룩거리네. 그거 도라지 우려낸 차지?

delish 맛있는 | slurp 후루룩 소리를 내다, 후루룩 마시다 | balloon flower 도라지 | infusion 우려낸 차, 달여낸 약물

520 Today, a perv kept tagging along behind me, prying and leering. So I even called the cops.

오늘 어떤 변태가 계속 졸졸 따라다니면서 사적인 걸 캐묻더라고. 막 음흉하게 쳐다 보면서. 그래서 경찰까지 불렀어.

perv 변태 | tag along (상대가 원치 않는데) 졸졸 따라다니다 | pry 사적인 걸 캐묻다 | leer 음흉하게 쳐다보다

521 It doesn't take a rocket scientist to do it. Don't worry. However, don't do a sloppy job because it's not something that you can make a hash of, not by a long shot.

이거 꼭 천재가 아니라도 할 수 있는 거야. 걱정하지 마. 그래도 엉망으로 해도 되는 그런 건 결코 아니니까 대충 하진 말고.

it doesn't take a rocket scientist to do ~ ~는 꼭 천재가 아니라도 할 수 있다 | **sloppy** 엉성한, 대충 하는 | **make a hash of ~** ~를 엉망으로 하다 | **not by a long shot** 결코 아닌

522 Anyway, the bottom line is that the inventory is feast or famine and I have just a smidgen right now.

아무튼 요점은 재고가 기복이 심하고 지금은 아주 조금밖에 없단 거야.

bottom line 핵심, 요점 | **inventory** 재고 | **feast or famine** 기복이 심한 | **smidgen** 아주 조금, 근소

523 A staff member's given the air because she had a propensity to show a perfunctory manner. There's got to be the ackwash, so you guys be careful too.

직원 한 명이 형식적인 태도만 보이려는 경향이 있어서 해고를 당했어. 분명히 여파가 있을 테니까 니들도 조심해.

give ~ the air ~를 해고하다 | **propensity** 경향, 성향 | **perfunctory** (흥미나 노력 없이) 형식적으로만 하는 | **backwash** (안 좋은) 여파

524 I succeeded in finagling the potion even though it was like getting blood out of a turnip. It's gonna kick in fast when you drink it.

하늘의 별 따기 같았는데, 그래도 마법의 물약을 얻는 데 성공했어. 마시면 효과 빨리 나타나기 시작할 거야.

finagle (남을 속여서) 얻다, 취득하다 | potion (마법의) 물약, 묘약, 독약 | like getting blood out of a turnip (누구한테서 무엇을 얻어내기가) 하늘의 별 따기 같은 | kick in (효과가) 나타나기 시작하다

525 Hey, I wanna eat my words. I think I wasn't so judicious. Let's just wait and see rather than weigh in and pour oil on troubled waters.

야, 내 말 취소. 판단력이 별로 안 좋았던 것 같아. 관여해서 분쟁을 가라앉히기보단 그냥 지켜보자.

eat one's words 한 말을 취소하다 | judicious 판단력이 좋은 | weigh in 끼어들다, 관여하다 | pour oil on troubled waters 분쟁을 가라앉히다

526 Nail down an agreement for sure and make them bankroll us up to the hilt. You must not rock the boat.

꼭 합의를 이뤄 내고 그분들이 우리한테 최대한으로 재정 지원을 해 주게끔 만들어. 절대로 탈을 일으켜선 안 돼.

nail down (힘들게 합의 등을) 이뤄 내다 | bankroll 재정 지원을 해 주다, 자금을 대주다 | to the hilt 최대한으로 | rock the boat (뜻밖에) 탈을 일으키다, 평지풍파를 일으키다

527 He was ogling the hood rat. And he was also bantering with her. I hope he's not two-timing.

걔 그 평판 안 좋은 여자한테 추파를 던지던데. 서로 정감 어린 말장난도 주고받고. 설마 바람을 피우는 건 아니겠지?

ogle 추파를 던지다, 곁눈질을 하다 | hood rat (젊고 불우한 지역에서 왔으며 문란한 사생활로) 평판이 안 좋은 여자 | banter 서로 정감 어린 말장난을 주고받다 | two-time 바람을 피우다, 애인을 기만하다

528 It's not mandatory, but if you're on easy street, it' a good idea to sock away some money every month. Of course, you'll have to play it by ear.

의무적은 아니지만 만약 네 살림이 넉넉하면 매달 저축금으로 돈을 어느 정도 빼 두는 게 좋지. 물론 그때그때 사정을 봐 가면서 처리해야 되겠지만.

mandatory 의무적인, 직권으로 명령된 | on easy street 살림이 넉넉한, 돈이 궁하지 않은, 팔자가 좋은 | sock ~ away ~를 저축금으로 빼 두다 | play it by ear 그때그때 사정을 봐 가면서 처리하다, 임기응변의 조치를 취하다

529 They were backbiting my friend with hooey. However, they flinched and apologized when my blood was up.

쟤들이 말도 안 되는 소리로 내 친구를 뒤에서 험담했어. 근데 내가 살기가 등등하니까 움찔하고 사과하더라고.

backbite 뒤에서 험담하다 | hooey 말도 안 되는 소리 | flinch 움찔하다, 주춤하다 | one's blood is up 살기등등한

530 This minidisc player was up to the minute and voguish at one point, but it's redundant now because some other products are head and shoulders above it.

이 미니디스크 플레이어도 한때는 최첨단에 인기를 확 끌었었는데, 이젠 훨씬 더 우수한 제품들이 나와서 불필요하게 돼 버렸지.

up to the minute 최첨단의, 최신 유행의 | voguish 인기를 확 끄는 | redundant (다른 것이 대체를 하게 돼서) 불필요한 | head and shoulders above 훨씬 더 우수한

531 The result was fixed. He staked tons of money on himself and tanked the match. Well, now he won't be able to get off the hook.

결과가 조작이야. 걔 자기한테 돈을 많이 걸어 놓고 일부러 시합에서 졌어. 뭐, 이젠 처벌을 면치 못하겠지.

fix 조작하다 | **stake** ~를 걸다 | **tank** (시합에서) 일부러 지다 | **get off the hook** 곤경을 면하다, 처벌을 면하다

532 We had a clambake. And I ate a lot of seasoned mackerels and mussels.

우리 해산물 파티 했어. 난 양념 된 고등어하고 홍합을 많이 먹었고.

clambake 해산물 파티 | **seasoned** 노련한, 양념이 된, 조미료를 넣은 | **mackerel** 고등어 | **mussel** 홍합, 담치

533 There's an error in the analytics. The setback's wide of the mark. My bad. Please bump that.

그 분석 정보에 오류 하나 있어. 건물하고 토지 경계선 사이의 거리가 틀렸어. 내 잘못이다. 없었던 걸로 해 줘라.

analytics 분석 정보 | **setback** 건물하고 토지 경계선 사이의 거리 | **wide of the mark** 틀린, 빗나간 | **bump that** 없었던 일로 해 줘, 아무러면 어때

534 Your face turned scarlet when the emcee drew near and introduced you with a flourish. I've never seen you become so diffident.

사회자가 다가와서 화려한 몸짓으로 소개하니까 너 얼굴이 새빨개지던데. 너 그렇게 소심해지는 거 처음 봤어.

turn scarlet 새빨개지다 | **draw near** 다가오다 | **with a flourish** 화려한 몸짓으로, 요란스럽게 | **diffident** 소심한

535 My alter ego just gave me this pendant gratis in token of friendship.

이 보석 내 절친이 우정의 표시로 나한테 그냥 거저 줬어.

pendant (목걸이 줄에 거는 장식용) 보석 | alter ego 절친한 친구, 또 다른 자아 | gratis 무료로, 거저 | in token of ~ ~의 표시로

536 You need to jettison your blue-sky thoughts about how you have a charmed life and get with the program.

마력이 네 인생을 지켜 주는 것 같단 비현실적인 생각은 버리고 새로운 걸 받아들여.

jettison 버리다, 폐기하다 | blue-sky (흥미롭지만) 비현실적인 | charmed life 마력이 지켜 주는 듯한 인생 | get with the program 새로운 걸 받아들이다, 태도를 바꾸다

537 Do you really think that I can't fight my way out of a paper bag? I'm not sure if you're just throwing shade at me or selling me short, but I'm gonna show you what I'm really made of.

내가 아주 무능력하다고? 날 그냥 헐뜯는 건지 아니면 날 과소평가하는 건지 내가 잘 모르겠지만, 내가 누군지 진가를 보여 줄게.

can't fight one's way out of a paper bag 아주 무능력한 | throw shade (공개적으로) 헐뜯다, 깎아내리다 | sell ~ short ~를 과소평가하다, 경시하다 | what ~ is made of ~의 진가, 본모습

538 I can't be the worse for drink right now because I have to report for duty at 8 a.m. tomorrow and have a power breakfast with human resources staff members.

나 내일 오전 8시까지 출근하고 인사부 직원들이랑 조찬 회의를 해야 되기 땜에 지금 술에 취할 수가 없어.

the worse for drink 술에 취한 | report for duty 출근하다 | power breakfast 조찬 회의 | human resources 인사부

539 He said to me that I had a side chick in a tongue-in-cheek way. I think he thought it was funny. Of course it fell flat and it was so repugnant.

걔 농담조로 내가 몰래 만나는 여자가 있다고 말했어. 재밌다고 생각했나 봐. 당연히 아무런 호응도 얻질 못했고 나 너무 불쾌했어.

side chick (주로 몰래) 아내나 여자 친구 외에 따로 만나는 여자 | tongue-in-cheek (진지한 척하면서) 농담조로 말하는, 우스개로 비꼬는 | fall flat (농담 등이) 아무런 호응을 얻질 못하다 | repugnant 굉장히 불쾌한

540 His look's on fleek, but he's a copycat. I started wearing that somber do-rag first.

굉장히 멋있긴 한데 쟤 모방꾼이야. 저 거무스름한 두랙은 내가 먼저 쓰기 시작했어.

on fleek 굉장히 멋있는 | copycat 모방꾼, 흉내쟁이 | somber 칙칙한, 거무스름한, 어두침침한 | do-rag (주로 뒤에 꽁지로 묶고) 패션용으로도 머리에 쓰는 스카프

541 I've heard that you anted up more money than you can earn in two years in one fell swoop to buy a sportster. You're really spending money like it's going out of fashion.

너 스포츠카 사려고 2년 동안 벌 수 있는 돈보다 더 많은 돈을 단번에 냈다면서? 정말 돈 엄청 쓰고 다니네.

ante up (돈을) 내다 | in one fell swoop 단번에 | sportster 스포츠카 | like it's going out of fashion 엄청나게 (많이 쓰는)

542 The testimony doesn't add up. I think the woman who attested it is trying to get us snookered.

증언이 앞뒤가 안 맞아. 내 생각엔 그 증언을 한 여자가 우릴 속이려는 것 같아.

testimony 증언 | add up 앞뒤가 맞다, 말이 되다 | attest 입증하다, 증언하다 | snooker 속이다

543 It's all-ticket stuff and there's no levy. Lots of def players are in, so if you really wanna go, treat yourself to it.

사전에 예매를 해야 되는 거고 추가 부담금은 없네. 훌륭한 선수들 많이 나오니까 정말 가고 싶으면 큰맘 먹고 사든지 해.

all-ticket 사전에 예매를 해야 되는 | levy 추가 부담금 | def 훌륭한 | treat oneself to ~ ~를 큰맘 먹고 사다

544 They owned up to it. They really had a foolhardy, barbaric conspiracy.

모조리 다 자백했어. 정말 무모하고 야만스런 음모를 꾸몄더라고.

own up to ~ ~를 모조리 다 자백하다 | foolhardy 무모한 | barbaric 야만스런, 미개한 | conspiracy 음모, 모의

545 **You often become green around the gills and I think ten to one you have the blues, so why don't you visit a shrink?**

너 자주 안색이 안 좋아지는데 내가 볼 땐 십중팔구 우울증이니까 정신과 의사한테 한번 가 봐.

green around the gills 안색이 안 좋은, 새파랗게 질린 | ten to one 십중팔구 | blues 우울증 | shrink 정신과 의사

546 **I have several Benjamins right now. I wanna go to the strip mall and buy snazzy clothes off the rack.**

지금 100불짜리 지폐 몇 개 있는데 스트립몰 가서 맵시 있는 기성복 좀 사고 싶다.

Benjamin 100불짜리 지폐 | strip mall 쇼핑몰과는 다르게 상점과 음식점이 일렬로 늘어져 있는 번화가의 길가 | snazzy 세련된, 맵시 있는 | off the rack 기성복의

547 **She panic-buys small things like a thumbtack, bobby pin and pack of mucilage.**

걔 압정, 헤어핀, 고무풀 같은 작은 물건들은 사재기를 하더라고.

panic-buy 사재기를 하다 | thumbtack 압정 | bobby pin 헤어핀 | mucilage 고무풀

548 **This piece is so exquisite, isn't it? It turned up in my basement. When I was a kid, I carried off a grand prize with it and my name's still emblazoned on it.**

이 작품 정말 아름답지? 지하실에서 뜻밖에 나타났어. 내가 어릴 때 이걸로 최우수 상을 탔고 내 이름이 아직도 선명하게 새겨져 있어.

exquisite (정교하게) 아름다운, 화사한 | turn up 우연히 발견되다, 뜻밖에 나타나다, 도착하다 | carry off (상을) 타다, 따다 | emblazon (로고나 상징 등을) 선명하게 새기다

549 I don't like the sequel. Its glitz in the beginning is riveting, but it's anticlimactic.

난 그 속편은 별로야. 시작은 현란함에 눈을 못 떼겠는데, 결말이 실망스러워.

sequel 속편 | glitz (속의 가치보단) 겉모습에 불과한 화려함, 허울뿐인 현란함 | riveting 마음을 사로잡는, 눈을 못 떼게 하는 | anticlimactic 용두사미의, 처음은 대단하나 결말이 실망스러운

550 The willowy girl who looks demure, right? I'm not in on some personal stuff like that because I just know her by sight.

그 호리호리하고 얌전해 보이는 여자애 말이지? 그냥 안면만 있는 정도라서 그런 사적인 건 잘 모르겠어.

willowy (키가 크고) 호리호리한, 버드나무 같은, 가냘픈 | demure 얌전한 | in on 아는, 공유하고 있는 | know ~ by sight (친하진 않지만) 안면은 있다, 얼굴 정도만 알다

551 He made a fatuous blooper today. His fly front was wide open when he was giving a presentation. It was even hard to point that out in the sitch.

걔 오늘 띨띨한 실수를 했어. 발표하는데 남대문이 활짝 열려 있었어. 그 상황에선 그걸 지적해 주기도 힘들던데.

fatuous 얼빠진, 띨띨한 | blooper (사람들 앞에서 범하는 창피한) 실수 | fly front (바지의) 남대문 | sitch 상황

552 You're no slouch at keyboarding. You've got nimble fingers like a stenographer. You must be second to none.

너 키보드 장난 아니게 잘 친다. 속기사처럼 손가락이 민첩하네. 둘째가라면 서럽겠는데?

be no slouch ~를 장난 아니게 잘하다 | nimble 날렵한, 민첩한, 기민한 | stenographer 속기사 | second to none 누구한테도 뒤지지 않는, 둘째가라면 서러운

553 **It seems like downtrodden illiterate laborers settled accounts with their higher-ups.**

탄압받은 문맹의 노동자들이 상관들에게 앙갚음을 한 것으로 보여져요.

downtrodden 탄압을 받은, 짓밟힌 | illiterate 문맹인 | settle accounts with ~ 앙갚음을 하다, 거래를 청산하다 | higher-up 윗사람, 상관, 상사

554 **Speaking of which, our family heirloom is kept in mothballs in our grandpa's homestead.**

얘기가 나왔으니까 말인데, 우리 집안 가보는 할아버지의 농가에 깊게 잘 보관돼 있어.

speaking of which 얘기가 나왔으니까 말인데 | heirloom 가보 | in mothballs 깊게 잘 보관돼 있는, 깊이 간수돼 있는 | homestead 농가

555 **The man came out of nowhere and is holding sway over people, pulling rank on them. The current situation is a total tinderbox.**

그 사람 어디선가 갑자기 나타나선 부당하게 서열을 이용하며 사람들을 지배하고 있어. 현재 완전히 일촉즉발의 상황이야.

out of nowhere 어디선가 갑자기 | hold sway over ~ ~를 지배하다 | pull rank on ~ 자신의 지위를 이용해서 강요하다, 부당하게 서열을 이용하다 | tinderbox 일촉즉발, 분쟁의 불씨

556 **One of my friends became fanatical about a preposterous heresy too and then she's tilting at windmills.**

내 친구 한 명도 뚱딴지 같은 이단에 광신적으로 빠지더니 있지도 않는 가상의 적하고 싸우고 있어.

fanatical 광신적인 | preposterous 뚱딴지 같은, 가당찮은 | heresy 이단 | tilt at windmills 있지도 않는 가상의 적하고 싸우다

557 The plot thickens. I feel a bit edgy because it's down to me to decipher the code.

점점 더 산으로 가네. 암호를 판독해야 되는 게 내 몫이라서 조금 초조하다.

the plot thickens 일이 더 복잡해지고 있다, 점점 더 산으로 가다 | edgy 초조해하는 | be down to ~ ~의 책임이다, ~의 몫이다 | decipher 판독하다, 해독하다

558 He enlisted in airborne troops last year and he's hitting the ground running, receiving a citation.

걔 작년에 공수 부대에 입대했고 표창장도 받으면서 잘해 나가고 있어.

enlist 입대하다 | airborne troops 공수 부대 | hit the ground running (어떤 일을 시작한 후에) 잘해 나가다 | citation 인용구, 표창장

559 Stick around because I need your help when I clean the house. It's cluttered up to eleven after the people beat a path to our door.

어디 가지 말고 근처에 있어. 나 집 청소할 때 네 도움 필요하니까. 사람들이 집에 몰려들고 나서 어수선한 게 한계를 넘어설 정도야.

stick around (어떤 곳에서) 가지 않고 근처에 머물러 있다, 주위에서 대기하다 | cluttered 어수선한, 어질러진 | up to eleven 한계를 넘어설 정도로, 극심하게 | beat a path to somebody's door (여러 사람이) ~의 집에 몰려들다, 쇄도하다

560 It's really funny that a sanctimonious, holier-than-thou guy has been in fact mixed up in underhand gambling.

신성한 척하고 고결한 척하던 사람이 사실 비밀리 도박에 연루돼 왔단 게 진짜 웃기긴 하다.

sanctimonious 독실한 척하는, 신성한 척하는 | holier-than-thou 고결한 척하는 | be mixed up in ~ ~에 엮여 있다, 연루돼 있다 | underhand 비밀리의, 부정직한

561 These are $2 a pop. It gives you a scrumptious tang when you eat it. You can use your plastic.

이거 한 개당 2달러예요. 먹으면 맛깔나게 톡 쏘는 맛이 나요. 신용 카드 쓰셔도 돼요.

a pop 한 개당 | scrumptious (아주) 맛깔나는 | tang (강하게) 톡 쏘는 맛이나 냄새 | plastic 신용 카드

562 I yelled my head off because I muffed a video game a moment ago and a guy next to me gave me the hairy eyeball as if looking at a real screwball.

나 방금 비디오 게임 하다가 망쳐서 죽을 듯이 소리를 질렀더니, 옆에서 어떤 남자가 아주 별종을 쳐다보듯이 날 매섭게 쳐다보더라고.

yell one's head off 죽을 듯이 소리를 지르다 | muff 망치다, 그르치다 | give ~ the hairy eyeball (눈을 가늘게 뜨거나 눈꺼풀을 부분적으로 내리고) 매섭게 쳐다보다 | screwball 별종

563 She got fractured bones because she fell headlong down some stairs, turning end over end. I think she's gonna be out and about soon though.

걔 계단에서 곤두박질치고 데굴데굴 굴러 떨어져서 뼈가 골절됐어. 근데 곧 다시 정상적으로 활동할 수 있을 거야.

fractured 골절된 | headlong 곤두박질쳐서 | end over end 데굴데굴 구르는, 빙글빙글 회전해서 | out and about (병에서 회복한 후에) 다시 정상적으로 활동하는, 병상에서 일어나 외출할 수 있게 된

564 So your Mr Right is a man with a craggy face, lean body, altruistic nature and who is also sitting pretty, right?

그러니까 네 이상형은 터프한 얼굴, 군살 없는 몸에 이타적인 성격을 가진 데다가 살림까지 넉넉한 남자란 거지?

Mr Right (남자) 이상형, 좋은 남편감 | craggy (남자 얼굴이) 매력적으로 험상궂은, 호감적으로 터프하게 생긴 | lean 군살이 없는, 탄탄하게 마른, 강해 보이게 호리호리한 | altruistic 이타적인 | sitting pretty 쾌적한 상황에 있는, 살림이 넉넉

565 Just stop the weasel words, gibberish, hocus-pocus because I'm not an easy mark.

나 호구 아니니까 애매모호한 말로 횡설수설하면서 진실을 흐지부지 덮으려 하지 마.

weasel words (고의적으로) 애매모호한 말, 애매한 말, 얼버무리는 말 | gibberish 횡설수설 | hocus-pocus 진실을 흐지부지 덮으려는 말, 요술쟁이의 주문 | easy mark (잘 속거나 잘 이용당하는) 호구, 봉

566 I went to a jamboree and there was more tasty food than I could shake a stick at. So I got greedy and almost had eyes bigger than my stomach.

대축제에 갔는데 맛있는 음식이 셀 수 없이 많더라고. 그래서 욕심이 좀 나서 과식할 뻔했어.

jamboree 대축제 | more ~ than one can shake a stick at ~가 셀 수 없이 많은 | greedy 탐욕스러운, 욕심이 많은 | have eyes bigger than one's stomach 과식하다, 식탐을 하다

567 I guess such daredevil goofballs are actuated by a belief that their acts prove their pluck.

저렇게 위험한 행동을 즐기는 바보들은 저렇게 하면 자기가 용기가 있다고 생각하는 것 같아.

daredevil (무모하게) 위험한 행동을 즐기는, 앞뒤를 헤아리지 않는 | goofball 바보, 맹꽁이 | actuate 어떤 행동을 하게 만들다 | pluck 용기

568 This new gizmo seems like the real cream of the crop, but a sales clerk said that it was not on sale now because it had not passed the bench test yet.

이 새로운 장치가 진짜 알짜배기 같아. 근데 이게 아직 대상 테스트를 통과하지 않아서 지금은 판매를 안 한다고 어떤 점원이 그러더라고.

gizmo (작고 새롭고 유용하지만 이름을 잘 모르는) 장치 | the cream of the crop 정선된 것, 알짜배기 | sales clerk 점원 | bench test (기계, 부품, 소프트웨어 등을 팔기 전에 제대로 작동이 되나 확인을 하는) 대상 테스트

569 I was bent out of shape because the kids got so peevish and kept retorting. I'm just flesh and blood, so sometimes I get mad.

애들이 막 성깔을 부리고 말대꾸를 해 댔기 땜에 내가 아주 화가 났던 거야. 나도 그냥 남들과 다를 거 없는 별 수 없는 인간이라 화가 날 때도 있지.

bent out of shape 아주 화가 난, 꼭지가 돈은 | peevish 성깔을 잘 부리는, 잘 토라지는 | retort 말대꾸하다, 되받아치다, 쏘아붙이다 | flesh and blood (감정과 약점과 한계가 있는) 남들과 다를 거 없는 별 수 없는 인간, 육신

570 It's still in limbo, so don't count your chickens before they are hatched. You've still got to be wary of it at this juncture.

아직 어중간한 상태니까 김칫국부터 마시지 마. 아직은 경계해야 될 시점이야.

limbo 불확실한 상태, 어정쩡한 상황, 어중간한 상태 | don't count your chickens before they are hatched 김칫국부터 마시지 마라 | wary 경계하는 | juncture 시점, 시기

571 And I swiped at the yegg with a stick when he was tiptoeing to the portal.

그리고 그 금고털이범이 웅장한 정문으로 살금살금 걸어갈 때 내가 막대기로 후려치기도 했어요.

swipe (무언가를 봉 휘둘러서) ~를 후려치려고 하다, 후려치다 | yegg 금고털이범 | tiptoe (발끝으로) 살금살금 걷다 | portal 웅장한 정문, 거대한 대문

572 It's a jetpack that you could see only in la-la land. It puts peeps in whopping awe, but it's not up for grabs.

이건 비현실적인 세계에서나 볼 수 있었던 제트팩이야. 사람들한테 아주 큰 경외심을 갖게 하는데 아무나 구할 수 있는 건 아니야.

jetpack 등에 메고 하늘을 날 수 있는 개인용 분사 추진기 | la-la land 비현실적인 세계 | whopping 아주 큰 | up for grabs 아무나 구할 수 있는, 누구나 차지할 수 있는

573 Spearheading a protest is dangerous. They're people with scant mercy. They may try to liquidate you as a last resort.

시위의 선봉에 서는 건 위험해. 그들은 자비란 게 거의 없는 사람들이야. 최후의 수단으로 널 끔찍하게 죽이려 할 수도 있어.

spearhead 선봉에 서다, 진두지휘하다 | scant ~가 거의 없는 | liquidate 끔찍하게 죽이다, 없애 버리다 | as a last resort 최후의 수단으로

574 Why don't you downshift to an easier job rather than keep working your fingers to the bone? Your face is etched with fatigue. I set great store by happiness too.

계속 뼈 빠지게 일하기보단 더 쉬운 직장으로 옮기는 건 어때? 네 얼굴에 피로가 역력히 드러나 있어. 난 행복도 중요하다고 생각하는데.

downshift (돈은 덜 받지만 시간의 여유가 더 많아지고 스트레스를 덜 받는 직장으로) 옮기다, 생활을 단순화하다 | work one's fingers to the bone 뼈 빠지게 일하다 | etch 역력히 드러내다, 뚜렷이 새기다 | set great store by ~ ~를 중요하게 생각하다

575 I drilled down for ho-hum three hours to finish the demographics and vital statistics.

나 이 실태적 인구 통계하고 인구 동태 통계를 완성시키려고 지루하게 3시간 동안이나 파고들면서 검색했어.

drill down (웹사이트 등에서 더 구체적인 정보를 알아내려고 텍스트, 아이콘 등을 클릭함으로써) 파고들면서 검색하다 | ho-hum 지루한 | demographics 실태적 인구 통계 | vital statistics 인구 동태 통계

576 This movie was unspooled last year and it was a boffo. It struck a chord with eleventy billion people.

이거 작년에 상영된 영화고 대히트를 쳤어. 수많은 사람들의 심금을 울렸었지.

unspool (영화를) 상영하다, 개봉하다 | boffo 대히트 | strike a chord 심금을 울리다 | eleventy 아주 많은 수

577 You're tooting your own horn by saying that the qualifier is a walk in the park, but when the chips are down, it can be far removed from what you've figured on.

너 예선전이 아주 쉽다면서 자화자찬을 하는데, 막상 일이 닥치면 네가 예상한 거하고 전혀 다를 수도 있어.

toot one's own horn 자화자찬하다, 자기 자랑을 늘어 놓다 | a walk in the park (너무 쉬워서) 아무것도 아닌 일 | when the chips are down 막상 일이 닥치면 | far removed from ~ ~와 전혀 다른, 동떨어진 | figure on ~ ~를 예상하다, 계획하다

578 She's going out with Mason on the rebound from Jason, but I don't think the world of it. I think it's the onset of bigger torment.

걔 제이슨한테 당한 실연의 반발로 메이슨하고 사귀고 있어. 근데 난 그걸 아주 좋게 생각하진 않아. 더 큰 고뇌의 시작인 것 같아.

on the rebound (실연 등에 대한) 반발로 | think the world of ~ ~를 아주 좋게 생각하다 | onset (특히 안 좋은 일의) 시작 | torment 고통, 고뇌

579 I'm ravenous because I kept running in place. Rustle up a bite to eat first.

제자리 뛰기를 계속했더니 배고파서 죽을 거 같아. 우선 간단히 먹을 거부터 빨리 만들어 줘.

ravenous 배고파서 죽을 지경인 | run in place 제자리 뛰기를 하다 | rustle ~ up ~를 재빨리 만들다 | bite to eat 간단히 먹을 것

580 **I remember back in the days when you were a yardbird. Everything you did was off base and not up to scratch, but now I see that your salad days are all over.**

네가 어리버리한 졸병이었던 지난 옛 시절이 생각나네. 네가 하던 것들은 전부 다 틀리고 표준에 미치지 못했었지. 근데 너도 이젠 철부지 시절이 다 지나갔구나.

yardbird (경험이 없고 훈련이 되어 있지 않고 사소한 일을 하는) 서투른 초년병, 어리버리한 졸병 | off base 틀린 | not up to scratch 표준에 미치지 못하는 | salad days 철부지 시절, 젊고 경험이 없는 풋풋한 시절

581 This is a tenth-rate room. It's a mishmash of all sorts of odds and ends. Make things shipshape now.

이 방 최저질이다. 온갖 잡동사니로 뒤죽박죽이네. 당장 아주 깔끔하게 만들어 놔.

tenth-rate 최저의, 최저질의 | **mishmash** 뒤죽박죽, 난잡함 | **odds and ends** 잡동사니, 자질구레한 것들 | **shipshape** 아주 깔끔한, 잘 정돈된

582 This man nabbed the larcenist while walking the beat and recovered your loot.

이분이 순찰 돌다가 절도범을 거머잡고 도난당한 네 귀중품 되찾았어.

nab (나쁜 짓을 하고 있는 사람을) 붙잡다, 거머잡다 | **larcenist** 절도범 | **walk the beat** (걸어 다니면서) 순찰을 돌다 | **loot** 전리품, 노획물, 도난당한 귀중품

583 He's too squirrelly, he jumps the gun and his work isn't up to snuff. The problems need to be rectified right away.

그분 너무 산만하고 섣불리 행동하는데다가 업무도 수준 미달이에요. 즉시 바로 잡아져야 돼요.

squirrelly 산만한, 가만히 못 있는 | **jump the gun** 섣불리 행동하다, 조급하게 굴다 | **not up to snuff** 수준 미달인 | **rectify** (잘못된 것을) 바로잡다, 시정하다, 정정하다

584 It all comes down to the outcome in the end. Get your act together, be at the top of your game and rise to the occasion.

결국 마지막에 젤 중요한 건 결과야. 전열을 가다듬고 네 모든 걸 쏟아 내서 수완을 발휘해 봐.

come down to ~ 결국 제일 중요한 건 ~이다 | **get your act together** 자세를 가다듬다, 전열을 가다듬다 | **be at the top of your game** 자신의 모든 걸 쏟아 내다, 최상의 기량을 끌어내다 | **rise to the occasion** (위기 상황 등에서 더 분투하여) 수완을 발휘하다

585 **This skewered food is so nummy. The barley tea is good for your blood and arteries, so have a drink.**

이 꼬챙이 음식 입에서 살살 녹는다. 보리차도 피하고 동맥에 좋으니까 한 잔 마셔 봐.

skewer 꼬챙이, 꼬챙이에 찌르다 | nummy 입에서 살살 녹는 | barley tea 보리차 | artery 동맥, 간선 도로, 간선 수로

586 **What's your poison? Haven't you decided yet? Just tell them to fill the growler with draft beer to the gills.**

너 무슨 술 마실 거야? 아직도 결정 안 했어? 그냥 통에 생맥주 가득 채워 달라고 해.

what's your poison? 너 어떤 술로 마실래? | growler (캔, 병, 통 등) 생맥주를 담아 두는 것 | draft beer 생맥주 | to the gills 잔뜩, 가득

587 **A henchman is always behind the suspect. They're much of an age and the henchman gets the dirty end of the stick. He's a downright shadow.**

그 용의자 뒤엔 항상 심복이 한 명 붙어 있어. 둘은 같은 나이 또래고 그 심복이 귀찮은 부분을 맡아서 해. 완전히 그림자 같은 존재야.

henchman 부하, 심복 | much of an age 비슷한 나이인, 같은 나이 또래인 | the dirty end of the stick 귀찮은 부분 | downright (안 좋은 걸 강조할 때) 완전히

588 **Did she really guffaw at the kegger? That happens once in a blue moon. She's normally very clinical.**

그분이 맥주 파티에서 껄껄 웃었다고? 그거 백 년에 한 번 있을까 말까 한 일인데. 그분 원래 굉장히 냉담해.

guffaw (큰 소리로) 껄껄 웃다 | kegger 맥주 파티 | once in a blue moon 극히 드물게, 백 년에 한 번 있을까 말까 하게 | clinical 냉담한

589 I've lost my tongue. How can you have the neck to play possum after finking out?

말문이 막힌다. 약속을 어겨 놓고 뻔뻔스럽게 시치미를 떼다니.

lose one's tongue 말문이 막히다 | have the neck to ~ 뻔뻔스럽게 ~를 하다 |
play possum 시치미를 떼다, 자는 체하다, 죽은 척하다 | fink out 약속을 어기다

590 It's just building cornball castles in Spain because I'm bored rigid, but if someone grants me a wish, it'd be the ability to teleport.

그냥 너무 따분해서 나오는 진부한 백일몽인데, 누가 만약 나한테 소원을 들어 준다면 그건 순간 이동일 거야.

cornball 진부한 | castles in Spain 공중누각, 백일몽, 공상 | bored rigid 너무 따분한 |
teleport 순간 이동을 하다

591 There're always haranguers who incite people with smoke and mirrors like that dude. The actual collateral damage extent was totally different.

저렇게 사실을 왜곡시키면서 사람들을 선동하는 열변가들은 꼭 있어. 실제 민간인들의 피해는 완전히 달랐는데 말이야.

haranguer 열변가, 장광설을 늘어놓는 사람 | incite 선동하다, 조장하다 | smoke and
mirrors 사실을 왜곡시키는 것, 진실을 은폐하는 것 | collateral damage (군사 행동으로
인한) 민간인들의 피해

592 It's just a small welt. I slightly bumped my forehead while feeling my way. I can shrug it off, so you don't need to sweat bullets.

그냥 조금 부은 거야. 손으로 더듬으면서 가다가 이마를 살짝 부딪쳤어. 별로 대수롭지 않은 거니까 그렇게 염려 안 해도 돼.

welt (다쳐서) 부은 자국 | feel your way (눈으로 보기보단) 손으로 더듬어서 가다 | shrug
~ off ~를 별로 대수롭지 않게 넘어가다, 가볍게 떨쳐 버리다 | sweat bullets 몹시 염려하다,
걱정과 근심으로 가득하다

593 He'll play a walk-on part in a drama. He'll take a nectarine from a wicker basket in a military commissary and eat it.

얘 드라마에서 단역을 맡았어. 군대 매점에서 고리버들 바구니에 있는 천도복숭아를 꺼내 먹는 역할이야.

walk-on part 단역 | nectarine 천도복숭아 | wicker 고리버들 | commissary (군대나 교도소 등의) 매점

594 Fear of scrubs was in the back of her mind. That's why she was high-strung as if being neurotic.

걔 마음 한 구석에 수술복에 대한 공포가 있었어. 그래서 그렇게 노이로제에 걸린 것처럼 예민했었던 거야.

scrubs 수술복 | in the back of one's mind 잠재의식 속에, 마음 한 구석에 | high-strung 예민한, 신경질적인 | neurotic 신경증에 걸린, 노이로제에 걸린

595 You should at least scrape through the test and get over the hump. Don't just bury your head in the sand. You can't work as an apprentice if you don't pass.

시험을 간신히라도 합격해서 난관을 벗어나야지 현실을 외면하기만 하면 어떡해? 너 합격 못 하면 실습생으로 일도 못 해.

scrape through ~ ~를 간신히 합격하다 | over the hump 고비를 넘긴, 난관을 벗어난 | bury one's head in the sand 현실을 외면하다, 현실을 도외시하다 | apprentice 수습생, 실습생

596 If you're confident to give people a fair shake when you have the whip hand, it's not bad to challenge for the dizzy heights of it. You'll have to lean over backward though.

네가 칼자루를 쥐었을 때 사람들한테 평등한 대우를 해 줄 자신이 있다면 그 아찔하게 높은 자리에 도전해 보는 것도 나쁘지 않지. 근데 비상한 노력을 해야 될걸.

fair shake 평등한 대우, 공정한 조치 | have the whip hand 칼자루를 쥐다 | the dizzy heights of ~ ~란 아찔하게 높은 자리 | lean over backward 비상한 노력을 하다, 크나큰 노력을 기울이다

597 I bought a mosquito zapper. This place is chock-full of mosquitoes and it makes me go meshuga. I want them to be electrocuted and be dead as a doornail.

모기 박멸 장치 사왔어. 여기 모기들로 아주 가득해서 머리가 돌아 버릴 것 같아. 감전시켜서 완전히 죽여 버리고 싶어.

zapper 해충 박멸 장치, 살충 기계 | chock-full of ~ ~로 아주 가득한, 꽉 들어찬 | meshuga 머리가 돈 | dead as a doornail 완전히 죽은

598 This song's a true blast from the past. I used to relish listening to it when I was a young kid. Oldie but goodie. Let's put it on a loop for a while.

이 노래 진짜 향수 젖게 만드네. 어렸을 때 즐겁게 감상했었는데. 오래됐지만 아직도 좋다. 잠시 반복 모드로 틀어 놓자.

a blast from the past 지난날의 추억을 떠오르게 하는 것, 향수에 젖게 만드는 것 | relish (굉장히) 즐기다 | oldie but goodie 오래됐지만 아직도 좋은 것 | on a loop 반복 모드의

599 How dare he give us a Judas kiss? He really doesn't know which side his bread is buttered on. Soon, there'll be a day of reckoning across the board.

그놈이 감히 우릴 배신해? 정말 이해득실에 밝지 못하네. 곧 전면적인 심판의 날이 있을 거다.

Judas kiss (친절한 척하면서 하는) 배신 행위 | know which side one's bread is buttered on 이해득실에 밝다, 자신한테 유리한 게 뭔지 알고 있다 | day of reckoning 심판의 날, 대가를 치르게 되는 날, 최후의 심판이 있는 날, 결산일 | across the board 전면적인, 전체에 영향을 미치는

600 The problem that is marked with an asterisk is the most painstaking problem. It was a very thorny one, but I bit the bullet.

그 별표 표시된 게 젤 공들인 문제야. 아주 골치 아픈 거 이 악물고 했어.

asterisk 별표 | painstaking 고심한, 수고를 아끼지 않은, 공들인 | thorny (문제 등이) 골치 아픈, 애먹게 하는 | bite the bullet 이를 악물고 하다

601 I was in a ramshackle cottage and it was plunged into outage as the heavens opened.

내가 금방이라도 무너질 것 같은 작은 집에 있었는데, 갑자기 소나기가 내리면서 정전에 빠지는 거야.

> **ramshackle** 금방이라도 무너질 것 같은, 주저앉을 듯한 | **cottage** (주로 시골에 있는) 작은 집 | **plunge ~ into ~** ~를 ~에 빠트리다 | **outage** 정전 | **the heavens open** 갑자기 소나기가 내리다

602 I heard that the people in the place are too hot to handle. They're too set in their ways that they easily fly off the handle and fly in the face of set rules.

그곳 사람들 다루기 아주 힘들다고 들었어. 자기 방식에 너무 굳어져 있어서 욱하고 성질도 잘 내고 정해진 규칙들에 완전히 반대도 한다고.

> **too hot to handle** 다루기가 아주 힘든 | **set in one's ways** 자기 방식에 굳어진 | **fly off the handle** 욱하고 성질을 내다 | **fly in the face of ~** (정상적인 것이나 일반적인 것에) 완전히 반대를 하다, 역행하다, 위배되다

603 You have siblings to bounce ideas off each other and pick each other's brain whenever you have a conundrum.

넌 난제가 있을 때마다 서로 생각을 나누고 지혜를 빌릴 수 있는 형제자매가 있잖아.

> **sibling** 형제자매 중 한 명 | **bounce an idea off ~** (피드백을 받기 위해서) 생각을 나누다, 아이디어를 공유하다 | **pick one's brain** ~의 지혜를 빌리다 | **conundrum** 난제

604 **You're in cahoots with the scammers, aren't you? How did you launder the money? Spill your guts.**

너 사기꾼들하고 한패지? 돈세탁 어떻게 했어? 아는 거 모조리 털어 놔.

in cahoots 공모한, 한통속인, 한패인 | scammer 사기꾼 | launder (부정한 돈의 출처를 추적하기 어렵게) 돈세탁을 하다 | spill one's guts 아는 걸 모조리 털어 놓다

605 **That chopper peeled out, laying rubber. Then it crashed into the utility pole just like that.**

저 오토바이가 노면에 타이어 자국을 내면서 급발진을 하더라고. 그러더니 저렇게 전봇대를 들이받아 버렸어.

chopper (손잡이가 높고 포크가 길게 늘어진) 오토바이 | peel out 쌩 하고 빠르게 떠나다, 급발진하다 | lay rubber 노면에 타이어 자국을 내다 | utility pole 전신주, 전봇대

606 **I did a bang-up job even though I just flew by the seat of my pants, so everyone gaped at me. I guess I made my mark.**

난 그냥 직감적으로만 했는데 아주 기가 막히게 잘해서 다들 입이 쩍 벌어졌어. 이름을 날린 것 같아.

bang-up 아주 기가 막히는 | fly by the seat of one's pants 직감적으로만 하다 | gape (너무 놀라서) 입을 쩍 벌리고 쳐다보다, 입을 헤벌리고 바라보다 | make one's mark 이름을 날리다, 명성을 떨치다

607 **You should be at least out for a blind date. It'd be like a bed of thorns if you don't have your plus one.**

기를 쓰고 소개팅이라도 구해 봐. 너 파트너 없으면 가시방석이 될 텐데.

be out for ~ ~를 하려고 애쓰다, 구하려고 기를 쓰다 | blind date 소개팅 | a bed of thorns 가시방석, 괴로운 처지 | plus one (파티 등에 함께 동반하는) 파트너

608 You're a klutz. Hold my beer. I'll show you how to cackle like you're really out of your gourd.

네가 하는 건 어설프다. 다들 주목. 내가 진짜 회까닥 돈 것처럼 낄낄 웃는 게 뭔지 보여 줄게.

klutz 어설픈 사람, 실력이 없는 사람 | hold my beer (내가 재밌게 정신 나간 짓 보여 줄테니까) 다들 주목, 모두 집중 | cackle (마녀의 웃음소리처럼 기분 나쁘게) 낄낄 웃다 | out of one's gourd 회까닥 돈

609 It goes against the grain for me to keep tabs on someone for hours. I just wanna wash my hands of it fast. I'm not confident to carry the ball.

누구를 몇 시간 동안 예의 주시하는 건 내 체질에 맞질 않아. 그냥 빨리 손 떼고 싶어. 책임지고 할 자신이 없어.

against the grain 체질에 맞지 않는, 성미에 맞지 않는 | keep tabs on ~ ~를 예의 주시하다, 망보다 | wash one's hands of ~ ~에서 손을 떼다 | carry the ball (어떤 일을 솔선하여) 책임지고 하다

610 Six peeps can sit in a pinch, but I'm talking about bursting at the seams and scrooching jags.

정말 꼭 해야 된다면 6명이 앉을 수도 있긴 하는데, 그건 터질 듯이 붐비고 걷잡을 수 없이 웅크려야 되는 그런 상황을 말하는 거야.

in a pinch 정말 꼭 해야 된다면, 비상시에는, 여차하면 | bursting at the seams 터질 듯이 붐비는 | scrooch 쭈그리고 앉다, 웅크리다 | jag 잠깐 동안 무엇을 걷잡을 수 없이 하는 것

611 Get over yourself. You're not the only pebble on the beach. Thinking that my life hinges on you is just your pipe dream.

꼴값 떨지 마. 넌 수많은 사람들 중 하나에 불과해. 내 인생이 전적으로 너한테 달려 있다고 생각하는 건 그냥 네 몽상일 뿐이야.

get over yourself 잘난 척하지 마, 꼴값 떨지 마 | not the only pebble on the beach 흔히 많은 것 중에 하나일 뿐인, 수많은 사람들 중 하나에 불과한 | hinge on ~ 전적으로 ~에 달려 있다 | pipe dream 몽상

612 **Eminence does not just drop into your lap. Anyone who is anyone was straining at the leash to make it big.**

명성은 하늘에서 그냥 뚝 떨어지지 않아. 난다 긴다 하는 사람들은 전부 다 크게 성공하려고 발버둥을 쳤어.

eminence 명성, 저명 | drop into a person's lap (아무런 노력도 없이) 하늘에서 뚝떨어지다, 굴러 들어오다 | anyone who is anyone 이렇다 할 사람들은 모두, 난다 긴다 하는 사람들은 전부 다 | strain at the leash (무언가를 간절히 원해서) 발버둥을 치다 | make it big 크게 성공을 하다

613 **I'm gonna ferret out her past by hook or by crook. She's too shifty. I think we're getting duped.**

나 수단과 방법을 안 가리고 걔의 과거를 캐낼 거야. 걔 구린 데가 너무 많아. 우리가 속고 있는 것 같아.

ferret ~ out ~를 캐내다 | by hook or by crook 수단과 방법을 안 가리고, 무슨 수를 써서라도 | shifty 구린 데가 있는, 찔리는 데가 있는 것 같은 | dupe 속이다

614 **Are the bruisers under his thumb in the beanery? Aren't they on the prod?**

그 험악한 사람들은 식당에서 시키는 대로 잘해? 막 문제 일으키려고 하진 않아?

bruiser (덩치가 크고) 험악한 사람, 난폭한 남자 | under somebody's thumb 시키는 대로 잘하는, 꽉 쥐여서 사는 | beanery (싸구려) 식당 | on the prod 문제를 일으키려고 하는

615 **The match was diamond cut diamond and it ended even-steven. We won our spurs big time.**

경기가 호각지세였고 결국에 동점으로 끝났어. 우리가 큰 영광을 차지하게 된 거지.

diamond cut diamond (명승부의) 호각지세, 호적수끼리의 용호상박 | even-steven 비등한, 동점으로 | win one's spurs (처음으로) 영광을 차지하다, 공훈을 세우다 | big time 크게, 대단히

616 We pulled our weight hands down, but some things are in the lap of the gods, so don't be full of yourselves.

우리가 각자의 임무를 거뜬히 다하긴 했지만 그래도 신한테 맡겨야 되는 것들도 있으니까 자만하진 마.

> pull one's weight 자기 임무를 다하다, 자신의 몫을 다하다 | hands down 거뜬히 | in the lap of the gods 신한테 맡겨야 되는, 사람의 힘이 미치지 않는, 신의 소관인 | full of oneself 자만하는

617 The bout's pre-empted by breaking news. It seems like a town's razed to the ground due to a military countercharge.

뉴스 속보가 경기를 대체했네. 군사 반격으로 도시가 완전히 쑥대밭이 된 거 같아.

> bout (권투나 레슬링 등의) 경기, 겨루기 | pre-empt (TV의 정규 방송을) 대체하다 | raze to the ground (파괴를 해서) 완전히 쑥대밭을 만들다, 휩쓸어 버리다 | countercharge 반격, 역습, 역공

618 His ways don't sit well with me. He has a patronizing attitude like a geezer and everything sticks in his craw.

걔 방식들이 나한테 수긍이 되질 않아. 막 이상한 영감탱이처럼 윗사람 행세를 하려하고 모든 걸 맘에 안 들어 해.

> sit well with ~ 수긍이 되다 | patronize 윗사람 행세를 하다, 생색을 쓰다, 가르치려들다 | geezer 이상한 영감탱이 | stick in one's craw 받아들이기가 어렵다, 마음에 들지 않다

619 He just blindly went to the mat for me. I think he went the extra mile to win my heart. He waded in like that and even got the good upshot.

걔 그냥 무턱대고 내 편을 들면서 언쟁을 하더라고. 내 맘을 사려고 특별히 더 애를 쓴 것 같아. 그리고 그렇게 마구 덤벼들더니 좋은 결과까지 얻어 냈어.

> go to the mat for ~ ~의 편을 들면서 언쟁을 하다, 역성을 들다 | go the extra mile 특별히 더 애를 쓰다, 한층 더 노력하다 | wade in 마구 덤벼들다 | upshot (특히 좀 놀랄 만한) 결과

620 I have to audit the crash course. I have to draw level with the others in leaps and bounds.

나 특강 들어야 돼. 속전속결로 다른 애들 따라잡아야 돼.

audit (학점하고는 관계 없는 수업이나 강의를) 듣다, 청강하다 | crash course (일을 처음 시작할 때 기초들을 빠르게 배우는) 특강, 단기 집중 강좌 | draw level with ~ ~를 따라잡다, 대등해지다 | in leaps and bounds 급속히, 대폭, 속전속결로, 껑충껑충 뛰어서

621 I'm just mellowing out after earning the gravy. I'm planning to enjoy myself indefinitely, so I'm not sure when I'm gonna be back in the saddle.

나 일확천금하고 나서 그냥 여유롭게 지내고 있어. 무기한으로 놀 생각이라서 언제 다시 일할진 모르겠어.

mellow out 여유롭게 지내다, 유유자적하다 | gravy 뜻밖에 얻은 돈, 횡재한 돈, 일확천금 | indefinitely 무기한으로 | back in the saddle 다시 일하는

622 You look so plagued by jet lag. It's gonna be neither fish nor fowl if you sleep now. Wait and sleep like a top at night.

너 시차 적응 땜에 괴롭지? 지금 자면 이도 저도 아니야. 기다렸다가 밤에 푹 자.

plague 전염병, 괴롭히다, 두 손 들게 하다 | jet lag 시차 적응이 안 돼서 피로한 것, 시차증 | neither fish nor fowl 이도 저도 아닌, 뭐라고 규정하기 어려운 | sleep like a top 단잠을 자다, 푹 자다

623 You should do things in your life above board. You have a rap sheet. Do you think you can whitewash the fact for good?

공명정대하게 살아라. 너한테 전과 기록이 있단 사실을 영원히 눈가림할 수 있을 것 같아?

above board 공명정대한 | rap sheet 전과 기록 | whitewash (불쾌한 사실을) 눈가림하다 | for good 영원히

624 Graupel's falling on this day and I can see someone I've been pining for, so I'm like a dog with two tails. Don't you get pumped up too?

이렇게 싸락눈 내리는 날에 내가 몹시 그리워하던 사람을 볼 수 있게 돼서 날아갈 듯이 기쁘다. 너도 신나지 않니?

graupel 싸락눈 | pine for ~ ~를 몹시 그리워하다 | like a dog with two tails 날아갈 듯이 기쁜 | pumped up 들떠 있는, 신난

625 The sky was murky, his bicycle was out of whack, he fell down and skinned his knee, and to cap it all, no one could help us because we were in the sticks.

하늘도 흐렸고 얘 자전거도 고장났고 넘어져서 무릎도 까졌지만 더 최악인 건 시골 이라서 도와줄 사람도 없었어.

murky 흐린, 탁한 | out of whack 고장이 난 | skin (피부가) 까지다, 쓸리다 | to cap it all (앞에 말한 안 좋은 것들에 덧붙여서 최종 요소로) 더 최악인 건 | in the sticks 시골에서

626 I heard that a bigwig of that town has embezzled cosmic money and now is on the lam.

저 도시의 중요 인물이 돈을 어마어마하게 횡령하고 지금 도망을 다니고 있대.

bigwig 중요 인물 | embezzle 횡령하다 | cosmic 장대한, 어마어마한 | on the lam 도망을 다니는

627 We're nothing if not high-caliber technocrats. And it's well-documented. I don't believe we're gonna bungle the job.

우린 능력이 아주 뛰어난 과학 기술 전문가들이야. 그거에 대해서 관련 증거도 많고. 아마 일을 엉터리로 해 놓진 않을 거야.

nothing if not 아주, 대단히 | caliber 구경, 직경, 지름, 등급, 우수성 | technocrat (큰 권력을 가진) 과학 기술 분야의 전문가 | well-documented (문서로) 관련 증거가 많은 | bungle 서투르게 하다, 엉터리로 하다, 꼴사납게 만들다

628 It takes two to tango. The kind florist wouldn't just be hard on you for no reason. You must have given a hostage to fortune.

손바닥도 마주쳐야 소리가 나는 법이야. 그 착한 꽃가게 주인이 괜히 너한테 심하게 대하겠어? 너도 문제의 빌미를 만들었겠지.

it takes two to tango (양쪽 모두 책임이 있단 뜻으로) 손바닥도 마주쳐야 소리가 나는 법 | florist 꽃가게 주인 | be hard on ~ ~한테 심하게 대하다 | a hostage to fortune 장차 문제의 빌미가 될지도 모르는 것

629 She was on the warpath when she got picayune treatment. She scrunched up the letter and cut it to ribbons.

걔 하찮은 대우 받고 화나서 싸울 기세였어. 편지를 손 안에서 돌돌 구긴 담에 갈기 갈기 찢어 버리더라고.

on the warpath 화가 나서 싸울 기세인 | picayune 하찮은 | scrunch ~ up ~를 손 안에 넣고 돌돌 구기다, 찡긋거리다 | cut ~ to ribbons ~를 갈기갈기 찢다, 난도질하다

630 Many soaps go down the toilet with plummeted ratings after a nine days' wonder.

잠깐 반짝하고 크게 화젯거리 됐다가 시청률 곤두박질치고 실패하는 연속극들 많 잖아.

soap 연속극 | go down the toilet (완전히) 실패를 하다 | plummet 곤두박질치다, 급락하다 | nine days' wonder 잠깐 반짝하고 큰 화젯거리가 되지만 금방 잊혀지는 것

631 I'll show you the ropes. Once you have knacks, the whole kit and caboodle will be straightforward because you have a bent for it.

내가 어떻게 하는지 보여줄게. 네가 소질은 있으니까 요령만 좀 있으면 모든 게 다 쉬워질 거야.

show ~ the ropes (일을) 어떻게 하는지 ~한테 보여주다 | knack 요령, 비결, 노하우 | the whole kit and caboodle 너 나 할 것 없이 모두, 전부 다 | bent 소질, 기호

632 I'm pinch-hitting for Christie because she's on the sick list. She's really far gone. I'll hit the high spots, so if you have any questions, fire away.

크리스티가 아프기 땜에 내가 대신 대타 합니다. 상태가 정말로 안 좋아요. 요점만 언급할 테니까 질문 있으면 하세요.

pinch-hit 대타 하다, 대타자로서 뛰다, 긴급 대역을 맡다 | far gone (취하거나 아프거나 해서) 상태가 몹시 안 좋은 | hit the high spots 요점만 언급하다, 번화가로 놀러 가다 | fire away 질문하세요, 말하세요

633 What would you do if you have wised up to the naked truth that your boss's involved in payola? Can you work for a person who does things under the counter?

넌 만약 네 사장님이 뇌물 수수에 연루됐단 불쾌한 진실에 눈을 뜨면 어떡할래? 불법적으로 일하는 사람을 위해서 일할 수 있겠어?

wise up (불쾌한 진실을) 깨닫게 되다, ~에 눈을 뜨다 | the naked truth 불쾌한 진실, 명백한 사실 | payola 뇌물 수수 | under the counter 불법적으로

634 You scribbled the whole ball of wax. It's too bouncy and illegible. And besides, the sentences are too choppy.

너 글씨를 전부 다 휘갈겨 썼잖아. 너무 들쑥날쑥하고 읽기가 힘들다. 게다가 문장들도 너무 뚝뚝 끊어지게 썼어.

scribble (글씨를) 휘갈겨 쓰다 | the whole ball of wax 일체, 전부 다 | illegible 읽기 힘든, 독해하기 어려운 | choppy (문체가 접속어들이 부족하며) 뚝뚝 끊어지는

635 It was a pay-per-view bonanza, so we raked in scads of money. I even did a double take.

유료 시청권이 아주 수지맞게 잘 팔려서 돈을 엄청 쓸어 담았어. 현실인가 하고 다시 한 번 자세히 봤다니까.

bonanza 아주 수지맞는 일 | rake in (많은 돈을) 쓸어 담다, 걷어 들이다 | scads of ~ 엄청 많은 | double take 믿기질 않아서 현실인가 하고 다시 한 번 자세히 보는 것

636 Allegedly, she has clean hands, but was incriminated by a plant.

주장한 바에 의하면 자신은 결백한데 가짜 물증에 의해서 유죄처럼 보여진 거래.

allegedly (증거는 없지만) 주장한 바에 의하면, 이른바 | have clean hands 결백하다 | incriminate 유죄인 것처럼 보이게 하다, 죄를 뒤집어씌우다 | plant (죄를 뒤집어씌우기 위해서 주머니나 소지품에 몰래 넣어 두는) 가짜 물증, 첩자

637 Andy became a total laughing stock because he'd cut his teeth on manscaping his body and got a lot of boo-boos.

앤디가 처음으로 자기 몸의 털을 밀어 봤는데 상처가 많이 나서 완전히 웃음거리가 됐어.

laughing stock 웃음거리 | cut one's teeth 처음으로 경험해 보다 | manscape (남자가 더 멋있게 보이기 위해서) 털을 밀다 | boo-boo (작은) 상처, 가벼운 타박상

638 So many people are jaywalking. You know you may buy the farm if you flout a law like that, don't you? You can't turn the clock back, so be careful.

무단 횡단하는 사람들 너무 많네. 저렇게 공공연히 법을 어기다간 죽을 수도 있는 거 알지? 시간을 돌이킬 순 없으니까 조심해라.

jaywalk 무단 횡단하다 | buy the farm 죽다 | flout (알면서도 법이나 전통 등을) 공공연히 어기다 | turn the clock back 과거로 돌아가다, 시간을 돌이키다

639 I barely wangled the dope. However, all the people concerned will burst a blood vessel if it leaks out.

내가 꾀를 부려서 정보를 겨우 얻어 냈어. 근데 누설이 되면 당사자들이 전부 다 격노할 거야.

wangle (남을 설득하거나 꾀를 부려서) 무엇을 얻어 내다 | dope (일반적으로 잘 알려져 있지 않은) 정보 | burst a blood vessel 격노하다 | leak out 누설되다, 유출되다

640 Last time, they only showed us slapstick comedy, but this time, it's said that sallies are thrown in. I guess it's gonna be zappier.

저번엔 동작 위주의 코미디만 보여 줬는데 이번엔 재치 있는 농담들도 덧붙여졌대. 더 활기가 넘칠 것 같아.

slapstick 동작 위주의 익살 | sally (특히 논쟁 중에 하는) 재치 있는 농담이나 응수 | throw ~ in (대화에) ~를 덧붙이다, 곁들이다, 덤으로 주다 | zappy 씩씩한, 활기가 넘치는

641 **Call it a day before you become a lush and chain-smoker. Root out bad habits fast.**

너 술고래, 골초 되기 전에 그만하기로 마음 좀 잡아라. 나쁜 습관들은 빨리 뿌리째 뽑아 버려.

call it a day ~를 그만하기로 하다, 그만하기로 마음을 잡다 | **lush** 술고래, 모주망태 | **chain-smoker** (줄담배를 피우는) 골초 | **root ~ out** ~를 뿌리째 뽑다, 근절시키다

642 **Money talks, as the case may be. However, that kind of money sometimes touches off crime and even jeopardizes lives.**

경우에 따라서 돈이면 다 되긴 하지. 근데 그런 돈은 또 가끔 범죄를 유발하고 생명을 위태롭게 만들기까지 하잖아.

money talks 돈이 힘이다, 돈이면 다 된다 | **as the case may be** 경우에 따라서 | **touch off** 유발하다, 촉발하다, 야기하다, 발단이 되다 | **jeopardize** 위태롭게 하다

643 **It's not a cushy job. You have to work on reams of stuff. It can be grueling for you all ends up.**

이건 땡보직이 아니야. 해야 될 게 아주 많아. 널 완전히 녹초로 만들어 버릴 수도 있어.

cushy job 땡보직, 아주 편안한 직업 | **reams** 아주 많음 | **grueling** 녹초로 만드는 | **all ends up** 완전히

644 **If you wanna be the top-notch paragon, join the monastery and be a monk.**

최고의 귀감이 되고 싶다면 수도원에 들어가서 도를 닦아.

top-notch 최고의 | **paragon** 귀감, 모범 | **monastery** 수도원 | **monk** 수도자, 도 닦는 사람, 스님

645 She's crossed the Great Divide due to diabetes. It's said that that's her familial disease. I think I wasn't so nice to her because familiarity breeds contempt.

그분 당뇨병 때문에 돌아가셨어. 그게 집안 내력이래. 잘 알면 무례해지기 쉽다고 나도 아주 잘해 드린 것 같진 않네.

cross the Great Divide 사망하다, 돌아가시다, 승천하다, 천당으로 가다 | diabetes 당뇨병 | familial 집안 내력인, 가족 유전인 | familiarity breeds contempt 잘 알면 무례해지기 쉽다

646 You should be firing on all cylinders. That's an end in itself. Then you'll not bring up the rear even if you may not sail through it.

전력을 다해. 그건 그 자체로도 중요한 거야. 그럼 설령 순조롭게 통과하진 못하더라도 꼴찌는 되지 않을 거야.

firing on all cylinders 전력을 다하는, 안간힘을 쓰는 | an end in itself 그 자체로도 중요한 것, 그 자체로도 중요한 목표 | bring up the rear (줄의) 맨 끝에 서다, 꼴찌가 되다 | sail through ~ ~를 순조롭게 통과하다

647 I'm shipping for Min and Lin. They're usually chirpy, but they sometimes go crimson at the same time. I think they're on the same wavelength.

난 민하고 린이 잘됐으면 좋겠어. 평소에 쾌활하게 지내다가도 가끔 동시에 얼굴이 새빨개지는 게 서로 마음이 잘 맞는 것 같아.

ship (드라마 같은 가상에서) 특정 캐릭터들의 사랑이 이뤄지길 응원하다 | chirpy 쾌활한 | go crimson 얼굴이 새빨개지다 | on the same wavelength 서로 마음이 잘 맞는, 의기투합하는

648 Lots of people got in on the act. They wanna cash in on the situation. I hope they outsmart themselves and lose out on it.

한 몫 챙기려고 끼어든 사람들 많아. 상황에 편승하고 싶은 거지. 자기 꾀에 자기가 넘어가서 손해나 봤으면 좋겠다.

> get in on the act (다른 사람이 시작한 유망한 일에) 한 몫 챙기려고 끼어들다 | cash in on ~ ~를 이용해 먹다, 편승하다 | outsmart oneself 자기 꾀에 자기가 넘어가다 | lose out on ~ ~에서 손해를 보다, 놓치다

649 I'm sorry to damp down your excitement, but we're fresh out of the earbuds because they sell like hot cakes now.

김 빠지게 해서 미안한데, 그 소형 이어폰 지금 불티나게 팔리고 있어서 막 다 떨어졌어.

> damp down 김 빠지게 하다, 맥 빠지게 하다 | fresh out of ~ ~가 막 다 떨어진, 방금 동이 난 | earbuds (귀 안에 넣는) 소형 헤드폰이나 이어폰 | sell like hot cakes 불티나게 팔리다, 날개 돋친 듯이 팔리다

650 If you can think outside the box and strike while the iron is hot, it's gonna be a sure-fire success for you. And it's also important to keep on trucking.

창의적으로 생각하고 기회를 놓치지 않으면 너한테 성공은 보장돼 있을 거야. 인내하면서 계속하는 것도 중요하고.

> think outside the box 창의적으로 생각하다 | strike while the iron is hot 기회를 놓치지 않다 | sure-fire 보장된, 확실한, 틀림없는 | keep on trucking 인내하면서 계속하다, 굴하지 않고 계속하다

651 Yesterday was so rowdy. There was a drug bust even with sniffers and a lot of people were taken into custody.

어제 정말 소란스러웠어. 마약 탐지견들까지 동원된 마약 불시 단속이 있었고 사람들이 많이 수감됐어.

rowdy 소란스러운 | drug bust 마약 불시 단속 | sniffer 냄새 탐지기, 마약 탐지견, 폭약 탐지견 | take ~ into custody 구금시키다, 수감하다

652 You're a dead ringer for your father. The vines, turn of phrase, stache, everything looks the same.

너 네 아빠랑 꼭 닮았더라. 옷 입는 거, 표현 방식, 콧수염, 다 똑같은 거 같아.

dead ringer 꼭 닮은 사람 | vines 옷 | turn of phrase 표현 방식 | stache 콧수염

653 There're lots of freewheeling people and shades of grey, so get rid of your gimlet eye and live and let live.

세상엔 자유분방한 사람도 많고 뭐가 과연 옳은 것인지 분명치 않은 상황도 많으니까 날카로운 시선은 버리고 자신과 다른 방식도 받아들이면서 살아.

freewheeling 자유분방한 | shades of grey 뭐가 과연 옳은 것인지 분명치 않은 상황 | gimlet eye 날카로운 시선 | live and let live 자신과 다른 방식도 받아들이면서 살다

654 I'm not saying what he said was illogical flapdoodle, but it seemed glib in a smug manner, so that jarred on me.

걔가 한 말이 비논리적으로 터무니없었단 게 아니라 우쭐한 태도로 말만 청산유수로 잘하는 것 같아서 그게 거슬렸어.

flapdoodle 터무니없는 말, 당치않는 소리, 천만의 말씀 | glib (진정성은 부족하고) 말만 청산유수로 잘하는, 말로만 조잘거리는, 입심이 센 | smug 우쭐해 하는 | jar on ~ ~에 거슬리다

655 It really gave me the willies when the wasp was crawling in your hair. I think it's because you have a thatch of hair. You coped with it well though.

말벌이 네 머리에서 기어다닐 때 진짜 오싹했어. 네가 숱이 많아서 그런가 봐. 그래도 잘 대처했어.

give ~ the willies ~를 오싹하게 만들다 | wasp 말벌 | thatch of hair 숱이 많은 머리, 더부룩한 머리털 | cope (잘) 대처하다

656 You were teed off, pushing her around, but you were barking up the wrong tree. That really takes the cake.

너 헛다리 짚고 뚜껑 열려서 막 이래라저래라 한 거야. 정말 최악이다.

tee ~ off ~를 화나게 하다, 뚜껑 열리게 하다 | push ~ around ~한테 막 이래라 저래라 하다 | barking up the wrong tree 헛다리를 짚는, 생사람을 잡는 | take the cake (누가 했던 행동들 중에서) 최악이다

657 I had an embarrassment of riches. I wanted to have the whole enchilada, but in the end, I bought an ecru comforter with a flower motif.

좋은 게 너무 많아서 고르기가 힘들었어. 전부 다 갖고 싶었는데 결국 크림색 꽃무늬 이불 샀어.

an embarrassment of riches 좋은 게 너무 많아서 고르기가 힘든 상황 | the whole enchilada 전부 다, 모든 것 | ecru 크림색 | motif (장식용) 무늬

658 Wake up and smell the coffee. Such a grandiose, hare-brained idea would go down like a lead balloon.

정신 차리고 현실을 직시해. 그렇게 실속 없이 거창하고 말도 안 되는 생각은 남들한테 받아들여지질 않아.

wake up and smell the coffee 정신을 차리고 현실을 직시하다 | grandiose 실속 없이 거창한 | hare-brained 말도 안 되는, 맹한 | go down like a lead balloon 남들한테 받아들여지지 않다

659 **She said she nixed the kickback, but I'm dubious about it because she's not held in high repute.**

자신은 뒷돈을 거절했다고 말은 하는데 걔 평판이 좋질 않아서 미심쩍어.

nix 퇴짜를 놓다, 거절하다 | kickback 뒷돈, 뇌물 | dubious 미심쩍어 하는, 수상쩍은 |
be held in high repute 평판이 좋다

660 **Bring me to heel? You and whose army? I give as good as I get. Bring it on.**

날 굴복시킨다고? 네가 뭔데? 난 당한 만큼 갚아 준다. 얼마든지 와 봐.

bring ~ to heel 복종시키다, 굴복시키다 | you and whose army? (누가 협박을 했을 때
못 믿겠단 듯이 비꼬면서) 네가 뭔데?, 뭐 믿는 구석이라도 있어? | give as good as you get
당한 만큼 갚아 주다 | bring it on 얼마든지 와라, 덤벼

661 I'd bet dollars to doughnuts it's gonna be a wellhead that puts you on the map. Make hay while the sun shines.

이건 십중팔구 널 유명하게 만들 원천이 될 거야. 기회를 잘 활용해라.

dollars to doughnuts 십중팔구 | wellhead 원천 | put ~ on the map ~를 유명하게 만들다 | make hay while the sun shines 기회를 잘 활용하다

662 Esther came in out of the blue, flinging the door open when we were saying that she seemed to be too fastidious. It really struck us dumb.

우리가 에스더한테 너무 깔끔을 떠는 것 같다고 말하고 있는데 갑자기 문을 확 열고 들어오더라고. 말문이 정말 콱 막히더라.

out of the blue 갑자기, 난데없이 | fling the door open 문을 확 열다 | fastidious 깔끔을 떠는, 까다로운 | strike dumb 말문을 콱 막히게 하다

663 I'm vindicated, but I'm gonna make a counterclaim and demand a tidy sum because they blew a hole in my schedule.

내 무죄는 입증됐는데 나도 스케줄상 손해를 봤으니까 맞고소를 해서 큰 돈을 요구할 거야.

vindicate 정당성을 입증하다, 무죄를 입증하다 | counterclaim 반소, 맞고소 | a tidy sum 큰 돈, 짭짤한 액수 | blow a hole in ~에 손해를 입히다

664 You've got too many grouses. You don't thank diddly and take everything but the kitchen sink for granted.

넌 너무 불평이 많아. 아무것도 감사를 안 하고 하나부터 열까지 전부 다 당연한 듯이 여기고.

grouse 불평, 들평 | diddly 아무것 | take ~ for granted (고마운 줄 모르고) 당연한 듯이 여기다 | everything but the kitchen sink 하나부터 열까지 전부 다

665 It was so critical because your organ had ruptured, but doctors who are the bee's knees put all hands on deck and narrowly saved you.

너 장기가 파열돼서 진짜 위태로웠는데 훌륭한 의사들이 모두 힘을 모아서 간신히 구해 냈어.

critical 위태로운 | rupture (인체의 장기나 수도관이) 파열되다 | the bee's knees 뛰어난 것, 훌륭한 사람 | all hands on deck 모두 힘을 모으는

666 If it makes the rounds, you'll lose ground. And busybodies will bork you.

이게 만약 소문이 퍼지면 네 지지가 떨어질 거야. 그리고 참견쟁이들은 널 체계적으로 공격하겠지.

make the rounds (소식이나 소문 등이) 퍼지다 | lose ground 인기가 떨어지다, 지지가 떨어지다 | busybody (참견하기 좋아하는) 참견쟁이 | bork (후보자나 유명 인사를 대중 매체에서) 체계적으로 공격하다

667 The tissue culture guru's sidekick visited my office today. He looked so meticulous.

그 조직 배양 전문가의 조수가 오늘 내 사무실에 들렀어. 아주 꼼꼼해 보이더라고.

tissue culture 조직 배양 | guru 전문가, 권위자 | sidekick 조수 | meticulous 꼼꼼한, 용의주도한

668 Put your cleats on properly and get fully limbered up. A wrenched ankle, strained back, spasm in a calf, I'm really fed up with hearing them.

운동화 제대로 신고 몸 완전히 풀어 놔. 발목이 접질렸다, 허리가 삐끗했다, 종아리에 쥐가 났다, 그런 소리 듣는 거 아주 지긋지긋해.

cleats (미끄러지지 않게 스파이크가 달린) 운동화 | limber up 몸을 풀다, 준비 운동을 하다 | wrench 삐다, 접질리다 | strained back 삐끗한 허리 | spasm 쥐, 경련 | fed up with ~ ~에 지긋지긋한, 진저리가 나는, 신물난

669 He really throws his weight behind soup kitchens. I think he has affection for it because he himself was a sofa-surfing bottom feeder in the past.

그분 무료 급식소 지원하는 데 엄청 힘쓰네. 과거에 자신도 주위 사람들한테 돌아다니면서 머물던 밑바닥 인생이라 그쪽에 애착이 있나 봐.

throw one's weight behind ~ ~를 지원하기 위해서 힘을 쓰다 | soup kitchen (영세민들을 위한) 무료 급식소 | sofa surfing (집이 없는 사람들이) 친구들이나 친척들의 집에 돌아다니면서 머무는 것 | bottom feeder 밑바닥 인생, 남을 등쳐먹는 사람

670 He went as red as a beet. He says everyone chortles at him and it really makes him go bananas. Such rumor spreads like wildfire.

창피해서 얼굴이 홍당무처럼 새빨개졌어. 다들 자기한테 깔깔거리는데 머리가 아주 돌아 버릴 것 같대. 그런 소문은 삽시간에 퍼지지.

as red as a beet 창피해서 얼굴이 홍당무처럼 새빨개진 | chortle 깔깔거리다 | go bananas 머리가 돌다 | spread like wildfire (소문 등이) 삽시간에 퍼지다

671 Get a load of that! He's been eaten alive by mosquitoes. There're so many mosquitoes and sphinxes in this vicinity.

저것 좀 봐 봐! 쟤 모기한테 굉장히 많이 물렸어. 이 부근에 모기, 나방이 진짜 많긴 해.

get a load of ~ ~를 좀 봐 봐! | eat ~ alive (곤충이) 굉장히 많이 물다 | sphinx (박각싯과의) 나방 | vicinity 부근, 인근

672 She's versatile. And her personality's impeccable. It seems like she's a real hotshot in the game with a capital H.

걔가 다재다능해. 인격도 흠 잡을 데 없고. 그 바닥에서 굉장히 잘 나가나 봐.

versatile 다재다능한, 다용도의, 융통성 있는 | impeccable 흠 잡을 데 없는, 나무랄 데 없는 | hotshot 잘 나가는 사람 | with a capital ~ 굉장히, 완전히

673 Let's circle the wagons, running out the clock. We don't need to do it fair and square. Sometimes that's a splendiferous strategy.

이제부터 시간을 질질 끌면서 방어 태세를 단단히 굳히자. 정정당당할 필요 없어. 그것도 가끔 아주 훌륭한 전략이야.

circle the wagons 포장마차로 둥글게 원을 치다, 방어 태세를 단단히 굳히다 | run out the clock (스포츠 등에서 리드를 지키기 위해) 시간을 질질 끌다 | fair and square 정정당당하게 | splendiferous 아주 훌륭한

674 You said in the past that you wanted to have a high-end hotrod with every fiber of your being and you were going to buy one when your ship comes home.

너 전엔 최고급 특수 자동차가 아주 간절히 갖고 싶다 했잖아. 부자가 되면 하나 살 거라고 했고.

high-end (같은 종류의 것들 중에서 젤 비싸고) 최고급인 | hotrod (마력과 속도를 위해서) 특수 개조된 자동차 | with every fiber of one's being 아주 깊게, 아주 간절히 | when one's ship comes home 부자가 되면

675 Good grief! The meat's burnt to a cinder! You were told off for that last time. Don't eat it because it's unwholesome.

세상에! 고기가 너무 바싹 타 버렸네! 너 저번에도 그것 땜에 핀잔 맞았잖아. 건강에 안 좋으니까 먹지 마.

good grief! 세상에! | burnt to a cinder (음식이) 너무 바싹 타 버린, 새까맣게 타버린 | tell off 야단을 치다, 핀잔을 주다 | unwholesome 건강에 안 좋은

676 Innocent people got rubbed out by them and now they're fudging all the answers, looking for a peg to hang escape on. I don't want them to beat the rap.

저들은 무고한 사람들을 죽였고 이젠 모면할 구실을 찾으면서 모든 대답을 얼버무리고 있어. 재들을 무혐의로 풀려나게 하기 싫다.

rub ~ out ~를 죽이다 | fudge 얼버무리다, 얼렁뚱땅 넘기려 하다 | a peg to hang ~ on ~를 할 계기나 구실 | beat the rap 무혐의로 풀려나다, 벌을 안 받고 달아나다

677 I'm gonna make tracks for home now. I don't wanna make a slapdash decision on a whim. I'll sleep on it.

지금은 집으로 떠날래. 변덕에 성급한 결정 내리기 싫어. 하룻밤 자면서 생각해 볼게.

make tracks 떠나다 | slapdash 성급하게 하는 | whim 변덕, 종잡을 수 없는 생각 | sleep on it (결정을 하루 미루고) 하룻밤 자면서 생각해 보다

678 No biggie. It more of sets my pulse racing. I've experienced a lot of things that go at breakneck speed. Let's have a go at it together.

별거 아니야. 오히려 날 신나게 만들어. 위험할 정도로 빠른 것들 많이 타 봤거든. 같이 한번 해 보자.

no biggie 별거 아니야 | set one's pulse racing ~를 신나게 만들다 | breakneck 위험할 정도로 빠른 | have a go at ~ ~를 시도해 보다, 한번 해 보다

679 Enough said. Can it. Still, I'm not going because moss is my pet peeve. Why don't you go and enjoy the uncontaminated nature by yourself?

알아들었어. 그만 말해. 그래도 난 유난히 이끼를 싫어해서 안 갈 거야. 너 혼자 가서 오염되지 않은 자연 즐기고 와.

enough said (그만 말하란 뜻으로) 알아들었어 | can it 조용히 해, 그만 말해 | moss 이끼 | somebody's pet peeve ~가 유난히 싫어하는 것 | uncontaminated 오염되지 않은

680 According to my rule of thumb, it's good to stop dead in your tracks and hunker down when you have a stabby pain in your torso.

내 경험에 입각한 법칙에 의하면 몸통에 갑자기 날카로운 통증이 생길 땐 그 자리에 딱 멈춰서 쭈그리고 앉는 게 좋아.

rule of thumb (이론보다는) 실제 경험을 통해서 얻은 방법, 경험에 입각한 법칙 | hunker down 쭈그리고 앉다 | stabby pain 갑작스럽게 생기는 날카로운 통증 | torso 몸통

681 You're so dense. Why did you keep fanning the flames and get everyone worked up something fierce?

너 진짜 멍청하다. 왜 계속 불난 집에 부채질을 해서 다들 아주 열받게 만들어?

dense 멍청한 | fan the flames 불난 집에 부채질을 하다 | work ~ up (서서히) ~를 열받게 만들다 | something fierce 몹시, 아주

682 To level with you, I'm stretching a point just this time because you're a frequenter. It'd be the alpha and omega.

톡 까놓고 얘기하면 네가 단골 손님이니까 이번에만 특별히 허락해 주는 거야. 이번이 처음이자 마지막이야.

level with ~ 톡 까놓고 얘기하다 | stretch a point (원랜 안 되는 걸) 특별히 허락해 주다, 파격 대우해 주다 | frequenter 단골 손님 | alpha and omega 처음이자 마지막, 시작과 끝, 시종

683 It's plagiarized though. It's coming under fire. There's the selfsame song among songs of an unfamous one-hit wonder.

근데 이 노래 표절이야. 맹비난 받고 있어. 히트곡이 하나뿐인 유명하지 않은 가수 노래 중에서 아주 똑같은 게 있어.

plagiarize 표절하다 | come under fire 빈축을 사다, 맹비난을 받게 되다 | selfsame 아주 똑같은 | one-hit wonder 히트곡이 하나뿐인 가수

684 The sports event doesn't pan out so well. It's a washout. They'll just have a hard time cleaning up the bunting and confetti.

스포츠 행사가 그다지 좋게 진행되질 못하네. 비 와서 완전히 망했다. 장식용 깃발하고 색종이 조각 치우는데 힘만 들겠어.

pan out 좋게 전개되다, 진행되다 | washout (특히 비로 인한) 대실패 | bunting (행사 같은 것을 할 때) 장식용으로 쓰이는 깃발 | confetti (행사 같은 곳에서 뿌리는) 색종이 조각

685 **The wounds on your mitts have festered. Look at the pus! Why don't you use ointment?**

네 손에 있는 상처 곪았네. 고름 좀 봐! 연고 발라.

mitt 손 | fester 곪다 | pus 고름 | ointment 연고

686 **Rehab? That's a fool's errand. I'll be wasting my breath because he's so bullheaded.**

중독 치료? 헛고생이야. 걔 아주 황소고집이라서 그 말 해 봐야 내 입만 아파.

rehab (술, 마약 등의) 중독 치료 | fool's errand 헛걸음, 헛고생 | waste your breath (충고를 해 봤자 듣질 않기 때문에) 말해 봐야 입만 아프다 | bullheaded 황소고집인

687 **Today I tried skiing for the first time on bunny slopes. It truly blew my mind even though I had toppled over a couple of times and had been jumpy.**

나 오늘 초급자 슬로프에서 처음으로 스키 타 봤어. 몇 번 균형 잃고 넘어지면서 조마조마했는데 정말 정신없이 빠져들더라고.

bunny slope 스키 초급자들을 위한 슬로프 | blow your mind 정신없이 빠져들게 만들다, 황홀하게 만들다 | topple over 균형을 잃고 넘어지다 | jumpy 조마조마한

688 **Do we really have to be there on the stroke of six? We've got to be fleet-footed beyond measure as if walking in seven-league boots.**

우리 정말 정확히 6시까지 가야 돼? 마치 축지법이라도 쓰는 것처럼 발이 아주 날렵해야 될 거 같은데.

on the stroke of ~ (시간상) 정확히, 정각에 | fleet-footed 발이 날렵한, 쾌속의 | beyond measure 아주, 대단히 | seven-league boots 신으면 축지법을 쓰는 것처럼 굉장히 빨리 걸을 수 있는 신발

689 I saw a girl with an entrancing look from a sorority, but she looked stand-offish. I think she'll be most definitely playing hard to get.

여대생 클럽에서 넋이 나갈 정도로 이쁜 여자애를 보긴 했는데 쌀쌀맞아 보였어. 분명히 비싸게 굴 것 같아.

entrancing 넋을 나가게 하는 | sorority 여대생 클럽 | stand-offish (형식적이고) 쌀쌀맞은 | play hard to get (허락 등을 바로 해 주지 않고) 비싸게 굴다

690 If lynchpins flip-flops on a decision, that's wielding improper power for all intents and purposes.

핵심 인물들이 갑자기 결정을 정반대로 바꿔 버리면 그건 사실상 권력을 부당하게 휘두르는 거지.

lynchpin 핵심이 되는 인물 | flip-flop 갑자기 정반대로 바꿔 버리다 | wield (권력이나 영향력을) 휘두르다, 행사하다 | for all intents and purposes 사실상, 실제로는

691 Others saying that I can't cut it or hack it are like water off a duck's back. I know I have it in me.

남들이 나한테 능력이 안 된다, 잘 해낼 수 없다 말하는 건 아무 영향도 끼치지 못해. 난 나한테 소질이 있는 걸 알거든.

cut it (필요한 만큼) 능력이 되다, 자질이 되다 | hack it 잘 해내다 | like water off a duck's back 아무 영향을 끼치지 못하는, 마이동풍인, 허사가 되는 | have it in you 역량이 있다, 소질이 있다

692 Hey, there's an outlandish scene. A pie-eyed man's acting campy in broad daylight.

야, 이상한 광경이다. 뻘건 대낮에 술에 엉망으로 취한 한 남자가 여자처럼 행동하고 있어.

outlandish (불쾌하게) 이상한, 희한한, 기이한 | pie-eyed 술에 엉망으로 취한 | campy (코미디 등을 위해서 남자가) 일부러 과장되게 여자처럼 행동하는 | in broad daylight (시간상 놀랐음을 표현하는 의미로) 뻘건 대낮에

693 We're just bosom buddies. We're as thick as thieves, but there's no chemistry. However, sometimes people misunderstand because we like to josh each other.

우리 그냥 친한 친구야. 많이 가깝긴 하지만 사랑하는 감정은 없어. 근데 서로 장난 치는 걸 좋아해서 오해를 받을 때도 있지.

bosom buddy 친한 친구, 막역한 친구, 죽마고우 | as thick as thieves (의심스러울 정도로) 아주 친한 | chemistry 사랑하는 감정 | josh (호감적으로 괴롭히면서) 장난을 치다

694 Put it in a nutshell. It's frenetic right now. The phone's ringing off the hook and it's a three-ring circus.

간단히 말해. 지금 일이 정신 없이 바쁘게 돌아가고 있거든. 전화도 쉴 새 없이 울리고 아주 혼란스런 상태야.

put ~ in a nutshell 간단히 말하다, 간단명료하게 말하다 | frenetic 정신 없이 바쁘게 돌아가는, 부산한 | ring off the hook 전화가 쉴 새 없이 울리다, 계속 따르릉 거리다 | three-ring circus 아주 혼란스런 상황

695 His body had been out of kilter, but he went on a regimen like clockwork and got a clean bill of health last month.

그분 몸 상태가 안 좋긴 했었는데 운동 요법하고 식이 요법을 칼같이 지켜서 저번 달에 건강 진단서 받았어.

out of kilter 상태가 안 좋은 | regimen 운동 요법과 식이 요법, 요양법 | like clockwork (시간상) 칼같이, 규칙적으로, 원활하게 | a clean bill of health 건강 진단서, 양호함을 보여 주는 증명서

696 I don't feel left out at all. I rather feel like I'm a tacit king of the hill because I always have the final word.

나 소외감 전혀 안 들어. 내가 맨날 최종 결정을 내리기 땜에 오히려 암묵적인 우두머리 같아.

feel left out 소외감을 느끼다 | tacit 암묵적인, 무언의, 불문율인 | king of the hill 대장, 우두머리, 제일인자 | have the final word 최종 결정을 내리다

697 **I bought new kicks and overalls. The tawny color's cute, isn't it? The last ones were in tatters.**

나 새 신발하고 멜빵 바지 샀어. 황갈색 이쁘지? 저번 건 너덜너덜하더라고.

kicks 신발 한 켤레 | overalls 멜빵 바지 | tawny 황갈색의 | in tatters 너덜너덜한, 갈가리 찢겨진, 누더기가 된, 넝마처럼 된

698 **What really galls my friend is that she's totally sucked him dry up until now, then threw him on the scrapheap.**

내 친구가 정말 억울한 건 그 여자가 이때까지 단물만 쏙 빨아먹고 이제 와선 쓰레기처럼 내다 버렸단 거야.

gall 억울하게 만들다, 치를 떨게 만들다 | suck ~ dry ~의 단물을 빨아먹다 | up until now (until now의 강조형으로) 이때까지 | throw ~ on the scrapheap ~를 쓰레기처럼 내다 버리다

699 **I'm off my feed. I chalk it up to the tonics and stimulants that I took due to hypersomnia.**

지금 나 식욕이 없어. 수면 과잉 땜에 먹은 강장제하고 각성제 땜에 그런 것 같아.

off one's feed 식욕이 없는 | chalk ~ up to ~ ~를 ~ 때문이라고 여기다 | tonic 강장제 | stimulant 각성제 | hypersomnia 과다 수면, 수면 과잉

700 **I'm all ears. What's your bane and why do you look so glum? Get it off your chest.**

나 열심히 듣고 있어. 네 골칫거리가 뭐고 왜 그렇게 침울한데? 속에 있는 거 다 털어놔 봐.

be all ears (귀를 완전히 기울여서) 열심히 듣다, 경청하다 | bane 골칫거리 | glum 침울한 | get ~ off one's chest 속에 있는 고민 등을 다 털어 놓다

701 I like how he's facing the music without grumbling, but letting bygones be bygones is a different kettle of fish.

걔가 툴툴거리지 않고 벌을 받아들이는 건 좋지만 지난 일을 잊기로 하는 건 별개 문제지.

> face the music (자신이 한 짓에 대해서) 벌을 받아들이다 | grumble 투덜대다, 툴툴거리다 | let bygones be bygones 지난 일은 잊어버리기로 하다, 과거지사를 들추지 마라 | a different kettle of fish (앞서 말한 것과) 전혀 다른 상황, 별개 문제

702 We've gotta hit the trail now if we wanna get a jump on the traffic. Quickly get in the land of the living and pack your bags lock, stock, and barrel.

차 안 막히려면 지금 여행 출발해야 돼. 빨리 잠 깨고 이것저것 모조리 다 짐 싸.

> hit the trail 길을 떠나다, 여행을 출발하다 | get a jump on ~ (남들보다 먼저 해서) 이점을 얻다, 더 유리하게 가져가다 | in the land of the living 살아 있는, 잠에서 깨어 있는 | lock, stock, and barrel 몽땅, 이것저것 모조리 다

703 You have another think coming. He's hiding his light under a bushel because he hates being bumptious, but he's in fact a real humdinger.

너 잘못 생각하고 있어. 걔 잘난 체하는 걸 싫어해서 자기 재능을 겸손하게 숨기는 거지, 사실 정말 대단한 애야.

> have another think coming 착각하고 있다, 잘못 생각하고 있다 | hide one's light under a bushel 자신의 재능, 선행, 업적 등을 겸손하게 숨기다 | bumptious 잘난 체하는, 건방진 | humdinger 대단한 것, 쾌거

704 I was walking on air when I was drafted by the team because I'd started it on a wing and a prayer and the tryout was not as easy as falling off a log.

나 팀에 선발됐을 때 기뻐서 하늘을 날아다니는 것 같았지. 한 줄기의 작은 희망을 갖고 시작한 거였고 또 자질 테스트도 아주 쉽진 않았거든.

walking on air 기뻐서 하늘을 날아다니는 듯한, 무아지경에 빠진 | **draft** 선발하다, 선발 파견하다 | **on a wing and a prayer** 한 줄기의 작은 희망을 갖고 | **as easy as falling off a log** 아주 쉬운

705 Sometimes the mind boggles at the fact that myriads of animals have to be snuffed out every day due to the atavistic survival instinct.

인간 본래의 생존 본능 땜에 무수히 많은 동물들이 매일 죽어야 된단 사실은 가끔 정신이 아찔할 정도야.

the mind boggles 정신이 아찔할 정도다 | **myriad** 무수히 많음 | **snuff ~ out** (양초나 등불 등을) 끄다, ~를 죽이다 | **atavistic** 인간 본래의

706 I'm gonna play hardball with the holdouts from now on. I can't stay put anymore. Don't throw yourselves on my mercy.

이제부턴 협조하지 않는 사람들한테 세게 나갈 거야. 더 이상 가만히 못 있겠어. 나한테 자비를 바라지 마.

play hardball 강경 대응하다, 세게 나가다, 악착같이 굴다 | **holdout** 협조를 거부하는 사람 | **stay put** 가만히 있다 | **throw yourself on one's mercy** ~에게 자비를 바라다

707 A shiv was found in a man's pocket during a pat-down a while ago. Then an officer even took out a billy club and was about to drub him.

아까 몸수색 도중에 한 남자의 주머니에서 무기용 칼이 나왔거든. 그러니까 경찰이 곤봉을 꺼내서 때리려고까지 하더라.

shiv (무기로 쓰이는) 칼, 날붙이, 면도날 | **pat-down** 몸수색 | **billy club** (경찰의) 곤봉 | **drub** (몽둥이 등으로) 때리다, 구타

708 You said your piece well with felicities. The drama's really jumping the shark which is a far cry from the first intention.

너 아주 적절한 표현들로 할 말 잘했어. 드라마가 진짜 초심과는 아주 다르게 말도 안 되는 방향으로 흘러가고 있잖아.

say one's piece (다른 사람이 싫어할지라도) 할 말을 하다 | **felicities** 아주 적절한 표현들, 명문 | **jump the shark** (텔레비전 시리즈 등이 하락세를 만회하기 위해서) 말도 안 되는 방향으로 전개가 흘러가다 | **a far cry from ~** ~하고는 거리가 먼, 판이한, 많이 다른

709 Behaving atypically and letting the imagination run riot lead to a trailblazing idea. Who knows? We may get a blessing in disguise.

이례적으로 행동하고 상상력을 제멋대로 뻗다가 선구적인 아이디어가 떠오르는 거지. 누가 알아? 뜻밖의 좋은 결과를 얻을지.

atypical 변칙적인, 이례적인 | **run riot** (상상력 등이) 제멋대로 뻗어 나가다 | **trailblazing** 선구적인 | **a blessing in disguise** (문제인 줄 알았던 것이 가져다 준) 뜻밖의 좋은 결과

710 When push comes to shove, I'll press charges against the muckrakers and have them summonsed to the court.

정 다른 방법이 없으면 추문 폭로자들을 고소하고 법원으로 소환시켜야지.

when push comes to shove 정 다른 방법이 없으면, 다른 대안이 없으면 | **press charges against ~** ~를 고소하다, 기소하다 | **muckraker** 추문 폭로자, 부정부패 추궁자, 스캔들 적발자 | **summons** (법원에) 소환하다, 소환장을 송달하다, 호출

711 I don't know what makes her tick, but she always has a chip on her shoulder and is on an ego trip. She's not willing to take anything on board.

왜 그렇게 행동하는진 모르겠지만 걔 항상 시비조고 자기 중심적이야. 아무것도 받아들이려 하지 않아.

what makes ~ tick ~가 그렇게 행동하는 이유, 움직이는 동기 | a chip on one's shoulder 시비조, 적대적인 성향, 울화의 원인 | on an ego trip 자기 중심적으로 행동하는, 이기적으로 행동하는 | take ~ on board (새로운 생각이나 상황을) 받아들이다, 이해해다

712 It's Ok to be a teetotaler, but don't be a wet blanket when others are tickled pink. And give some help to the tottering people.

네가 절대 금주를 하는 건 좋지만 남들이 굉장히 즐거워할 때 분위기를 깨진 마. 비틀거리는 사람들도 좀 도와주고.

teetotaler 절대 금주를 하는 사람 | wet blanket 분위기를 깨는 사람 | tickled pink 굉장히 즐거워하는 | totter (술에 취하거나 몸이 아파서) 비틀거리다, 기우뚱거리다, 비트적대다

713 He'll pave the way for you to be onto a good thing and get the strong bedrock of your life. He's a real man of the world.

네가 좋은 직장을 얻고 인생의 튼튼한 기반을 잡을 수 있게 이분이 길을 열어 줄 거야. 이분이 세상 물정에 아주 밝아.

pave the way for ~ ~를 위한 길을 열어 주다, 상황을 조성하다 | be onto a good thing 좋은 직장을 얻다, 짭짤한 수입이 되는 일을 잡다 | bedrock 기반 | man of the world 세상 물정에 밝은 사람, 처세에 능한 사람, 산전수전 다 겪은 사람

714 I've heard that the new kid on the block is cast in a defiant mold who bucks the system.

신참이 기존 체제를 거부하는 반항적인 타입이라면서?

the new kid on the block 신참, 새 얼굴 | be cast in a ~ mold ~ 타입 | defiant 반항적인, 저항하는 | buck the system (완강하게) 기존 체제를 거부하다

715 To hell with him, I don't care if he's stranded. I'm going home because I feel woozy and fuddled.

걘 될 대로 되라고 해. 오도 가도 못 하게 되든 말든 상관없어. 난 머리가 띵하고 정신이 오락가락해서 집에 갈 거야.

to hell with ~ ~는 될 대로 되라지 | **strand** 오도 가도 못 하게 만들다, 좌초시키다 | **woozy** 머리가 띵한 | **fuddled** 정신이 오락가락하는

716 Everybody's on the edge of their seat with beady eyes. Now a dove will be conjured from that stovepipe hat.

다들 눈을 말똥말똥 뜨고 손에 땀을 쥐고 있다. 이제 저 높은 실크 모자에서 마술로 비둘기가 나올 거야.

on the edge of one's seat 손에 땀을 쥐고 있는, 완전히 매료된 | **beady** (눈이) 말똥말똥 빛나는 | **conjure** 마술로 나오게 하다, 요술을 부리다 | **stovepipe hat** 높은 실크 모자

717 It's not good to be an ostrich. Keep abreast, get your effort back on the rails and chalk out a better future.

현실을 도피하는 건 안 좋지. 최근 소식도 접하고 다시 정상적으로 노력하면서 보다 나은 미래를 설계해야지.

ostrich 문제를 회피하려는 사람, 현실을 도피하려는 사람 | **keep abreast** 최근 소식을 접하다, 최근 정황을 잘 알아두다 | **back on the rails** 다시 정상적으로 돌아가는 | **chalk ~ out** ~를 설계하다, 개요를 만들다

718 It's not banging my head against a brick wall. The outcome's just very touch-and-go. I'll swing for the fences, but don't get too disappointed even if I draw a blank.

맨 땅에 헤딩하는 것까진 아니야. 그냥 결과가 많이 불확실한 거지. 내가 최선은 다 해 보겠지만 설령 아무런 성과를 거두지 못해도 너무 실망하진 마.

bang one's head against a brick wall 맨 땅에 헤딩을 하다, 계란으로 바위 치기를 하다, 소 귀에 경 읽기를 하다 | **touch-and-go** (결과가) 불확실한 | **swing for the fences** (이루기 힘든 것을 이루려고) 최선을 다하다 | **draw a blank** 아무런 성과를 거두지 못하다, 꽝을 뽑다

719 She's a stuffed shirt and a straight arrow. I don't think she's gonna bend the rules even if you're swamped with work.

그분 딱딱한 데다가 곧이곧대로 너무 바르게만 살아. 네가 일이 넘쳐난다 해도 정해진 규칙을 느슨하게 바꿔 주진 않을 것 같아.

stuffed shirt (격식을 차리고) 딱딱한 사람 | straight arrow 고지식한 사람, 곧이곧대로 너무 바르게만 사는 사람, 견실한 사람 | bend the rules 정해진 규칙을 느슨하게 바꿔서 적용하다 | swamp 넘쳐나다, 쇄도하다, 홍수처럼 밀려오다

720 Soft soap cuts no ice with me. And I don't do something that's illicit. Go and wheedle somebody else.

나한테 아첨은 안 통한다. 그리고 난 불법적인 일 안 해. 가서 다른 사람 구슬려.

soft soap 아첨 | cut no ice with ~ ~한테는 안 통한다, ~에겐 소용이 없다 | illicit 불법의, 위법의, 금제의, 시인되지 않은, 사회 통념에 어긋나는 | wheedle (감언 등으로) 구슬리다, 꾀다

721 **I think the jane took a shine to me. She blew me a kiss and sashayed away.**

저 여자 나한테 홀딱 반했나 봐. 손으로 키스를 날리고 으쓱으쓱 떠나 버리네.

jane 여자, 처녀, 아가씨 │ take a shine to ~ 좋아지다, 홀딱 반하다 │ blow ~ a kiss 손가락 끝에 키스를 한 후에 날려 주다, 손신흉으로 키스를 보내다 │ sashay (허리 쪽에 손을 얹기도 하면서) 엉덩이하고 어깨를 으쓱으쓱 뽐내면서 걷다

722 **I've heard that some luminaries with clout just muscled in and started riding herd on you.**

영향력 있는 전문가들이 그냥 억지로 끼어들어서 널 감시한다며?

luminary (특수 분야의) 전문가, 권위자, 선각자 │ clout 영향력 │ muscle in 억지로 끼어들다, 우격다짐으로 밀어붙이다, 강제로 비집고 들어가다 │ ride herd on ~ ~를 계속 감시하다, 질서를 감독하다

723 **Don't do slipshod work. I've heard that the boss is a type of person who takes no prisoners and who would take the bread out of people's mouth at the drop of a hat.**

일 엉성하게 하지 마. 그 사장님이 남들하고 절대로 타협하지 않는 타입이고 또 사람들의 밥줄도 주저함 없이 끊어 버린대.

slipshod 대충 한, 엉성한, 칠칠치 못한 │ take no prisoners (자신의 목적을 이루기 위해서) 남들하고 절대로 타협하지 않다 │ take the bread out of one's mouth ~의 밥줄을 끊다, 생계 수단을 빼앗다 │ at the drop of a hat 즉각, 선뜻, 주저하지 않고

724 **Many people are in a pickle due to the vortex. My friend's roof caved in too and his bunk beds collapsed.**

지금 소용돌이 땜에 곤경에 빠진 사람들 많아. 내 친구도 지붕이 무너지고 2층 침대도 쓰러졌어.

in a pickle 곤경에 빠진 │ vortex (물이나 바람의) 소용돌이, 선풍 │ cave in (지붕이나 벽 등이) 무너지다, 함몰하다, 낙반되다 │ bunk beds 2층 침대

725 Have you lost your marbles? If you make off with that, the cops will pounce on you like the deuce.

정신 나갔어? 그거 훔치고 달아나면 경찰들이 널 무서운 기세로 덮칠걸.

marbles 대리석, 구슬치기, 제정신, 지적 능력 | make off with ~ ~를 훔치고 달아나다 |
pounce 덮치다 | like the deuce 무서운 기세로, 기를 쓰고

726 She's really fickle though. Blowing hot and cold is all in a day's work. If she does not change her mind, I'll eat my hat.

근데 걔 진짜 변덕스러워. 이랬다저랬다 하는 게 아주 일상이야. 만약 걔가 생각 안 바꾸면 내 손에 장 지진다.

fickle 변덕스러운 | blow hot and cold 이랬다저랬다 하다, 주견이 없다 | all in a day's
work (특히 불쾌하거나 힘든 게) 아주 일상적인 일, 하나도 새로울 게 없는 일, 아주 당연한
일 | I'll eat my hat (만약 ~라면) 내 손에 장을 지진다

727 You put your back into your hair, your face's caked with cosmetics and you're all dolled up in a spiffy dress.

머리엔 힘주고 얼굴은 화장으로 떡칠하고 세련된 드레스로 쫙 빼 입기까지 했구나.

put one's back into ~ ~에 힘쓰다, 열중하다, 전력투구하다 | cake (마르면 딱딱해지는
것을) 두껍게 바르다, 떡칠하다, 더덕더덕 붙이다 | doll up (특히 여자가) 옷을 쫙 빼
입다 | spiffy 세련된

728 I'm hungry, thirsty and sleepy, but the final straw is that I can't walk in the teeth of the gale anymore. My face tingles too much.

배고프고 목마르고 졸리기도 한데 결정적으로 견딜 수 없는 건 더 이상 이 강풍을 맞으면서 못 걷겠어. 얼굴이 너무 따끔거려.

the final straw 결정적으로 더 이상 견딜 수 없게 만드는 것 | in the teeth of (바람을
정면으로) 맞으면서, 면전에서 | gale 거센 바람, 강풍, 돌풍 | tingle 쑤시다, 따끔거리다,
얼얼하다

729 **Them's the breaks? Don't try to sweeten the pill. I'm gonna show them all the door and heads will roll.**

세상이 다 그런 거라고? 좋지 않은 상황을 완화시키려 하지 마. 다 해고해 버릴 거고 그냥 넘어가지 않을 거야.

them's the breaks 원래 다 그런 거야, 세상이 다 그런 거지 | sweeten the pill 좋지 않은 상황을 완화시키다 | show ~ the door ~를 쫓아내다, 해고하다 | heads will roll 그냥 넘어가지 않을 테다

730 **I'll show you a cutting-edge, macabre magic trick and is there anyone with the moxie who wants to give it a shot?**

섬뜩한 최첨단 마술을 선보일 건데 시도해 볼 용기 있는 분 있습니까?

cutting-edge 최첨단의 | macabre 섬뜩한 | moxie 용기, 배짱, 깡다구 | give ~ a shot ~를 시도해 보다

731 **What's bred in the bone will come out in the flesh. Your child will be a chip off the old block. He'll be as sharp as a tack just like the father and as neat as a new pin just like the mother.**

피는 못 속여요. 당신 자식은 부모님을 쏙 빼닮은 판박이가 될 거예요. 아버지처럼 두뇌가 아주 명석할 거고 어머니처럼 아주 깔끔할 겁니다.

what's bred in the bone will come out in the flesh 피는 못 속인다 | a chip off the old block 부모님을 쏙 빼닮은 판박이, 조상의 피를 물려받은 사람 | as sharp as a tack 두뇌가 아주 명석한, 아주 예리한, 몹시 총명한, 기지가 풍부한 | as neat as a new pin 아주 깔끔한

732 To be straight from the shoulder, those kinds of people are dingbats and lunkheads, present company excepted of course.

단도직입적으로 말하자면 그런 종류의 사람들은 다 바보, 꼴통들이에요. 물론 여기 계신 분들은 제외하고.

> straight from the shoulder (비판 등을) 직설적으로, 단도직입적으로 | dingbat 바보, 멍청이, 모질이 | lunkhead 꼴통 | present company excepted (연설 등에서 비판을 한 후에) 여기 계신 분들은 제외하고

733 The gelt isn't the be-all and end-all. And the future isn't carved in stone. You can make a fresh kick-off for sure.

돈이 전부는 아니야. 그리고 미래도 정해지진 않았어. 넌 충분히 새 출발을 할 수 있어.

> gelt 돈 | be-all and end-all (가장 중요한 것을 뜻하는) 전부, 모든 것이자 궁극적인 것, 요체 | carved in stone 변경이 불가능한 | kick-off 시작, 초장, 출발, 시발점

734 You seem to be having too many irons in the fire, darting in and out of places. Then you'll eventually spread yourself too thin. Why don't you make just one thing off the charts?

너 동에 번쩍 서에 번쩍 하면서 한꺼번에 너무 많은 일을 하는 것 같다. 그러다가 결국에 어떤 거 하나도 잘되질 않지. 차라리 그냥 하나를 대박 치려고 해 봐.

> have too many irons in the fire 한꺼번에 너무 많은 일을 하다 | dart in and out of places 동에 번쩍 서에 번쩍 하다 | spread oneself too thin (한 번에 너무 많은 걸 해서) 어떤 것 하나도 잘되질 않다 | off the charts 아주 성공적인, 대박 친

735 **The boys in blue are cracking down on drunk driving and the fines went through the roof, but above all, please don't tempt fate.**

경찰도 음주 운전을 엄격하게 단속하고 있고 벌금도 높게 치솟았지만 제일 중요한 건 제발 목숨 건 모험을 하지 마.

boys in blue 경찰 | crack down 엄격히 단속하다 | go through the roof 폭등하다, 급등하다, 높게 치솟다 | tempt fate (바보같이) 목숨을 건 모험을 하다, 사생결단을 하다, 신의 섭리를 거역하다

736 **She came up in the world. Let's give it up for her. Such hellacious achievement does not grow on trees.**

얘 출세했어. 박수 쳐 주자. 그런 대단한 성취는 손쉽게 굴러 들어오는 게 아닌데.

come up in the world 출세하다 | give it up 박수를 보내다 | hellacious 대단한, 뛰어난 | grow on trees 쉽게 얻을 수 있다, 손쉽게 굴러 들어오다

737 **If you wanna be right as rain again, you've got to work on things like your cardio, girth and skin tone.**

너 다시 팔팔해지려면 심장 강화 운동, 허리 둘레, 그리고 피부 탄력 같은 것 좀 신경 써야 돼.

right as rain 아주 건강한, 팔팔한 | cardio 심장 강화 운동 | girth 허리 둘레, 허리 치수, 둘레 치수 | tone (근육이나 피부 등의) 탄력

738 **The kids are bouncing off the walls in the plunge pool, shouting themselves silly. They really do have a thing about cold water.**

애들이 냉탕 안에서 도저히 가만있질 못하네. 정신 없이 악을 쓰면서. 쟤들 정말 차가운 물에 뭔가 있어.

bouncing off the walls (너무 신이 나서) 도저히 가만있질 못하는, 착란의 상태에 있는 | plunge pool (사우나 옆에 있는) 냉탕 | shout yourself silly 정신 없이 악을 쓰다 | have a thing about ~ ~에 뭔가 있다, 이상할 정도로 아주 좋아하거나 싫어하다

739 I was at a gabfest, yattering and having some refreshment. Then I lost track of time.

나 수다 모임에서 뭣 좀 먹으면서 수다 떨었어. 그러다 보니 시간 가는 줄 몰랐네.

gabfest 수다 모임, 긴 사설 | yatter 수다를 떨다, 끊임없이 말을 하다, 재잘대다 | refreshment (특히 모임 등에서 제공되는) 가벼운 식사, 간식, 다과 | lose track of time 시간 가는 줄 모르다

740 I'm onto you. You're a quack and those are all pseudo credentials.

나 네가 무슨 짓 하는지 다 알아. 너 돌팔이 의사잖아. 저건 다 허위 자격증이고.

be onto ~ ~가 무슨 잘못을 하는지 다 알다 | quack 돌팔이 의사, 허풍선이 | pseudo 허위의, 가짜의, 인조의, 유사한, 짝퉁의, 짭 | credentials 자격증, 자격 인증서

741 **I bet the Johnny-come-lately can drink you under the table. He was as sober as a judge after going on a binge.**

새로운 신참이 너보다 더 술 세다고 장담할 수 있다. 진탕 마시고도 말짱하더라고.

Johnny-come-lately 새로운 신참 | drink ~ under the table ~보다 술이 더 세다 | as sober as a judge (전혀 안 취하고) 말짱한, 자못 진지한 | binge (술이나 음식 등을) 진탕 마시기, 흥청망청 먹기, 폭음하기, 폭식하기

742 **All in all, such morbid obsession is a latent bugaboo.**

대체로 그런 병적인 집착은 잠재적인 두려움이지.

all in all 대체로, 전반적으로 봐서, 전체적으로 봐서 | morbid (특히 병이나 죽음에 대한 관심이) 병적인, 병리적인 | latent 잠재적인, 잠복해 있는, 휴면의, 휴지 상태의 | bugaboo 두려운 것

743 **We're going to lay over in this town for two days. We'll just flit around the place, looking for some wicked food. No important schedule slated.**

우리 이 도시에서 이틀 동안 머물 거야. 그냥 끝내주는 음식이나 찾으면서 여기저기 가볍게 돌아다니려고. 중요한 일정은 없어.

lay over (여행 도중에 쉬기 위해서) 잠시 머물다, 도중하차를 하고 쉬다 | flit 가볍게 돌아다니다, 경쾌하게 오가다, 날개 치며 훨훨 날다 | wicked 아주 좋은, 끝내주는, 죽여주는 | slate (일정을) 계획하다

744 **You ponied up the whole mazuma spontaneously. And you know, he who pays the piper calls the tune.**

네가 자발적으로 돈을 다 냈잖아. 돈을 어떻게 쓸지 결정할 권리는 그 돈을 낸 사람 한테 있지.

pony up (돈을) 내다, 지불하다, 결제하다 | mazuma 돈, 현금 | spontaneous (갑자기) 자발적으로 하는, 임의의, 마음에서 우러난 | he who pays the piper calls the tune 돈을 어떻게 쓸지 결정할 권리는 그 돈을 낸 사람한테 있다

745 I can't hear myself think because those people are blustering fit to wake the dead. If it goes relentless, call the cops.

저 사람들이 너무 크게 고함을 쳐 대서 생각을 제대로 할 수가 없네. 수그러들지 않으면 경찰 불러.

can't hear oneself think (주위가 너무 시끄러워서) 생각을 제대로 할 수가 없다 | bluster 고함을 치다, 엄포를 놓다, 큰소리로 으르다, 크게 윽박지르다 | fit to wake the dead 아주 큰 소리로, 몹시 와글거리는, 왁자지껄한 | relentless 수그러들지 않는, 가차 없는, 가혹한

746 I advised her to stop beating a dead horse too, but it falls on deaf ears. It seems like she'll not change her mind for a month of Sundays and her time will go down the drain.

나도 돌이킬 수 없는 지난 일에 헛수고 그만하라고 충고했는데 귀담아듣질 않아. 아주 오랫동안 마음을 안 바꾸고 시간만 완전히 허비될 것 같아.

beat a dead horse 돌이킬 수 없는 지난 일에 헛수고를 하다, 이미 끝난 일을 거론하다, 결말이 난 화제를 다시 문제 삼다 | fall on deaf ears 귀담아듣질 않다, 묵살되다 | a month of Sundays 아주 오랫동안 | down the drain 완전히 허비된

747 My broseph and I perched on a rock at the vantage point and the world looked beautiful beyond my wildest dreams.

내 친한 친구하고 전망이 좋은 곳에 있는 바위에 걸터앉았었는데 꿈에서도 상상 못할 정도로 세상이 아름답게 보이더라.

broseph 의형제, 친한 친구 | perch (무엇의 끝에) 걸터앉다 | vantage point 전망이 좋은 곳 | beyond one's wildest dreams 꿈에서도 상상 못 할 정도로

748 She's a mother figure to me and her daughter's my sister from another mister. They helped me clean up my act and get my life back on an even keel.

그분은 나한테 어머니 같은 존재고 그분 딸은 나한테 친누나 같은 존재야. 내가 착실하게 살며 인생을 다시 안정적으로 잡는 걸 도와줬거든.

mother figure 어머니와 같은 존재, 어머니상 | sister from another mister 친누나나 친언니나 친동생과 같은 존재, 의자매 | clean up your act 악습을 뜯어고치다, 착실하게 살기 시작하다 | on an even keel 안정된, 평온한

749 When all is said and done, it's gonna be six of one and half a dozen of the other. So why don't you let it ride for now instead of recasting it.

모든 걸 다 고려해 보면 오십 보 백 보 별 차이 없어. 그러니까 재구성을 하기보단 우선은 그냥 두고 보기로 하는 거 어때?

> when all is said and done 요컨대, 필경, 모든 걸 다 고려해 보면 | six of one and half a dozen of the other 오십 보 백 보 별 차이 없음 | let ~ ride (문제 등을) 그냥 두고 보기로 하다, 방치하다 | recast 재구성하다, 개작하다

750 These wheels have great gas mileage and the after-sales service is on tap. It's very down to earth and it'll pay for itself.

이 자동차가 연비도 아주 좋은 데다가 AS도 언제든지 이용할 수 있어. 굉장히 현실적이고 들인 비용만큼 돈이 절약될 거야.

> wheels 승용차, 자동차, 자가용 | on tap 언제든지 이용할 수 있는, 쉽게 애용할 수 있는 | down to earth 현실적인, 실제적인 | pay for itself 들인 비용만큼 돈이 절약되다

751 Says you! I thought we could never meet again on this side of the grave. You haven't changed in the least. How's tricks?

설마! 우리 생전에 다시 못 만날 줄 알았는데! 너 조금도 안 변했네. 어떻게 지내?

> says you! 설마!, 그럴 리가! | on this side of the grave 생전에, 이승에서 | not in the least 전혀, 조금도 | how's tricks? 어떻게 지내?

752 You don't have to get a handle on my joke, no harm done. I just piped up because my friend looked like a basket case.

내 농담 이해 못 해도 돼. 누구 안 죽었어. 내 친구가 정신 나간 거 같아서 그냥 한번 말해 본 거야.

> get a handle on ~ ~를 이해하다, 파악하다, 지도하다 | no harm done 누구 안 죽었어, 괜찮아, 걱정하지 마 | pipe up (갑자기) 말하기 시작하다, 새된 소리로 말하다 | basket case 정신 나간 사람

753 You look like you have a heavy cross to bear. You have to procure about 5 Gs to post bail, don't you?

너 어깨가 아주 무거워 보인다. 보석금 내야 돼서 5천 달러 정도 구해야 되지?

have a cross to bear 어깨가 무겁다 | **procure** (힘들게) 구하다, 입수하다 | **G** (grand의 약자인) 천 달러 | **post bail** 보석금을 내다

754 The boss's a germophobe and you've just spattered sludge all over him. Can you take the consequences?

사장님은 결벽증이 있는데 네가 방금 진흙을 다 튀겨 놨어. 결과 책임질 수 있겠어?

germophobe 세균 혐오자, 청결에 대해서 강박 관념이 있는 사람, 결벽증이 있는 사람 | **spatter** 튀기다, 흩뿌리다, 튀겨서 뒤덮다, 후두두 떨어지는 소리, 떨어지는 물방울 | **sludge** 진흙, 진창, 곤죽이 된 폐수, 폐기물, 침전물, 질퍽질퍽한 곳 | **take the consequences** 결과에 대해서 책임을 지다

755 We have the inside track because we're gonna do it on our home turf, but it's not a slam dunk. It's not over until the fat lady sings, so never lower your guard.

우리가 홈그라운드에서 하기 땜에 유리한 이점은 있는데 승리가 확실한 건 아니지. 결과가 어떻게 될진 끝까지 두고 봐야 아니까 절대로 방심하지 마.

have the inside track (남들이 갖지 못한) 유리한 이점을 갖다, 안쪽 주로를 달리다 | **home turf** 홈그라운드, 홈 경기장 | **slam dunk** 성공이 확실한 것 | **it's not over until the fat lady sings** 결과가 어떻게 될진 끝까지 두고 봐야 안다

756 I saw her in the flesh. She's plump, tubby and she pretty looks like a cold fish.

나 걔 실물로 봤어. 통통하고 땅딸막하고 좀 냉정해 보여.

in the flesh 실물로, 친히 보는 | **plump** 통통한, 토실토실한, 풍만한, 살집이 그득한 | **tubby** 땅딸막한 | **cold fish** 냉정한 사람

757 **Indoctrination will not work down the road. Students must see daylight intrinsically.**

주입식 교육은 미래엔 통하지 않아. 학생들이 본질적으로 이해를 해야지.

indoctrination 주입식 교육 | down the road 앞으로는, 미래에는 | see daylight 납득이 되어 가다, 이해하다, 실마리를 잡다, 서광이 비치다, 종결에 가까워지다 | intrinsically 본질적으로

758 **Last time, you outstripped me in a squeaker due to a lucky break, but don't push your luck too far.**

저번엔 행운이 따라서 네가 날 간신히 이겼지만 운을 너무 믿고 덤비지 마.

outstrip 앞지르다, 능가하다 | squeaker 간신히 이긴 경기나 선거 | lucky break (성공으로 이끄는) 행운 | push one's luck 운을 너무 믿고 덤비다, 과욕을 부리며 행운이 계속되길 기대하다

759 **How's the lay of the land? I've heard that you're bogged down in intricacies. Can you pick up the threads soon?**

현재 상황 어때? 너 복잡한 사항들에 발목 붙잡혔다면서? 금방 다시 시작할 수 있겠어?

the lay of the land 지세, 정세, 일이 되어 가는 형편, 현재 상황 | bogged down 교착 상태에 빠진, 발목이 붙잡힌 | intricacies 복잡한 사항들, 착잡한 사물들 | pick up the threads (중단됐었던 일을) 다시 시작하다

760 **I'm not so into the hoedown because I have two left feet. I'm compelled to be here.**

나 몸치라서 사교 파티 별로 안 좋아해. 싫은데 어쩔 수 없이 있는 거야.

be into ~ ~를 좋아하다, 관심이 많다 | hoedown 사교 파티 | have two left feet 몸치인, 운동 신경이 둔한 | be compelled to ~ 싫지만 어쩔 수 없이 ~를 하다, 불가불 ~를 하다, 부득이 ~를 하다

761 I've got a thousand and one things to do, but I'll pitch in for old times' sake. You'd been helping me through thick and thin too.

할 일이 태산 같지만 내가 옛정을 생각해서 협력할게. 너도 시종일관 날 도와줬으니까.

a thousand and one 무수히 많은, 태산 같은 | **pitch in** 협력하다, 기여하다, 이바지하다 | **for old times' sake** 옛정을 생각해서 | **through thick and thin** 좋을 때나 안 좋을 때나, 어떤 고난이 있어도, 만난을 무릅쓰고, 물불을 가리지 않고, 시종일관

762 Tell me another! On no account should you try to pull the wool over their eyes. You really can't see beyond the end of your nose.

말이 되는 소릴 해! 무슨 일이 있어도 절대로 그 사람들의 눈을 속이려 하지 마. 너 정말 코앞의 일밖에 모른다.

tell me another 말이 되는 소리를 해 | **pull the wool over one's eyes** ~의 눈을 속이다 | **on no account** 무슨 일이 있어도 절대로 | **not see beyond the end of one's nose** 코앞의 일밖에 모르는, 한치 앞을 모르는

763 I got a detention because I chucked away trash on the ground. So I'll be a tad late to the gala.

나 땅에 쓰레기 버려서 처벌로 방과 후에 남아야 돼. 그래서 경축 행사에 조금 늦게 될 거야.

detention (학생이) 방과 후에 남아야 되는 처벌 | **chuck ~ away** ~를 버리다 | **tad** 조금, 약간 | **gala** 경축 행사, 잔치 놀이

764 I've got a hassle. It's an unexpected deluge. I don't have a bumbershoot and it's really raining cats and dogs.

나 번거로운 일 생겼어. 예상치 못하게 폭우가 와. 우산도 없는데 진짜 억수같이 쏟아지네.

hassle 번거로운 일, 걸리적거리는 것 | deluge 폭우, 호우, 장대비 | rain cats and dogs 비가 억수같이 쏟아지다 | bumbershoot 우산

765 We tailgated in front of the gargantuan World Cup Stadium. And you munched sandwiches, standing on blacktop.

우리 거대한 월드컵 경기장 앞에서 자동차 뒷문 열고 음식 먹었잖아. 넌 아스팔트에 서서 샌드위치를 우적우적 씹어 먹었고.

tailgate (옥외에서) 자동차 뒷문을 열고 음식을 먹다 | gargantuan 거대한, 원대한 | munch (천천히 꼭꼭) 우적우적 씹어 먹다, 아작아작 베어 먹다, 아삭아삭 먹다 | blacktop 아스팔트

766 The long and the short of it is that I'm pretty out of humor now because I picked up on the fact that you're just a fair-weather friend.

요점만 말하자면 난 네가 그냥 지 좋을 때만 친구가 되는 사람인 걸 알아차렸기 땜에 지금 심기가 좀 불편해.

the long and the short of it 요점 | out of humor 언짢은, 심기가 불편한 | pick up on ~ ~를 알아차리다 | fair-weather friend (힘들 땐 돌아서고) 자기 좋을 때만 친구가 되는 사람, 정작 필요할 땐 옆에 있지 않는 친구

767 His car hydroplaned and sideswiped a truck. Everything is his fault because he'd been driving full steam ahead, cutting the corner.

걔 자동차가 빗길에 미끄러지면서 어떤 트럭의 옆을 받아 버렸어. 지름길로 가면서 전속력으로 몰았으니까 다 걔 잘못이지.

hydroplane (차량이) 빗길에 미끄러지다, 수상 비행기 | sideswipe (차량 등을 스치듯이) 옆에서 받다 | full steam ahead 전속력으로 | cut the corner 지름길로 가다

768 I'm gonna pop the question. We had lots of sparks and zilch conflicts over the past few years. I think we're gonna see eye to eye on the marriage issue.

나 청혼할 거야. 우리 지난 몇 년간 분위기 재미있게 좋았고 또 아무런 갈등도 없었어. 우리 둘 다 결혼 문제에 대해서 의견이 같을 거 같아.

pop the question 청혼하다, 구혼하다, 프러포즈하다 | spark (사람들의 관계에서 따분하거나 시들한 것에 반대되게) 신나고 재미있는 분위기 | zilch 제로, 무 | see eye to eye on ~ ~에 대해서 의견이 같다

769 We're so graveled now because we totally put the cart before the horse. We're about to have a meltdown. Ignorance is bliss, so just don't ask.

우리 지금 일의 순서를 완전히 뒤바꿔 놔서 잔뜩 신경질 나 있어. 자제력을 잃어 버릴 것만 같아. 모르는 게 약이니까 그냥 묻지 마.

gravel 신경질 나게 하다 | put the cart before the horse 본말을 전도하다, 일의 순서를 뒤바꿔서 하다, 얼토당토않은 짓을 하다 | meltdown 자제력을 잃은 상태 | ignorance is bliss 모르는 게 약이다

770 I'm living it up in Santa Monica. Yesterday I went to a shindig and had so much fun setting off squibs and Roman candles.

나 산타모니카에서 신나게 살고 있어. 어젠 파티에 가서 폭죽들을 터트렸는데 너무 재밌었어.

live it up 신나게 살다 | shindig (성대한) 파티, 연회 | set off 터트리다, 점화하다 | squib (작고 불이 붙으면 쉬익 소리를 내는) 폭죽 | Roman candle (원기둥 모양의) 폭죽, 원통형 꽃불

771 The concert has been put on ice. They say that a speaker's out of commission because a roadie dropped it. People will probably get testy.

콘서트 지연됐어. 지방 공연 매니저가 스피커를 떨어트려서 고장 났대. 사람들이 짜증 내겠네.

> **put ~ on ice** ~를 일시적으로 보류하다, 지연시키다 | **out of commission** 고장난, 못쓰게 된, 사용 불능의 | **roadie** (장비들을 옮겨 주고 설치해 주는) 지방 공연 매니저 | **testy** 짜증을 잘 내는

772 In her infinite wisdom, she wants to be the guinea pig. Someone in the know told me that. She probably has an ax to grind.

대체 왜인진 모르겠지만 걔가 실험 대상이 되고 싶대. 그쪽 방면에서 잘 아는 사람이 나한테 말해 주더라고. 걔 분명히 무슨 다른 속셈이 있을 거야.

> **in one's infinite wisdom** 대체 왜인진 모르겠지만 | **guinea pig** 실험 대상 | **in the know** (어떤 방면에서 대부분 사람들보다) 더 잘 알고 있는 | **ax to grind** 다른 속셈

773 I met the woman after my own heart. We let our hair down, just shooting the bull about the referendum.

그 마음 잘 통하는 여자를 만났어. 그냥 이번 총선에 대해서 수다 떨면서 느긋하게 시간 보냈어.

> **after your own heart** 마음이 잘 통하는 | **let your hair down** 느긋한 시간을 보내다 | **shoot the bull** 수다를 떨다, 잡담을 하다 | **referendum** 국민 투표, 총선

774 Travelers are marooned on a desert island due to a waterspout. It seems like the rescue team is shooting the works to get them out of harm's way.

여행자들이 물기둥 땜에 무인도에 고립됐어. 그 사람들을 안전한 곳으로 데려가려고 구조대가 전력을 다하고 있나 봐.

maroon (섬 같은 곳에) 고립시키다, 고립무원이 되게 하다 | waterspout 용오름, 물기둥 | shoot the works 최선을 다하다, 전력을 다하다 | out of harm's way 안전한 곳으로

775 I almost shuffled off this mortal coil a minute ago. A stark raving mad motorcycle barreled toward me and it could barely screech to a halt right before crashing into me.

조금 전에 나 죽을 뻔했어. 완전히 미친 오토바이가 나한테 질주하면서 달려 왔는데 충돌하기 바로 직전에 겨우겨우 끽 하고 섰어.

shuffle off this mortal coil 죽다 | stark raving mad 완전히 미친 | barrel (통제가 안될 정도로 빠르게) 질주하다 | screech to a halt 끽 소리를 내면서 멈추다, 급정지하다

776 Why don't you pore over the stipulations in the contract before it becomes a done deal? Someone around me got totally taken to the cleaners because she had signed a wrong contract.

거래 성립되기 전에 계약서의 조항들 한번 자세히 읽어 봐. 내 주위에 계약서 사인 잘못해서 완전히 쪽박 찬 사람 있어.

pore over ~ ~를 자세히 읽다, 소상히 읽다, 세세히 보다 | stipulation (계약서 등의) 조항, 명기, 약정 | done deal 거래 성립, 변경 불가능한 일, 기정사실 | take ~ to the cleaners (돈을 몽땅 훔쳐서) ~를 쪽박 차게 만들다

777 I think next year is gonna be a banner year. The promotion is already in the bag. I got in on the ground floor, so I guess I'm riding a wave of that.

내년은 아주 성공적인 한 해가 될 것 같아. 승진이 벌써 보증된 상태야. 내가 일에 처음부터 관여를 해서 거기서 혜택을 누리는 것 같아.

> **banner year** 아주 성공적인 한 해, 풍년 | **in the bag** (성공이나 당선 등이) 보증된 | **get in on the ground floor** 일에 처음부터 관여하다, 처음부터 가담하다 | **ride a wave of ~** ~의 혜택을 누리다

778 When I was knocking it out of the park, people jumped out of their skin because everyone thought I was a clodhopper. It was one for the books.

내가 기대 이상으로 아주 잘 해내니까 사람들이 놀라서 펄쩍 뛰더라고. 다들 내가 서투른 줄만 알았거든. 기록해 둘 만한 일이었어.

> **knock it out of the park** 기대 이상으로 아주 잘 해내다 | **jump out of your skin** 놀라서 펄쩍 뛰다 | **clodhopper** 서투른 사람, 투박한 사람 | **one for the books** 기록해 둘 만한 일, 대서특필할 만한 사건

779 It was a bus of the first water. It was packed to the gunwales. I was sandwiched between people and it was even hard to wriggle.

버스가 최악이었어. 완전히 만원이었어. 사람들 사이에 빠듯이 껴서 꿈틀거리기조차 힘들었어.

> **of the first water** (반어적으로) 최악의 | **packed to the gunwales** 완전히 만원인, 최대한으로 꽉 찬 | **sandwich ~ between ~** ~를 ~ 사이에 빠듯이 끼우다 | **wriggle** 꿈틀거리다, 굼실거리다, 서성대다

780 He's a worker to be reckoned with. He's been a man Friday for a long time. And he carries a lot of weight among the other workers. We can't easily put someone like that out to pasture.

저분은 무시할 수 없는 직원이야. 오랫동안 충실한 하인이었어. 다른 직원들 사이에서 영향력도 크고. 저런 분은 쉽게 은퇴시킬 수 없지.

to be reckoned with 무시할 수 없는 존재인 | man Friday 충실한 하인, 충복, 헌신적인 조력자, 충심을 가진 종 | carry weight 영향력이 있다 | put ~ out to pasture (노령 등의 이유로) 은퇴시키다, 한직으로 내쫓다

781 I think it's just a fib, but we don't have a leg to stand on. So let's just quietly give her the benefit of the doubt rather than shoot from the hip.

그냥 사소한 거짓말 같은데 우리가 그걸 증명할 방법이 없어. 그러니까 성급하게 반응하기보단 그냥 조용히 걔 말 믿어 주자.

fib 사소한 거짓말 | not have a leg to stand on 증명할 수가 없다 | give ~ the benefit of the doubt (그렇지 않음을 증명할 수 없기 때문에) ~의 말을 믿어 주기로 하다 | shoot from the hip 성급하게 반응하다

782 Sometimes I wanna live an Arcadian life. Taking a walk in tall timber every day would even rejuvenate centenarians.

가끔은 목가적인 이상향의 삶을 살고 싶네. 사람들이 살지 않는 우거진 숲에서 매일 산책을 하면 100세 이상인 사람들도 다시 젊어진 기분이 들 거야.

Arcadian 목가적인 이상향의 | tall timber 사람들이 살지 않는 우거진 숲 | rejuvenate 다시 젊어 보이게 하다, 다시 젊어진 기분이 들게 하다 | centenarian 100세 이상인 사람

783 Her character really came out of left field. She claims that she has second sight and she tries to second-guess the future in the dead of night, week in, week out.

쟤 성격 정말 별나. 자신한테 미래를 내다보는 초능력이 있다 주장하고, 매주마다 다들 잠든 한밤중에 미래를 예측하려고 해.

come out of left field 별난 | second sight 미래를 내다보는 초능력, 멀리 있는 곳에서 일어나는 일을 스스로 알아차리는 초능력 | second-guess 예측하다 | in the dead of night 모두가 잠든 한밤중에 | week in, week out 매주마다

784 The odds are highly with him. He's a professional of the first magnitude. Challenging him would be just like turkeys voting for Christmas. However, if you still wanna do it, on your head be it!

개한테 승산이 많이 높아. 걘 일류 프로야. 걔한테 도전하는 건 그냥 자멸 행위야. 근데 그래도 하고 싶다면 다 네 책임이야!

the odds are with ~ ~한테 승산이 더 높다 | of the first magnitude 일류의, 굉장히 중요한 | like turkeys voting for Christmas 자멸 행위 | on your head be it! (네가 결정해서 한 일이니까 설령 안 좋아져도) 다 네 책임이야!

785 I don't like to be a buzzkill, but I'm on the wagon. I even draw the line at a small nightcap these days.

분위기 깨기 싫긴 한데 나 금주 중이야. 요새 간단한 밤 술 한 잔도 안 마셔.

buzzkill 분위기를 깨는 사람 | on the wagon 금주 중인 | draw the line at ~ ~를 하길 거부하다 | nightcap (잠자기 바로 전에 마시는) 밤 술 한 잔

786 It's fun to strum on a guitar and croon. I've heard that you're so good at noodling. If we go through that trapdoor, there's an attic. That's the place.

기타 치면서 부드럽게 노래하는 거 재미있지. 너 즉흥적으로 악기 타는 거 그렇게 잘한다면서? 저 수평 문으로 들어가면 다락방이 나와. 거기서 하자.

strum (기타 등을) 치다, 통기다 | croon (감상적으로) 부드럽게 노래하다 | noodle 즉흥적으로 악기를 타다 | trapdoor (바닥이나 천장에 있는) 수평 문 | attic 다락방

787 I don't turn tail. I'll take up the gauntlet with bells on. Don't regret after you gave in.

난 꽁무니 빼지 않는다. 기꺼이 도전을 받아 주마. 항복하고 나서 후회하지 마.

turn tail 꽁무니를 빼다 | take up the gauntlet 도전을 받아들이다 | with bells on 기꺼이 | give in 항복하다, 굴복하다

788 Everybody dreams of their Prince Charming or Mary Sue, but a slew of them end up having a hard time looking for John Doe or Jane Doe, so be careful.

다들 백마 탄 왕자님이나 꿈속의 공주님을 꿈꾸지만 결국 보통 남자나 보통 여자를 찾는 것조차 힘들어하는 사람들도 많으니까 조심해.

Prince Charming 백마 탄 왕자님 | Mary Sue 꿈속의 공주님 | slew 많음, 다수 | John Doe 보통 남자 | Jane Doe 보통 여자

789 Hey, tykes! Stop jostling for the gloves and scoot over. And push in the skiing paraphernalia.

야, 꼬맹이들! 서로 글러브 차지하려고 싸우지 말고 자리 더 좁혀서 앉아. 스키 용품 안으로 밀어 넣고.

tyke 아이, 꼬맹이 | jostle for ~ ~를 서로 차지하려고 싸우다 | scoot over 자리를 더 좁혀서 앉다 | paraphernalia (특정한 활동에 쓰이는) 용품

790 We have to get off on the right foot. Making them cool their heels is the last thing I wanna do. Leastways, let's get there on the dot.

처음부터 관계를 잘 맺어야 돼. 그 사람들 오래 기다리게 하면 절대로 안 돼. 최소한 정확한 시간에 도착하자.

get off on the right foot 처음부터 관계를 잘 맺다, 순조롭게 출발하다 | cool one's heels 오래 기다리다 | leastways 적어도, 최소한 | on the dot 정확히 시간에 맞춰서

791 That's a really enigmatic cold case. Even brainiacs couldn't unravel it and everybody kicked the can down the road.

그거 정말 수수께끼 같은 미해결 사건이야. 천재들도 풀지 못한 거고, 다들 문제를 뒤로 미뤄 둔 상태야.

enigmatic 수수께끼 같은 | cold case 미해결 사건 | brainiac 천재 | unravel (미스터리 등을) 풀다 | kick the can down the road (힘든) 문제를 뒤로 미뤄 두다

792 They sent me an ultimatum, but I'll just let it run its own course like water. Let the chips fall where they may. Sometimes you've got to know how to go out on a limb.

개들이 나한테 최후통첩을 보냈는데 그냥 물 흐르듯이 자연스럽게 흘러가게 내버려 둘 거야. 결과가 어찌되건 상관없어. 가끔은 위험하게 홀로 설 줄도 알아야지.

ultimatum (경고의 의미로) 최후통첩 | run its course (방해를 받지 않고) 자연스럽게 흘러가다 | let the chips fall where they may 결과가 어찌되건 상관없다 | out on a limb (다른 사람들의 생각과 달라서) 위험하게 홀로 서는

793 You keep running around in circles and going back to square one because that's not your long suit. Find something that you can really turn your hand to.

그게 네 특기가 아니니까 계속 별 소득 없이 부산만 떨다가 원점으로 되돌아오는 거지. 네가 정말 잘할 수 있는 걸 찾아.

run around in circles 별 소득은 없이 부산만 떨다 | back to square one (아무런 진전 없이) 원점으로 되돌아오기 | long suit 장점, 특기 | turn your hand to ~ ~를 잘하다

794 Stop gnawing at your fingernails. It's unhygienic for you and also the clacking sound jangles my nerves.

손톱 좀 그만 물어뜯어. 너한테도 비위생적이고 딱딱거리는 소리가 내 신경을 곤두서게 만들기도 해.

gnaw (반복해서 계속) 물어뜯다 | unhygienic 비위생적인 | clack 딱딱거리는 소리를 내다 | jangle (신경을) 곤두서게 하다

795 We're gonna houseclean because the house's too scuzzy. Turn on the ventilator and clean every nook and cranny. Also, fluff up the pillows.

집이 너무 지저분해서 대청소를 할 거야. 환풍기 틀고 구석구석 다 닦아. 그리고 베개들도 흔들어서 푹신하게 부풀려 놔.

scuzzy 지저분한 │ ventilator 환풍기 │ every nook and cranny 구석구석 │ fluff up (흔들거나 빗질을 해서) 푹신하게 부풀리다

796 The dinghy turned turtle and got waterlogged. We plodded up hillocks with our clothes bedraggled.

그 소형 보트가 뒤집혀서 물에 잠겨 버렸어. 우리 흠뻑 젖은 채로 작은 언덕들을 터벅터벅 걸어 올라왔어.

dinghy 소형 보트 │ turn turtle 뒤집히다, 전복하다 │ waterlogged 물에 잠긴 │ plod 터벅터벅 걷다 │ hillock 작은 언덕 │ bedraggled 흠뻑 젖은

797 I'm not a greenhorn. I had an inkling that you were a grifter at the very jumping-off point.

나 잔챙이 아니다. 맨 처음부터 네가 사기꾼인 거 눈치챘었어.

greenhorn (속기 쉬운) 애송이, 송사리, 잔챙이, 풋내기 │ have an inkling 눈치채다 │ grifter (작은 규모의) 사기꾼 │ jumping-off point 출발점, 처음

798 He thumbed his nose at you first, calling you a sap, but you laced into him too. So just call it quits.

쟤가 먼저 널 멍청이 같다면서 비웃긴 했지만 너도 쟤를 공격했잖아. 그러니까 그냥 비긴 걸로 하고 그만 싸워.

thumb one's nose at ~ ~를 비웃다 │ sap 멍청이 │ lace into ~ ~를 공격하다 │ call it quits 비긴 걸로 하고 그만 싸우기로 하다, ~를 그만하기로 하다

799 She really went rah-rah when she was rooting for the team. I didn't know she was a pistol. It was a world away from her usual image.

걔 그 팀 응원할 때 진짜 열광적이더라. 난 걔가 그렇게 기운이 넘치는 줄 몰랐어. 평소의 이미지하곤 완전 천지 차이였어.

rah-rah 굉장히 열광적인 | **root for** ~ ~를 응원하다 | **pistol** 기운이 굉장히 넘치는 사람 | **a world away from** ~ ~하고는 완전 천지 차이인

800 There's a rainmaker who's just the ticket. She has achieved so many things in a short spell and she can really help you hang out your shingle.

딱 알맞은 실적 우수자가 하나 있어. 짧은 기간에 아주 많은 걸 성취한 사람이고, 네가 개업하는 걸 정말 크게 도와줄 수 있는 사람이야.

rainmaker 실적 우수자 | **just the ticket** (어떤 상황에서) 딱 필요한 바로 그것, 딱 알맞은 것 | **a short spell** 짧은 기간 | **hang out one's shingle** (의사나 변호사 등이) 개업을 하다

801 **He's dozing off after just plunking down on the sectional. He's such a sleepyhead as we all know.**

재 그냥 소파에 털썩 주저앉고선 졸고 있어. 역시 잠꾸러기네.

doze off 졸다 | plunk down 털썩 주저앉다 | sectional (분리형) 소파 | sleepyhead
잠꾸러기

802 **What's your beef? I'm just asking you, steering a middle course. Why are you gnashing your teeth and ragging on him?**

네 불만이 뭐야? 난 중간 입장 취하면서 그냥 물어보는 거야. 왜 이를 갈고 걔한테
불평하는 거야?

beef 불만, 불평 | steer a middle course 중간 입장을 취하다 | gnash your teeth (화가
나서) 이를 갈다 | rag on ~ ~에게 불평을 하다

803 **The gig became a total flop. It only had an excessive spiel. They had to paper the house.**

그 공연은 선전할 때 연설만 거창했고 완전히 실패작이 돼 버렸어. 입장권을 무료로
나눠 줘서 자리를 채웠어.

gig 공연 | flop 실패작 | spiel (무엇을 사라고) 선전할 때 쓰는 연설 | paper the house
(팔리지 않았기 때문에) 입장권을 무료로 나눠 줘서 자리를 채우다

804 Let's talk about the rise and fall of the revered king. Everybody had taken a dim view of him in the beginning, but there were wheels within wheels that eventually made him bask in great honor.

숭배받던 그 왕의 발흥과 몰락에 대해서 얘기해 보자. 처음엔 다들 그 왕을 별로 안 좋게 봤지만 그 사람이 결국 위대한 명예를 누릴 수 있게 만들었던 얽히고 설킨 복잡한 사정들이 있었어.

revere 몹시 존경하다, 숭배하다 | take a dim view of ~ ~를 별로 안 좋게 보다 | wheels within wheels 얽히고 설킨 복잡한 사정들 | bask in ~ ~를 누리다

805 I've just seen a guy from our neck of the woods. We had a chipper talk for a while after giving a head bob to each other. He said he'd come to see the World Heritage Site with his family just like us.

방금 우리 지역 사람을 봤어. 서로한테 고개를 까딱 인사해 주고 잠시 쾌활하게 대화 좀 나눴어. 그 사람도 우리처럼 가족하고 세계 문화 유산을 보러 왔대.

neck of the woods (어떤 특정한) 지역 | chipper 명랑한, 쾌활한 | bob 까딱거림 | World Heritage Site 세계 문화 유산

806 You're being a mouse potato all day. Don't you feel cooped up and as stuffy as they come? Why don't you go out and take a stroll?

하루 종일 컴퓨터만 하네. 막 갇혀 있는 것 같고 굉장히 답답하지 않아? 나가서 산책이라도 하고 와.

mouse potato 컴퓨터 앞에서 많은 시간을 보내는 사람 | cooped up 갇혀 있는 | as ~ as they come 굉장히 | stroll 산책

807 Now we have to put our shoulder to the wheel for hours to make the latticework fence, so use the tools gingerly. Better safe than sorry.

우리 이제 몇 시간 동안 온 힘을 다 쏟아서 격자 모양 울타리를 만들어야 되니까 연장들 조심조심 사용해. 나중에 후회하는 것보단 조심하는 게 나아.

put one's shoulder to the wheel 온 힘을 다 쏟다 | latticework 격자 모양 | gingerly 조심조심 | better safe than sorry 나중에 후회하는 것보단 조심하는 게 낫다

808 She was a real skeleton at the feast. She kept griping alone while all the others were sharing tidbits and she didn't even have the decency to help the elderly people.

걔 진짜 분위기 깨더라. 남들 다 재밌게 얘기할 때 혼자서만 계속 불평해 대고, 어르신들을 도울 만큼 사람이 돼먹지도 못했어.

skeleton at the feast (즐거운 곳에서) 분위기를 깨는 사람 | gripe 불평을 해 대다 | tidbit (짧고) 재미있는 얘기 | not have the decency to ~ ~를 할 만큼 사람이 돼먹질 못하다

809 I was really mad to bits when the dirty juicehead was hitting on my date. I was thinking of beating the guy to a pulp.

그 더러운 알코올 중독자가 내 데이트 상대한테 수작 걸었을 때 나 정말 대단히 화났어. 묵사발이 되게 패 버릴까 생각 중이었어.

to bits 대단히 | juicehead 알코올 중독자, 술고래 | hit on ~ ~한테 수작을 걸다 | beat ~ to a pulp ~를 묵사발이 되게 패다

810 So near and yet so far. However, it's an ill wind that blows nobody any good. If you learn from your mistakes, then it may pack a harder punch than a flash in the pan.

아깝게 실패했네. 근데 아무리 안 좋은 일이라도 좋은 점은 있길 마련이지. 만약 네 실수들에서 배움을 얻으면 반짝 성공보다 더 강력한 효과를 낼 수도 있어.

so near and yet so far 아깝게 실패한 경우 | it's an ill wind that blows nobody any good 아무리 안 좋은 일이라도 좋은 점은 있길 마련이다 | pack a punch 강력한 효과를 내다 | a flash in the pan 반짝 성공

811 I don't care whether others run it down or not. I think it's a real wrinkle. There're always people with sour grapes on every corner.

남들이 헐뜯든 말든 상관없어. 내가 볼 때 그건 정말 묘안이야. 원래 배 아파서 악담 하는 사람들은 항상 어디나 있어.

run ~ down ~를 헐뜯다 | wrinkle 묘안 | sour grapes (자신이 가질 수 없거나 못하기 때문에) 배가 아파서 악담을 하는 것 | on every corner 어디서나

812 What beats me is how the glitch got snowballed before we know where we are.

내가 도저히 이해가 안 가는 건 어떻게 그 작은 문제가 눈 깜짝할 사이에 그렇게 빨리 커졌지?

what beats me is 내가 도저히 이해가 안 가는 건 | glitch 작은 문제 | snowball 빠르게 커지다 | before ~ knows where ~ is 눈 깜짝할 사이에

813 This teeny-weeny bundle of joy must be a sight for sore eyes. I believe she's gonna be a rare bird in the future because she's got so beautiful eyes.

이 조그마한 갓난아이는 보기만 해도 즐거우시겠어요. 눈이 아주 예쁜 게 미래에 보기 드문 인물이 되겠어요.

teeny-weeny 조그마한 | bundle of joy 갓난아이 | a sight for sore eyes 보기만 해도 즐거운 것 | a rare bird 보기 드문 인물이나 물건

814 He's pretty quick off the mark, but he's just a jack of all trades. If you're not sensational at something, then you're just a fifth wheel.

걔 상황 대처가 꽤 빠르긴 한데 그냥 많은 걸 할 줄만 알지 뛰어나게 잘하는 건 하나도 없어. 아주 훌륭한 뭔가가 있지 않으면 그냥 무용지물이야.

quick off the mark 상황 대처가 빠른 | a jack of all trades 많은 것을 할 줄 알지만 뛰어나게 잘하는 건 하나도 없는 사람 | sensational 아주 훌륭한 | fifth wheel 불필요한 사람이나 물건, 무용지물

815 I don't feel giddy and the raspy voice is on the wane. I think I'm gonna be perfectly A-OK soon. Ah, I hate epidemics so much.

어지럽지 않고 쉰 것 같은 목소린 줄어들고 있어. 금방 완전히 괜찮아질 것 같아. 아, 유행병 진짜 싫다.

giddy 어지러운 | raspy (목이) 쉰 것 같은 | on the wane 시들해지는, 줄어드는 중인 | A-OK 괜찮은, 좋은 | epidemic 유행병

816 You're having tunnel vision now. I know you're in the hot seat now, but as a breadwinner, it's not good to just jump in at the deep end like that.

넌 지금 시야가 좁아. 지금 네 입장이 아주 어려운 건 아는데 한 집안의 생계비를 버는 가장으로서 그렇게 그냥 준비도 안 된 채 힘든 일에 뛰어들면 안 좋지.

tunnel vision (어떤 문제에 관해서) 시야가 좁음 | in the hot seat 아주 어려운 입장에 있는 | breadwinner 집안의 생계비를 버는 가장 | jump in at the deep end 준비도 안 된 채 힘든 일에 뛰어들다

817 He talks tall about how his wife will be unable to even come back at him, but I think he'll be henpecked for some reason. I've seen many people getting tied to their wife's apron strings after saying things like that.

걔 마누라를 대꾸도 못 하게 만들 거라면서 대포를 놓는데 왠지 마누라 치마폭에서 놀아날 것 같아. 그런 말 하다가 아내한테 꽉 잡혀서 사는 사람 많이 봤어.

talk tall 큰소리치다, 대포를 놓다 | come back at ~ ~한테 대꾸하다 | be henpecked (혼나고 지시를 받으면서) 마누라의 치마폭에서 놀아나는 | tied to one's wife's apron strings 아내한테 꽉 잡혀서 사는

818 Come hell or high water, I'm gonna see it through. I feel my oats when I picture myself being on a roll in the future.

무슨 일이 있어도 끝까지 해내고 말 거야. 미래에 승승장구하고 있는 내 모습을 상상하면 힘이 넘친다.

come hell or high water 무슨 일이 있어도 | see ~ through (포기하지 않고) ~를 끝까지 해내다 | feel one's oats 힘이 넘치다 | be on a roll 승승장구하고 있다

819 Trim your fingernails before you start mingling with people. You made an exhibition of yourself last time because of them. There're lots of sticklers for cleanliness. Do you want me to lend you nail clippers?

돌아다니면서 사람들하고 어울리기 전에 손톱 좀 다듬어. 너 접때 그것 땜에 개망신을 당했잖아. 청결에 까다로운 사람들 많아. 손톱깎이 빌려줘?

trim 다듬다 | mingle (행사 같은 곳에서) 돌아다니면서 이 사람 저 사람하고 어울리다 | make an exhibition of oneself 개망신을 당하다, 가관이다, 꼴불견이 되다 | stickler 까다로운 사람 | nail clippers 손톱깎이

820 Be careful when you gyrate your wrists with the nunchakus. Don't whomp yourself and squall again.

그 쌍절곤 들고 손목 빙빙 돌릴 때 조심해. 또 네 자신을 탁 치고선 악을 쓰며 울지 말고.

gyrate 빙빙 돌리다 | nunchaku 쌍절곤 | whomp 탁 치다 | squall 악을 쓰면서 울다

821 **They've shot their bolt, so they're worn to a frazzle now. On the other hand, we've been saving energy, so if we pull an explosive switcheroo in the second half, we can easily wallop them.**

쟤네 이미 모든 걸 다 쏟아부어서 지금 기진맥진한 상태야. 반면에 우린 힘을 아껴 왔으니까 이제 후반전 때 갑작스럽게 폭발적으로 변화를 주면 쟤들 쉽게 완파할 수 있어.

have shot your bolt 가진 걸 다 써 버리다, 이미 모든 걸 다 쏟아부었다 | **worn to a frazzle** 기진맥진한 | **switcheroo** 갑작스런 돌변함, 예기치 못한 변화 | **wallop** 완파하다

822 **He's the big kahuna of the upper crust who is being investigated for a slush fund. He really does look like a white hat.**

저 남자가 비자금 땜에 조사받고 있는 그 상류층 거물이야. 겉은 정말 정의로워 보이는데.

big kahuna 거물 | **the upper crust** 상류층 | **slush fund** 비자금 | **white hat** 정의로운 사람

823 **Are they still trying to talk you into it? Just refuse them point-blank and keep them at bay if they keep pestering you.**

그 사람들 아직도 널 꼬시려고 해? 자꾸 성가시게 굴면 그냥 딱 잘라서 거절하고 더 이상 너한테 가까이 오지 못하게 막아.

talk ~ into ~ ~가 ~를 하도록 꼬시다 | **point-blank** 딱 잘라서 말하는 | **keep ~ at bay** 더 이상 ~가 가까이 오지 못하게 막다 | **pester** (특히 자꾸 부탁을 하면서) 성가시게 굴다

824 Don't you think that just sounds like some guff? Did you get it straight from the horse's mouth? I think that's just some garden-variety hot air.

그냥 실없는 소리 같지 않아? 믿을 만한 소식통으로부터 들었어? 그냥 흔해빠진 허풍 같아.

guff 실없는 소리 | from the horse's mouth 믿을 만한 소식통으로부터 | garden-variety 흔해빠진 | hot air 허풍

825 Give me a greenback. I think I'm gonna be good at this claw machine. Scout's honor. I think I can pull it off on cruise control.

지폐 하나 줘 봐. 나 이 인형 뽑기 게임 잘할 것 같아. 정말이야. 뚝딱 해낼 수 있을 것 같아.

greenback (미국의 달러) 지폐 | claw machine 인형 뽑기 게임 | Scout's honor 정말이야, 맹세해 | pull ~ off ~를 해내다 | on cruise control 힘 안 들이고 아주 쉽게, 뚝딱

826 They're getting reconciled after all, giving some skin and bro hugs to each other. They talked smack to each other so much and even came to blows over that.

쟤들 결국 서로 악수하고 안아 주면서 화해하네. 서로를 그렇게 헐뜯어 대다가 주먹다짐까지 벌이더만.

reconcile 화해시키다 | give some skin (손바닥을 비비면서) 악수를 해 주다 | bro hug (주로 남자들끼리) 한 손은 악수를 하고 다른 한 손으로 안는 것 | talk smack 헐뜯다 | come to blows over ~ ~ 때문에 주먹다짐을 벌이다

827 Shut your yap. Stop driveling and putting my back up. Do you have time on your hands?

입 다물어. 계속 쓸데없는 말 하면서 짜증 나게 굴지 마. 시간 남아돌아?

shut your yap 입 다물어 | drivel 쓸데없는 말을 계속하다 | put one's back up ~를 짜증 나게 하다 | have time on one's hands 시간이 남아돌다

828 That stemware cup on the coaster is filled to the brim, so watch out. And don't drink it. It'll taste like dishwater.

컵받침 위에 있는 저 손잡이 가늘고 긴 컵 맨 위 끝부분까지 채워졌으니까 조심해. 그리고 마시진 마. 묽어서 맛이 없을 거야.

stemware 손잡이가 가늘고 긴 유리잔들을 총괄적으로 일컫는 명칭 | coaster 컵받침 | brim (컵, 사발 등의) 맨 위 끝부분 | like dishwater 물을 너무 많이 타서 싱거운, 묽어서 맛이 없는

829 The play is pretty tacky. All it does is satirizing people with leverage and I somehow feel like that it's throwing other people under the bus.

그 연극 좀 싸구려 같아. 하는 거라곤 영향력 있는 사람들을 풍자하는 것밖에 없는데 왠지 자신이 득을 얻으려고 남들을 희생시키는 것 같아.

tacky 싸구려 같은 | satirize 풍자하다 | leverage 영향력, 지렛대의 사용 | throw ~ under the bus 자신이 득을 얻기 위해서 ~를 희생시키다

830 First of all, investigate the prison breaker's nearest and dearest. And there must be a confederate who sprung him or it doesn't fall into place.

우선 그 탈옥수의 가장 가까운 사람들부터 조사해. 그리고 분명히 탈옥을 도와 준 공범이 있을 거야. 그렇지 않으면 앞뒤가 안 맞아.

your nearest and dearest 가장 가까운 사람들 | confederate 공범 | spring 탈출을 돕다, 탈옥을 돕다 | fall into place 앞뒤가 맞다, 딱 맞아떨어지다

831 Read my lips. Please deep-six that madcap plan. You don't stand the ghost of a chance.

내 말 잘 들어. 제발 그 무모한 계획을 포기해. 조금도 가망이 없어.

read my lips 내 말 잘 들어 | deep-six (계획 등을) 포기하다 | madcap (계획 등이) 무모한 | not stand the ghost of a chance 조금도 가망이 없다, 싹수가 노랗다

832 Choice food is on the house here in the groomsman's restaurant. I find this poached salmon exceptionally toothsome.

여기 신랑 들러리의 식당에서 아주 질 좋은 음식이 무료로 제공되고 있어. 난 이 졸인 연어가 특별히 더 맛이 좋은 것 같아.

on the house 무료로 제공되는 | **groomsman** 신랑 들러리 | **poach** (특히 생선을) 졸이다 | **toothsome** 맛 좋은

833 Squee! Good riddance to him! He always goaded peeps into fights with a jaundiced eye.

야호! 걔 안 보게 돼서 속이 다 시원하다! 걔 맨날 삐뚤어진 시선으로 사람들을 싸울 때까지 들들 볶았잖아.

squee! (큰 기쁨을 나타낼 때) 야호! | **good riddance to ~** ~를 안 보게 돼서 속이 다 시원하다 | **goad** (어떤 행동이나 반응을 보일 때까지) 들들 볶다 | **jaundiced eye** 삐뚤어진 시선

834 The turbot and the stock are mouthwatering. I wanna have some of them as a refection.

이 가자미랑 육수가 군침 돌게 하네. 간단한 식사로 조금만 먹고 싶다.

turbot 넙치, 가자미 | **stock** 육수 | **mouthwatering** 군침 돌게 하는 | **refection** 간단한 식사

835 My granny's a hunt-and-peck typist. She's a crowning sewer, but she's all thumbs when she's typing.

할머니 독수리 타법 써요. 바느질은 최고인데 타자를 칠 땐 손재주 없어요.

granny 할머니 | **hunt-and-peck** 독수리 타법의 | **crowning** 최고의 | **all thumbs** 손재주가 없는

836 Your friend's shedding tears after getting shellacked by you. Go and offer him your commiserations rather than crowing about the victory.

네 친구가 너한테 맥없이 지고 나서 눈물 흘리고 있어. 이긴 걸 자랑해 대기보단 가서 위로 표현 좀 해 줘.

shed tears 눈물을 흘리다 | shellac 간단히 이기다, 흠씬 두들겨 패다 | commiseration (시합에서 진 사람한테 해 주는) 위로의 표현 | crow (남은 실패한 마당에 자신이 성공한 것을) 자랑해 대다

837 Your shopping bag bristles with stuff. Do you want to pay in a lump sum or in installments? Any old choice would be fine.

쇼핑백이 물건들로 꽉 차 있네요. 일시불로 하실래요 아니면 할부로 하실래요? 아무거나 하셔도 돼요.

bristle with ~ ~로 꽉 차 있다, ~가 아주 많다 | pay in a lump sum 일시불로 내다 | pay in installments 할부로 계산하다, 분납하다 | any old 어떤 ~라도

838 I do a lot of things on autopilot, such as walking back and forth with my head in the clouds or warbling in a piping voice.

왔다 갔다 하면서 엉뚱한 생각을 한다든지 아니면 높은 목소리로 노랠 한다든지 나도 모르게 자동으로 하는 행동들이 꽤 많지.

on autopilot (많이 해 오던 일이라서) 자신도 모르게 자동으로 하는 | have your head in the clouds 엉뚱한 생각을 하다 | warble (높고 불안정한 목소리로) 노래하다 | piping voice 높은 목소리

839 He says he flaked out dead to the world after drinking a Mickey Finn and when he woke up, he was stone broke.

몰래 약을 탄 음료를 마시고 나서 세상 모르게 곯아 떨어졌대요. 그러고 깨어서 보니까 빈털터리가 돼 있었대요.

flake out 곯아 떨어지다 | dead to the world 세상 모르게 잠든, 숙면 중인, 곤히 자는 | Mickey Finn (상대방을 재우기 위해서) 몰래 약을 타서 주는 음료 | stone broke 완전히 파산한, 빈털터리의

840 Can't we back-burner the work? On a hot day like this, I just wanna play in water with my homies and take a siesta in a log cabin.

일 좀 잠시 제쳐둘 수 없나? 이렇게 더운 날엔 그냥 친구들하고 물놀이 좀 하다가 통나무집에서 낮잠이나 자고 싶네.

back-burner 잠시 제쳐두다, 잠시 뒤로 미루어 놓다 | homie (같이 뭉쳐 다니는) 친구 | siesta (특히 더운 나라에서 가장 더울 때 자는) 낮잠 | log cabin 통나무집

841 You know, if you keep skating over the problems, things can't shape up well. If you don't wanna tread water forever, shore up the weaknesses.

> 문제들을 계속 피하기만 하면 일들이 좋게 전개될 수가 없지. 평생 제자리걸음만 걷기 싫으면 단점들을 강화해.

skate over (곤란한 문제 등을) 피하다 | **shape up** 되어 가다, 전개되다 | **shore ~ up** ~를 강화하다 | **tread water** (진전을 못 보이면서) 제자리걸음을 걷다

842 We did a jam session since it was such a balmy day and we did a fantabulous job. People were rapt.

> 날씨도 따뜻하고 해서 즉흥 연주회를 했는데 아주 훌륭하게 해냈어. 사람들이 완전히 몰입됐어.

jam session (재즈나 락의) 즉흥 연주회 | **balmy** (날씨가) 따뜻한, 온화한 | **fantabulous** 아주 훌륭한, 아주 멋진 | **rapt** 완전히 몰입이 된

843 As soon as she saw us, she was pulled up short with a discombobulated look. Then she fidgeted and sidled.

> 걔 우릴 보자마자 혼란스런 표정으로 하던 일을 갑자기 딱 멈췄어. 그러고는 꼼지락거리면서 옆걸음질을 치더라고.

pull ~ up short 하던 일을 갑자기 딱 멈추게 하다 | **discombobulated** 혼란스러운 | **fidget** (초조함, 지루함 등으로) 꼼지락거리다 | **sidle** (조심스럽게) 옆걸음질을 치다

844 **This is between you, me, and the bedpost, he secretly carries a torch for a tomboy. So he does toing and froing in front of her every day.**

이거 비밀인데, 쟤 어떤 말괄량이 여자애를 몰래 짝사랑해. 그래서 맨날 걔 앞을 왔다리 갔다리 해.

between you, me, and the bedpost 이거 비밀인데 | carry a torch for ~ ~를 짝사랑하다 | tomboy (여자애가 남자애들이 좋아할 만한 것들을 좋아하는) 말괄량이, 왈가닥 | toing and froing 왔다 갔다 함

845 **This building's as old as the hills and it's been terribly defaced. We'll talk to mavens and bring it up to code.**

이 건물 너무 오래됐고 외관도 심하게 손상됐네요. 전문가들한테 얘기해서 최신 건물들에 맞춰 줄게요.

as old as the hills 너무 오래된 | deface (그림이나 낙서 등으로) 외관을 손상하다 | maven 전문가 | bring ~ up to code (리모델링, 재건축 등으로) 낡은 건물을 최신 건물들에 맞추다

846 **No, they're not a match made in heaven. She thinks he's just a meal ticket because he's a soft touch and his wallet's chunky.**

그 사람들 천생연분은 아니야. 남자가 설득하긴 쉽고 지갑은 두툼하니까 여자가 남자를 그냥 밥줄이라고만 생각해.

match made in heaven 천생연분 | meal ticket 밥줄 | soft touch (특히 돈에 관해서) 설득하기 쉬운 사람 | chunky 두툼한

847 Don't try to get the moon on a stick. Take the high road. You may end up in a fiasco if you make a high-stakes move.

모든 걸 다 가지려 하지 마. 제일 순탄한 길로 가. 사활을 건 방식으로 했다간 낭패 볼 수 있어.

moon on a stick (불가능한 것까지 포함한) 모든 것 | take the high road 제일 순탄한 방식으로 하다 | fiasco 낭패 | high-stakes (크게 잃거나 크게 얻는) 완전 망하거나 완전 성공하는 방식의, 사활을 건 방식의

848 My big brother brown-bags it to his work as often as not. He just jumbles this and that and whips it up.

내 형 보통 직장에 점심 싸 갖고 다녀. 그냥 이것저것 막 뒤섞어서 후딱 만들더라고.

brown-bag (학교나 직장 등에) 점심을 싸 갖고 가다 | as often as not 보통, 대체로 | jumble 마구 뒤섞다 | whip ~ up (음식을) 후다닥 만들다

849 She gave him the go-by as soon as she saw him without missing a beat and the situation was pretty peculiar, but I don't know if I'm talking out of turn right now.

걔가 그 남자를 보자마자 주저함도 없이 안면몰수를 하고 지나갔는데 상황이 좀 기이했어. 근데 지금 내가 하지 말아야 될 말을 하는 거 아닌가 모르겠네.

give ~ the go-by ~를 모른 체하고 지나가다, 안면몰수하고 지나가다 | miss a beat (순간적으로) 주저하다 | peculiar (불쾌할 정도로) 기이한 | talk out of turn (눈치 없이) 하지 말아야 될 말을 하다

850 I take umbrage when my arch-rival's near me. He always gives me a run for my money, but I think I'd get satisfied when I totally beat him hollow.

내 최대 라이벌이 내 가까이에 있으면 괜히 기분이 나빠. 우리 맨날 치열한 접전만 벌이는데, 쟤를 완전히 박살을 내 놔야 내 속이 시원할 것 같아.

take umbrage (딱히 별 이유 없이) 불쾌함을 느끼다, 기분 나쁘게 여기다 | arch-rival 최대의 라이벌, 숙명의 라이벌 | give ~ a run for their money 치열한 접전을 벌이게 만들다 | beat ~ hollow ~를 박살 내다, ~를 완전히 패배시키다

851 **I bought some curios at a tag sale. I think the bric-a-brac that we currently have in the house is a dime a dozen.**

중고 물품 세일에서 특이한 수집품들을 좀 샀어. 지금 집에 있는 장식품들은 너무 흔해빠진 것 같아.

curio (작고) 특이한 수집품 | tag sale (자신의 집 차고에서 하는) 중고 물품 세일 | bric-a-brac (작은) 장식품들 | a dime a dozen 너무 흔해 빠진

852 **Wallowing in a degenerate lifestyle can put my head in a noose. That's why I'm trying not to walk right into it.**

타락한 생활 방식에 빠져 있는 건 자신의 몰락을 초래할 수도 있어. 그렇기 땜에 내가 빠지지 않으려고 노력하는 거야.

wallow in (안 좋은 것에) 빠져 있다 | degenerate 타락한 | put one's head in a noose 자신의 몰락을 초래하다 | walk right into ~ (나쁜 상황에) 빠지다

853 **I think you're down in the dumps because you made a lot of clinkers. Your face speaks volumes. To err is human.**

너 음을 많이 틀려서 우울한 것 같아. 네 얼굴이 많은 걸 말하고 있어. 인간이 실수를 하는 건 당연한 거야.

down in the dumps 우울한 | clinker (음악의) 틀린 음 | speak volumes (실제로 어휘를 사용하진 않지만) 많은 것을 말해 주다 | to err is human 인간이 실수를 하는 건 당연하다

854 **I'm not trying to be dicty. I'm really living out my dreams of the jet-set life because I moved from rags to riches.**

나 귀족인 척하려는 거 아니야. 가난뱅이에서 갑부가 돼 버려서 진짜로 제트족 인생의 꿈들을 현실화하고 있어.

dicty 귀족스러운, 귀족인 척하는 | from rags to riches 가난뱅이에서 갑부로 | live out ~ (상상만 해 오던 것을) 현실화하다 | jet-set (돈이 굉장히 많아서 제트기로 여행을 돌아다니는) 제트족

855 It started out with a brannigan between two zonked people. And that eventually caused the whole rabble to fight. I was just on the sidelines.

완전히 취한 두 사람의 말다툼으로 시작됐어요. 그리고 그게 결국 떠들썩한 무리 전체를 싸우게 만들었어요. 전 그냥 옆에서 지켜보기만 했고요.

brannigan 말다툼 | zonked 완전히 취한 | rabble 떠들썩한 무리 | on the sidelines (직접 관여하진 않고) 옆에서 지켜보는

856 Being a boss is not a bed of roses. You have to get the hang of the logistics and be a polymath who knows well about the details.

사장이 되는 게 꼭 즐겁기만 하진 않아. 실행 계획법을 터득해야 되고, 또 세부적인 것들에 대해서 잘 아는 박식한 사람이 돼야 돼.

not a bed of roses 꼭 즐겁기만 한 것은 아닌 | get the hang of ~ ~의 사용법을 터득하다 | logistics (복잡한) 실행 계획 | polymath 박식한 사람

857 They're being too rambunctious, squelching in the mud. Go and tell them to cool off toot sweet.

쟤들 진흙을 질벅거리면서 너무 사납게 날뛰어 대네. 가서 당장 차분하게 굴라고 말해.

rambunctious 사납게 날뛰어 대는 | squelch 질벅거리다 | cool off 차분해지다 | toot sweet 당장, 즉시

858 If you lie through your teeth like that, I think there'll be hell to pay. Just be on the level. Make a right choice beforehand because an ounce of prevention is worth a pound of cure.

그렇게 새빨간 거짓말을 하면 뒤탈이 심할 것 같다. 그냥 정직하게 해. 예방이 치료약보다 나으니까 사전에 선택 잘하고.

lie through one's teeth 새빨간 거짓말을 하다 | hell to pay 심한 뒤탈 | on the level 정직한 | an ounce of prevention is worth a pound of cure 예방이 치료약보다 낫다

859 I've decided to turn over a new leaf. I cross my heart and hope to die. Now I'm gonna stop spinning my wheels and pull out all the stops to be a great man.

나 새사람 되기로 결심했어. 죽음 앞에서 맹세할 수 있어. 이제 시간 낭비 그만하고 위대한 사람이 되기 위해서 온갖 노력을 다할 거야.

turn over a new leaf 새사람이 되다, 행실을 고쳐 먹다 | cross my heart and hope to die 죽음 앞에서 맹세할 수 있어 | spin one's wheels (쓸데없는 짓으로) 시간을 낭비하다 | pull out all the stops 온갖 노력을 다하다

860 He's not a reservist. He's on active duty as a sarge. He earned his stripes from a corporal last month.

걔 예비군 아니야. 병장으로서 현역 복무 중이야. 저번 달에 상병에서 계급 올라갔어.

reservist 예비군 | on active duty 현역 복무 중인 | sarge 병장 | earn one's stripes (군대에서) 계급이 올라가다 | corporal 상병

861 At the campground, we saw a will-o'-the-wisp while stargazing and things that go bump in the night were so eerie, but it was such a great memory after all.

캠프장에서 별을 관찰하다가 도깨비불도 봤었고, 밤에 들리는 초자연적인 소리들은 또 너무 으스스했었지만 결국엔 아주 좋은 추억이었어.

will-o'-the-wisp 도깨비불 | stargaze 별을 관찰하다 | things that go bump in the night (특히 무서운 소리들을 가리켜서) 밤에 일어나는 초자연적인 현상들 | eerie 으스스한

862 He stormed out of the meeting room, shouting people down. A leopard cannot change its spots. Such behavior's just kicking against the pricks.

걔 사람들 말소리가 들리지도 않게 고함을 쳐 대면서 회의실을 쿵쾅쿵쾅 뛰쳐나갔어. 제 버릇 개 못 주네. 그런 건 그냥 자신만 다치게 하는 행위지.

storm out (화가 나서 거칠게) 쿵쾅쿵쾅 뛰쳐나가다 | shout ~ down ~의 말소리가 들리지도 않게 고함을 치다 | a leopard cannot change its spots 제 버릇 개 못 준다 | kick against the pricks (쓸데없이 저항을 해서) 자신만 다치게 하다

863 We're gonna cast lots soon. If you pay 3 simoleons, you can participate. And we've got heaps of prizes, so give it a whirl.

곧 추첨을 할 거예요. 3 달러를 내면 참여하실 수 있어요. 경품도 산더미같이 많으니까 시도해 보세요.

cast lots 추첨을 하다, 제비를 뽑다 | simoleon 달러 | heaps 아주 많음, 산더미 같음 | give it a whirl (특히 처음으로) 시도를 해 보다

864 I didn't know I was sitting on a seat for the elderly and the infirm. I realized it when my friend told me that a grizzled elderly woman was looking miffed because of that. If I'd known it, I'd have given her the seat in a heartbeat.

난 내가 노약자석에 앉아 있는지 몰랐어. 내 친구가 머리가 반백인 어르신이 그것 땜에 저기압 상태 같다고 말했을 때 알아차렸어. 만약 내가 알았으면 얼른 자리 양보했지.

the elderly and the infirm 노약자 | grizzled 머리가 반백인 | miffed 약간 화가 난, 저기압 상태인 | in a heartbeat 생각할 필요도 없이 바로, 얼른

865 I had fun watching you break character into a kook by getting down with mussed-up hair.

너 머리 헝클어트리고 신나게 춤추면서 괴짜로 변하는 거 재밌게 봤어.

break character (어색하게 보일 수 있을 정도로) 평소의 사고방식을 깨고 다르게 행동하다 | kook (호감적인) 괴짜 | get down 신나게 춤을 추다 | muss (옷이나 머리를) 헝클어트리다

866 The crux of the meeting is that all the smart people are bashful, so they nearly can't get a word in edgewise. Everyone who talks a lot doesn't have much upstairs.

그 회의의 가장 곤란한 부분은 똑똑한 사람들이 전부 다 수줍음을 타기 땜에 그 사람들은 말을 꺼낼 기회를 거의 못 잡아. 말이 많은 사람들은 전부 다 별로 똑똑하지 못한 사람들이야.

crux 가장 중요한 부분, 가장 곤란한 부분 | bashful 수줍음을 타는, 숫기가 없는 | not get a word in edgewise (다른 사람이 말을 너무 많이 해서) 말을 꺼낼 기회를 못 잡다 | not have much upstairs 별로 똑똑하지 못하다

867 Square with me first before something gets under way rather than just blindly swing into action. Then I'll factor in your thoughts.

그냥 무턱대고 행동에 돌입하지 말고 무언가를 착수하기 전에 우선 나한테 허락부터 구해. 그럼 내가 너희 생각을 고려할 테니까.

square with ~ ~의 허락을 구하다 | get under way 착수하다 | swing into action 행동에 돌입하다 | factor ~ in ~를 고려하다

868 It's not good to try to be all things to all people. I learned it in the school of hard knocks. Of course it makes you look like a toady, but what's more important is that it makes your real friends grow away from you.

나도 삶의 경험에서 얻은 교훈인데, 모든 사람의 비위를 다 맞추려 드는 건 안 좋아. 당연히 알랑쇠처럼 보이게 만들기도 하지만 더 중요한 건 진짜 친구들하고의 사이를 점점 멀어지게 만들어.

school of hard knocks (힘든 일이나 좌절 등) 삶의 경험에서 얻는 교훈 | be all things to all people 모든 사람의 비위를 다 맞추려 들다 | toady 아첨꾼, 알랑쇠 | grow away from ~ ~하고 사이가 점점 멀어지다

869 This is my signature walk. Isn't it full of oomph? A whole bunch of school kids follow suit.

이게 날 상징하는 걸음이야. 매력 넘치지 않아? 굉장히 많은 학생들이 따라 해.

signature 무엇을 상징하는 독특한 특징 | oomph (기운이 넘치고 신나게 만드는) 매력 | a whole bunch of ~ ~가 굉장히 많은 | follow suit 남이 한대로 따라 하다

870 People are throwing brickbats at you for having double standard. I think excuses will not wash with them and they'll persistently needle you.

사람들이 네 이중 잣대를 공격하고 있어. 변명은 안 먹힐 것 같고, 집요하게 널 갈굴 것 같아.

> brickbat (말로 하는) 공격, 공개적인 모욕 | double standard 이중 잣대 | not wash with ~ (변명이나 꼼수 등이) ~한텐 안 먹혀들다 | needle (계속되는 비판이나 질문으로) ~를 짜증 나게 하다, 갈구다

871 Attaboy! Keep doing the dog-paddle in the flippers. You'll get used to the swimming any minute now.

장하다! 오리발 신은 채로 계속 개헤엄 쳐. 수영하는 거 금방 익숙해져.

> attaboy! (특히 남자한테) 장하다!, 잘한다! | dog-paddle 개헤엄 | flipper (수영을 할 때 신는) 오리발, 지느러미발 | any minute now 금방

872 A hit-and-run driver hit a person a while ago and made a bolt for it. Then he tried to skulk, but several men chased him at a lick, so he could be apprehended soon.

조금 아까 어떤 뺑소니범이 사람을 치고 재빨리 달아난 후에 숨으려고 했었는데, 남자들 몇몇이 빠르게 쫓아가서 곧 체포될 수 있었어.

> make a bolt for ~ 재빨리 달아나다 | skulk (몰래) 숨다 | at a lick 빠르게 | apprehend 체포하다

873 His behavior's always beyond the pale and you just be a doormat? Just sock it to him! He'll get it right once he gets taken to task.

그 사람 맨날 도리에 벗어나게 행동하는데 넌 그냥 가만히 당하고만 있냐? 그냥 딱 부러지게 말해 버려! 한번 크게 혼나 봐야 정신 차리지.

> beyond the pale 도리에 벗어난 | doormat 남들한테 당하고도 가만히 있는 사람, 동네북 | sock it to ~ ~한테 딱 부러지게 말하다 | take ~ to task ~를 크게 혼내다

874 The puppy's wagging at you. It's really nice and cute. Why don't you gambol around with it and let off steam?

강아지가 너한테 꼬리 흔들고 있어. 정말 너무 귀엽다. 너도 같이 뛰어다니면서 발산 좀 해.

wag 꼬리를 흔들다 | nice and ~ (뒤에 붙는 형용사에 만족하면서) 아주 | gambol around (신나게) 뛰어다니다 | let off steam (울분, 스트레스 등을) 발산하다

875 He'd bet the farm and couldn't even break even. He's about 5 thousand smackers in the hole.

걔 전 재산 다 걸고 본전도 못 뽑았어. 지금 한 5천 달러 빚지고 있어.

bet the farm 전 재산을 다 걸다, 모든 걸 다 걸다 | break even 본전을 뽑다, 본전치기를 하다 | smacker 달러 | in the hole 빚을 지고 있는

876 You don't need to hem and haw. Just seize the day. Let your pent-up emotions go out the window.

망설이지 마. 그냥 이 순간을 최대한 즐겨. 억눌린 감정들을 없애 버려.

hem and haw 망설이다 | seize the day 현재를 최대한 즐기다, 이 순간을 최대한 즐기다 | pent-up (감정이나 에너지 등이) 억눌린 | go out the window 없어지다, 잠적하다, 종적을 숨기다

877 I don't know if it can be a shot in the arm, but lots of people are sponging off their parents due to the recession. Make a smash hit and repay it.

격려가 될진 모르겠지만 불경기 땜에 부모님한테 빌붙어 사는 사람들 많아. 대성공 해서 보답해.

a shot in the arm 격려가 되는 것, 활력소, 성원 | sponge off ~ ~한테 빌붙다 | recession 불황, 불경기 | smash hit 대성공

878 He's really zany and rib-tickling. He says he's immortal and he can levitate.

재 진짜 엉뚱하고 재미있어. 지가 불사신이고, 또 공중부양도 할 수 있대.

zany 엉뚱한 | rib-tickling 웃기는, 재미있는 | immortal 죽지 않는, 불사신의, 불멸의 | levitate 공중부양을 하다

879 I feel a tinge of petulance from you. Keep your nose clean. The grass is always greener on the other side of the fence.

너 심술기가 느껴져. 점잖게 굴어. 원래 남의 떡이 더 커 보이는 법이야.

tinge 기, 기운 | petulance 심술 | keep one's nose clean 점잖게 굴다, 문제가 될 일을 하지 않다 | the grass is always greener on the other side of the fence 원래 남의 떡이 더 커 보이는 법이다

880 I'm totally pooped. I kept my eyes peeled for my wallet for over two hours because I'd lost it. It was really like finding a needle in a haystack, but I succeeded in finding it near a concession stand.

지금 나 완전히 녹초야. 지갑을 잃어버려서 2시간을 넘게 눈이 빠지게 찾으러 다녔어. 정말 서울에서 김 서방 찾기 같았는데 그래도 구내 매점 근처에서 찾긴 했어.

pooped 녹초가 된 | keep your eyes peeled for ~ ~를 눈이 빠지게 찾다 | a needle in a haystack 서울에서 김 서방 찾기, 찾는 게 거의 불가능한 일 | concession stand (극장, 관광지 등의) 구내 매점

881 You're knocking 90, but you're still alive and kicking and also good at repartee. I wish you longevity.

90세가 다 돼 가시지만 아직 원기 왕성하시고 재담도 좋으시네요. 만수무강하세요.

knocking ~ (나이가) ~살이 되어 가는 | alive and kicking 원기 왕성한 | repartee 재치 있는 말재주, 재담 | longevity 장수

882 She must be eating her heart out because I made a killing after I'd been strung along and jilted by her.

걔 아주 애가 탈 거야. 걔가 날 갖고 놀다가 차 버린 후에 내가 갑자기 큰 돈을 벌었 거든.

eat one's heart out 애태우다, 부럽게 생각하다 | make a killing 갑자기 큰 돈을 벌다, 크게 한몫 잡다 | string ~ along (사랑하는 척하는 등 상대를 속이면서) 가지고 놀다 | jilt (애인을 갑작스럽게) 차 버리다

883 Let's get a wiggle on! We're gonna depart at high noon on the nose. Turn off the tube and get ready.

서두르자! 우리 정확히 정오에 출발할 거야. 텔레비전 끄고 준비해.

get a wiggle on 서두르다 | high noon 정오 | on the nose 정확히 | the tube 텔레비전

884 She always grazes on food, eating by fits and starts. She can't eat a lot at a clip. I think that's why she's a bag of bones.

쟤 맨날 음식을 조금씩 자주 먹어. 먹었다 말았다 하면서. 한 번에 많이 못 먹어. 그래서 저렇게 뼈만 앙상하게 남은 거야.

graze 조금씩 여러 번 자주 먹다 | by fits and starts 하다가 말다가 | at a clip 한 번에 | a bag of bones (너무 말라서) 뼈만 앙상하게 남은 사람이나 동물

885 She's already apologized for carping and making innuendos. She's snobbish, but making a tempest in a teacup will not make you look good.

걔 이미 투덜대고 빈정댄 거에 대해서 사과했어. 걔가 우월감에 젖어 있긴 한데, 사소한 일로 큰 소동을 벌이면 너만 안 좋게 보여.

carp 투덜거리다, 잉어 | innuendo 빈정거림, 빗대어서 하는 말 | snobbish 우월감에 젖어 있는, 고상한 체하는 | tempest in a teacup 사소한 일로 큰 소동을 일으킴

886 We watched a tearjerker. I just got some Z's because I'd woken up at the crack of dawn, but my friend got runny eyes.

우리 눈물 짜게 하는 영화 하나 봤어. 난 아주 이른 새벽에 일어나서 그냥 잠깐 잠이 나 잤는데 내 친구는 눈물을 줄줄 흘리더라고.

tearjerker 눈물을 짜게 노린 영화 | get some Z's 잠깐 잠을 자다 | at the crack of dawn 아주 이른 새벽에 | runny (정상적인 것보다) 물기가 더 많은, 눈물이나 콧물이 줄줄 흐르는

887 They're illegal immigrants. They're squatting off the beaten track on sufferance. For what I know, they're very hard-pressed for money.

저 사람들 불법 체류자들이야. 남들이 눈감아 주는 덕분에 사람들의 발길이 닿지 않는 곳에서 불법 거주를 하고 있어. 돈이 많이 쪼들리는 걸로 알아.

squat 불법 거주하다, 무단 점유를 하다 | off the beaten track 사람들의 발길이 닿지 않는 곳에서 | on sufferance 눈감아 주는 덕분에 | hard-pressed (일, 시간, 돈 등에) 쪼들리는

888 I couldn't sense that you were still brooding over what I'd said. That's why you were so brusque. I was getting a rise out of you just for fun, but I'm sorry if it rankled with you.

내가 한 말을 네가 아직도 마음에 두고 있는지 몰랐어. 그래서 그렇게 무뚝뚝했구나. 그냥 장난으로 약 올린 거였는데 마음에 맺혔으면 미안해.

brood (안 좋았던 일을) 마음에 두고 곰곰이 생각하다 | brusque 무뚝뚝한, 퉁명스러운 | get a rise out of ~ ~를 약 올리다 | rankle (누구의 말, 어떤 사건 등이 오랫동안) 마음에 맺히다, 사무치다

889 Next time, they won't just fire a shot across the bows. They may pull the rug from under your feet. So conduct yourself well. It's annoying to spoon-feed you.

그 사람들이 다음엔 그냥 경고만 하진 않을 거야. 너한테 주던 도움을 갑자기 확 끊어 버릴 수도 있어. 그러니까 처신 잘해. 일일이 하나하나 다 가르쳐 주기도 귀찮다.

a shot across the bows (행동 방침을 바꾸라는) 경고 | pull the rug from under one's feet ~한테 주던 도움을 갑자기 확 끊어 버리다 | conduct oneself 처신하다 | spoon-feed (스스로 생각하게 하지 않고) 일일이 하나하나 다 가르쳐 주다

890 They're oh-so lovey-dovey. Pay attention to how they swap words. I don't wanna be like them because I regard it as gilding the lily.

쟤들 진짜 닭살이다. 말 주고받는 거 들어 봐. 사족을 다는 것 같아서 난 저렇게 안 해.

oh-so 지극히, 굉장히 | lovey-dovey 닭살인, 지나칠 정도로 애정 표현을 하는 | swap 서로 주고받다, 바꾸다 | gild the lily 이미 좋은 것을 지나치게 꾸미려다 오히려 망치다, 사족을 달다

891 It's a game of a sort. It's chintzy and has a lot of pointlessly boarish scenes. It makes my opinion beg the question that all cheap games are like that.

이거 좀 그렇고 그런 게임이야. 싸구려에 무의미하게 잔인한 장면들만 많아. 모든 싼 게임은 다 저럴 거라고 날 단정짓게 만들고 있어.

of a sort 어떤 종류 중에서 나쁜 타입인, 그렇고 그런 | chintzy 싸구려의, 볼품없는 | boarish 잔인한 | beg the question (사실이 아닐지도 모르는 것을) 단정짓다

892 I found the billfold in a lost and found. It saved the day although I'd frittered time away on rummaging through the suitcase.

분실물 센터에서 지갑 찾았어. 급하게 여행 가방 뒤지느라 시간 낭비하긴 했지만 그래도 겨우 살았네.

billfold 지갑 | save the day (거의 확실한 실패나 곤경 등으로부터) 겨우겨우 살려 주다, 가까스로 구해 주다 | fritter away 낭비하다 | rummage through ~ (샅샅이) ~를 급하게 뒤지다

893 He talks in a slow drawl. It's easy to get the drift, but his voice will sound humdrum. I want somebody else to recite the manifesto.

그 사람은 말을 느릿느릿하게 해. 말의 취지를 이해하긴 쉬운데 목소리가 따분하게 들릴 거야. 성명서는 다른 사람이 낭독했으면 좋겠어.

drawl (모음을 길게 발음하면서) 느릿느릿하게 말하는 것 | get the drift 말의 취지를 이해하다 | humdrum 단조로운, 따분한 | manifesto 성명서, 선언문

894 We were so rushed off our feet, but she rolled in 20 minutes late, cutting a rug. Everybody was in a snit.

우리 바빠 죽겠는데 걔는 20분이나 늦었으면서 춤을 추며 태평한 모습으로 기어들어 왔어. 모두가 화난 분위기였어.

rushed off your feet 굉장히 바쁜 | roll in (늦었으면서 미안한 기색도 없이) 태평한 모습으로 기어들어 오다 | cut a rug 춤을 추다 | in a snit 화난 분위기인

895 We lingered for about an hour on the day, reveling in the skull session. And it became the frosting on the cake because we won the game.

그날 우리 전술 회의를 굉장히 즐기면서 한 시간쯤을 더 오래 머물렀어. 그리고 경기까지 이겨서 금상첨화가 됐어.

linger (자리를 떠나고 싶지 않아서 계획보다) 더 오래 머물다 | revel in ~ ~를 굉장히 즐기다 | skull session (운동 팀의) 작전 회의, 전술 회의 | the frosting on the cake 금상첨화

896 I want to have a discourse on the drastic change and methodical solution with movers and shakers. We have to do something fast before we're down in the weeds.

급격한 변화와 체계적인 해법에 대해서 유력자들과 담론을 나누고 싶다. 문제들이 너무 많아서 감당하기 어려워지기 전에 손을 빨리 써야 돼.

discourse 담론 | drastic 급격한 | methodical 체계적인 | movers and shakers 유력자들 | in the weeds 문제들이 너무 많아서 감당하기가 어려운

897 I draped my arm around my honeybunch's shoulder yesterday when it was sleety and the vibes were so good.

어제 진눈깨비 올 때 내 애인 어깨에 팔을 느슨히 걸쳤었는데 분위기가 너무 좋았어.

drape 느슨히 걸치다 | honeybunch 애인, 연인 | sleety 진눈깨비가 오는 | vibes 분위기, 느낌

898 Present arms! Mark time to beat the band! Salvo!

받들어 총 자세! 힘차게 제자리걸음! 일제 사격!

present arms 받들어 총 자세를 취하다 | mark time (군인 등이) 제자리걸음을 걷다 |
to beat the band 힘차게, 맹렬한 기세로 | salvo 일제 사격

899 There were so many scalpers at the opening ceremony
extravaganza venue. They were selling tickets half the walk-
up price and some of them got caught red-handed.

그 화려한 개막식 쇼 하던 장소 앞에 암표 장수들 엄청 많았어. 당일 티켓 가격의
절반 가격으로 표를 팔던데 현행범으로 잡힌 사람들도 있었어.

scalper 암표 장수 | extravaganza (비싸고 정성을 많이 들인) 화려한 쇼 | walk-up price
(티켓 등을 사전에 예매하지 않고 당일에 가서 살 때의) 당일 가격 | catch ~ red-handed ~를
현행범으로 잡다

900 Shush! Pipe down! Shut your bazoo. We're climbing the
walls due to the prelim preparation.

쉿! 조용히 해! 입 다물어. 우리 지금 예비 시험 준비 땜에 미칠 지경이야.

pipe down! 조용히 해! | bazoo 입 | be climbing the walls (걱정, 지루함, 좌절감 등 안
좋은 기분 때문에) 미칠 지경이다 | prelim 예비 시험, 예선, 오픈 게임

901 Not only had he had a short fuse, but he'd also slapped her around. Then he got divorced on his beam-ends. You reap what you sow.

개 걸핏하면 화를 냈을 뿐만 아니라 툭하면 손찌검까지 했어. 그러다가 무일푼이 된 채로 이혼을 당했고. 뿌린 대로 거둔 거지.

have a short fuse 걸핏하면 화를 내다 | slap ~ around ~한테 툭하면 손찌검을 하다 |
on one's beam-ends 무일푼이 된, 금전적인 나락에 떨어진 | you reap what you sow
뿌린 대로 거두다

902 Can you hold down the fort for me? I have to be absent for an hour because I've got a snag, give or take a few minutes. I'll buy you a pick-me-up.

자리 좀 봐 줄래? 작은 문제가 생겨서 자릴 1시간 동안 비워야 돼. 몇 분 정도는 차이가 있을지 몰라도. 피로 회복제 사 줄게.

hold down the fort (남을 대신해서) 자리를 지키다, 일을 봐 주다 | snag (예상 밖의) 작은
문제 | give or take ~ ~ 정도는 차이가 있을지 몰라도 | pick-me-up 피로 회복제

903 I flattened him by yelling at him to put his house in order because he smirked and kibitzed again.

걔 또 능글맞게 웃으면서 훈수를 두길래 자기 일부터 잘하라고 소리를 쳐서 코를 납작하게 만들어 버렸어.

flatten 코를 납작하게 만들다 | put your house in order (남들 욕하기 전에) 자기 일부터
잘하다 | smirk 능글맞게 웃다 | kibitz 훈수를 두다

904 In hindsight, the elevator pitch that he said was just blarney and the people who believed it were so bovine.

뒤늦게 깨닫고 보니까 그 사람이 홍보했던 말은 그냥 듣기에만 좋은 소리였고, 그 말을 믿은 사람들은 정말 우둔한 거였어.

in hindsight 뒤늦게 깨닫고 보니까 | elevator pitch (간결하고 설득력 있게) 홍보하는 말 | blarney (비위를 맞추려고) 듣기에만 좋은 소리 | bovine 우둔한, 둔탱이 같은

905 Do you see the guy with whitewalls, a swoll body and tattoos? He's a stoolie disguised as a thug.

옆머리 하얗게 밀고 근육 많고 문신한 사람 보이지? 저 사람 폭력배로 위장한 경찰 정보원이야.

whitewall (아주 짧게 깎은 머리에서) 하얗게 민 옆머리 | swoll 근육이 많이 튀어나온 | stoolie (주로 범죄자로 잠입한) 경찰의 정보원, 끄나풀 | thug 폭력배

906 This is the muscle car. I really went to town on it. I don't wanna drive it at full tilt, but I just wanted to have a good engine. Why don't you take the shotgun?

이게 그 고출력 자동차야. 돈 진짜 많이 발라서 제대로 만들었어. 전속력으로 달릴 생각은 없지만 그냥 좋은 엔진 하나 갖고 싶었어. 운전석 옆자리 한번 타 봐.

muscle car 고출력 자동차 | go to town 돈을 많이 발라서 ~를 제대로 하다 | at full tilt 전속력으로 | shotgun (자동차의) 운전석 옆자리

907 He takes gobs of money, but he's worth his salt because everything he does is awesomesauce. You can't make a silk purse out of a sow's ear. I need someone like that in order to make the company successful.

그 사람 돈을 많이 가져가긴 하는데 하는 일이 전부 다 굉장히 훌륭해서 월급 값은 해. 변변찮은 재료로 대단한 걸 만들 순 없어. 회사를 성공시키려면 바로 그런 사람이 필요하다.

gobs 많은 양 | worth one's salt 월급 값을 하는 | awesomesauce 굉장히 훌륭한 | you can't make a silk purse out of a sow's ear 변변찮은 재료로 대단한 걸 만들 순 없다

908 Let's beard the lion in his den. Someone who turns their nose up at other people's opinion and who runs roughshod over their friends shouldn't be calling the shots.

담판을 지으러 가자. 다른 사람들의 의견을 비웃고 친구들한테 함부로 막 대하는 사람은 지휘를 해선 안 돼.

beard the lion in his den 담판을 지으러 가다 | turn one's nose up at ~ ~를 비웃다 | run roughshod over ~ ~한테 제멋대로 굴다, ~를 함부로 막 대하다 | call the shots 지휘를 하다

909 I wasn't one of those Hell's Angels, but I used to hone wheelies on my motorcycle. It was in the groove among my friends.

내가 폭주족은 아니었었지만 한때 오토바이의 앞바퀴를 들고 타는 기술을 연마하곤 했어. 내 친구들 사이에서 그게 유행이었었거든.

Hell's Angels 폭주족 | hone (기술 등을) 연마하다 | wheelie (오토바이나 자전거의) 앞바퀴를 들고 타기 | in the groove 최신식의, 유행하는

910 Why is he feebly traipsing up the stairs with a stoop? He's totally downcast.

쟤 왜 구부정한 자세로 맥가리 없이 계단을 터벅터벅 올라가지? 완전 풀이 죽었네.

feebly 힘없이, 맥가리 없이 | **traipse** (느리게) 터벅터벅 걷다 | **stoop** 구부정한 자세 | **downcast** 풀이 죽은

911 A gin mill's just around the corner. And it sells beer at a knockdown price. However, just get tipsy.

바로 근처에 술집이 있긴 해. 맥주도 아주 싼 가격에 팔고. 근데 그냥 조금만 취해.

gin mill 술집 | **just around the corner** 아주 가까이에, 바로 근처에 | **knockdown price** 아주 싼 가격 | **tipsy** (술에) 약간 취한

912 My aunt says that she gets the most happiness when she scoops up her adorbs tot and stroke her like that.

이모는 저렇게 자신의 사랑스러운 아이를 재빨리 들어올리고 쓰다듬어 줄 때가 젤 행복하대.

scoop ~ up ~를 재빨리 들어올리다 | **adorbs** 사랑스러운 | **tot** (아주 어린) 아이 | **stroke** 쓰다듬다

913 They achieved bupkis and came full circle, no less. It figures.

걔들 역시 아무것도 이루지 못하고 제자리로 돌아왔어. 그럴 줄 알았어.

bupkis 아무것도 아닌 것 | **come full circle** (여러 변화를 거치고 피할 수 없이) 제자리로 돌아오다 | **no less** 역시 | **it figures** 그럴 줄 알았어

914 We caught the guy who had committed the stick-up. We widened the dragnet and it paid off. Everything's hunky-dory.

총기 강도범 잡았어. 수사망을 넓히고 성공했어. 다 잘 돼 가고 있어.

stick-up 총기 강도 | **dragnet** (범인을 찾기 위한) 수사망 | **pay off** 성공하다, 성과를 올리다 | **hunky-dory** 아주 좋은, 잘 돼 가고 있는

915 It was fun. A slugger hit the ball out of the diamond and that dinger made a great comeback win.

재밌었어. 어떤 강타자가 야구장 밖으로 공을 날려 버렸고, 그 홈런이 엄청난 역전승을 만들어 냈어.

slugger 강타자 | diamond 야구장 | dinger 홈런, 결정타 | comeback win 역전승

916 We'll probably hash out a consensus by the end of the month. Clinching it by today is a snowball's chance in hell.

아마 월말까지 합의를 결론 낼 거야. 오늘까지 성사시키는 건 전혀 가망이 없어.

hash ~ out (계속 논의해서) ~를 결론 내다, 끝을 보다 | consensus 의견 일치, 합의 | clinch 성사시키다 | a snowball's chance in hell 가망이 전혀 없는 일

917 Suit yourself! If you wanna do it, it's no skin off my back, but don't egg me on. To me, that's pure hokum.

네 맘대로 해! 네가 하고 싶다면 그건 내 알 바가 아니지만 날 꼬시진 마. 내가 볼 때 그건 완전 잠꼬대 같은 소리야.

suit yourself! (마음에 안 들지만 귀찮단 듯이) 네 마음대로 해! | no skin off one's back 전혀 상관없다, 알 바가 아니다 | egg ~ on ~를 꼬시다, 부추기다 | hokum 잠꼬대 같은 소리

918 That was a meaty and stem-winding oration. I think you took the audience by storm.

알차고 심금을 울리는 연설이었어요. 청중의 마음을 단번에 사로잡은 것 같아요.

meaty (내용이) 알찬 | stem-winding (연설 등이) 와 닿는, 심금을 울리는 | oration 연설 | take ~ by storm ~의 마음을 단번에 사로잡다

919 There's always more to it than meets the eye and the world is your oyster. If you delve into this and that, I'm sure you'll find tailor-made work.

항상 눈에 보이는 게 전부가 아니고, 세상엔 기회가 열려 있어. 이것저것을 캐다 보면 분명히 안성맞춤의 일을 찾게 될 거야.

> there's more to it than meets the eye 눈에 보이는 게 전부가 아니다 | the world is your oyster 세상엔 기회가 열려 있다, 세상은 마음 먹기에 달렸다 | delve into ~ (정보를 더 많이 알아내려고) ~를 캐다 | tailor-made 안성맞춤의

920 It's a madhouse here right now. It's teetering on the edge of a brawl. Go to the caboose and tell the crew about it.

여기 지금 굉장히 정신없어. 금방이라도 싸움이 벌어질 것 같아. 승무원실 가서 승무원한테 말하고 와.

> madhouse 굉장히 정신이 없는 곳 | teeter on the edge of ~ ~가 금방이라도 벌어질 것 같은 | brawl (공공장소에서의) 싸움 | caboose 승무원실

921 She's really pert and she's a nachos, but her heart is in the right place all the time. That's her mojo.

걔 정말 당돌하고 난 네 소유물이 아니란 식의 태도를 보이는데 속마음은 항상 착해. 그게 걔 매력이야.

pert (매력적으로) 당돌한, 당찬 | nachos (not yours를 줄인) 네 것이 아닌 것 | one's heart is in the right place (나쁘게 보일지라도) 속마음은 착한 | mojo (성격상의) 매력

922 She hightailed it out of here after giving us a blatant lie. I don't believe she'd planned to do it from the word go, but she really did pull a stunt.

걔 우리한테 뻔한 거짓말을 하고 나선 꽁지가 빠지게 떠났어. 애초부터 그럴 계획은 아니었을 텐데, 정말 어리석은 짓을 했네.

hightail it 꽁지가 빠지게 떠나다 | blatant (나쁜 행동이) 노골적인, 뻔한 | from the word go 애초부터 | pull a stunt (위험하고) 어리석은 짓을 하다

923 They eventually pushed all the right buttons after putting several pols on the spot with a grilling.

질문 공세로 정치가들 몇몇을 곤혹스럽게 만들더니 결국 자기들이 원하는 걸 다 가져가네.

push all the right buttons (영리하게) 원하는 걸 다 얻다 | put ~ on the spot (곤란한 질문으로) ~를 곤혹스럽게 만들다 | pol 정치가 | grilling 질문 공세

924 Several ex-cons committed a heist a while ago. And they were on the loose toward the highway, but they got in a tight corner soon.

조금 전에 전과자들 몇몇이서 강도 행위를 벌였어. 그리고 고속도로 쪽으로 탈주했는데 금방 궁지에 빠졌어.

ex-con 전과자 | heist 강도 행위 | on the loose 탈주 중인 | in a tight corner 궁지에 빠진

925 Stop hounding me. You really do have a finger in every pie. Keep your nose out of them if you don't wanna get the bum's rush.

나 좀 따라다니면서 괴롭히지 마. 정말 안 끼는 데가 없네. 내쫓기기 싫으면 참견하지 마.

hound 계속 따라다니면서 괴롭히다 | have a finger in every pie 안 끼는 데가 없다, 사사건건 참견하다, 약방의 감초 같다 | keep your nose out of ~ 참견하지 않다 | bum's rush (급하게) 내쫓기, 강제 퇴거

926 You know the prom queen, right? The girl that you were smitten with. She's my second self and she says that she wants to join our trip to the dry slope.

너 그 퀸카 알지? 네가 홀딱 반했었던 그 여자애. 걔가 내 둘도 없는 친군데, 우리 인공 스키 연습장으로 놀러 갈 때 개도 오고 싶대.

prom queen (미국 고등학교의 무도회에서) 퀸카로 뽑힌 여학생, 퀸카 | second self (자신과 공통점이 많은 분신과 같은) 둘도 없는 친구 | smitten 홀딱 반한 | dry slope 인공 스키 연습장

927 The scuffle they had was a red herring, but you guys couldn't smell a rat and therefore the investigation got blown off course.

그 사람들이 벌인 실랑이는 너희 관심을 딴 데로 돌리기 위한 거였어. 근데 니들은 낌새를 채지 못하고 수사에 지장을 받게 된 거야.

scuffle 실랑이 | red herring 관심을 딴 데로 돌리는 것 | smell a rat 낌새를 채다 | blown off course 지장을 받게 된

928 They're always beside themselves with excitement. They're devil-may-care type of guys and they always chime in and hit it off.

쟤들 맨날 신나서 제정신이 아니야. 앞일에 대한 걱정이 없는 애들인데 원래 맞장구 치면서 죽이 잘 맞아.

beside oneself with ~ ~로 제정신이 아닌 | devil-may-care 앞일을 걱정하지 않는, 쾌활한 | chime in 맞장구를 치다 | hit it off 죽이 맞다

929 She fessed up everything. She said that she was the one who had let on about the classified document and tricked her associates using sleight of hand.

걔 다 자백했어. 기밀 문서에 대해서 누설하고 교묘한 속임수로 동료들을 속인 게 자기 자신이래.

fess up 자백하다 | let on about ~ ~에 대해서 누설하다 | classified 기밀의 | sleight of hand 교묘한 속임수

930 It's good for you to experience the folklore, but be careful with those millstones. If something goes wrong, you can get something like a crick or blister.

전통 문화 경험하는 건 좋은데 그 맷돌 돌릴 때 조심해. 잘못하면 물집이나 근육 경련 같은 거 생길 수도 있어.

folklore 민속, 전통 문화 | millstones 맷돌 | crick (목이나 허리의) 근육 경련 | blister 물집

931 Are you still living on your nerve ends after receiving the draft notice? Do your best down to the wire and I hope you finish the military service safe and sound.

너 군대 영장 받고 아직도 벌벌 떨고 있냐? 끝까지 최선을 다하고 아무 탈없이 군복 무를 마치길 바란다.

live on one's nerve ends (굉장히 불안해서) 벌벌 떠는, 신경이 날카로운 | draft notice 군대 영장 | down to the wire 끝까지 | safe and sound 무사히, 아무 탈없이

932 He's fit to be tied because he thinks we handed him the frozen mitt. Go and smooth his ruffled feathers one way or another.

그분 우리가 푸대접했다고 생각해서 지금 노발대발이야. 가서 어떻게 해서든 화 좀 달래 봐.

> **fit to be tied** 노발대발하는 | **hand ~ the frozen mitt** ~를 푸대접하다, 찬밥 신세로 만들다 | **one way or another** 어떻게 해서든지 | **smooth one's ruffled feathers** ~의 화를 달래다

933 She was ranting and raving, but the problem is that her grievance exactly jibes with her own problem. I heard that people in glass houses shouldn't throw stones, but she complained too much.

그 사람 고래고래 악을 쓰면서 항의했었는데 문제는 불만 사항이 자기 문제점하고 정확히 일치한단 거야. 같은 단점이 있는 사람은 욕하지 말라던데 항의가 너무 심하네.

> **rant and rave** 고래고래 악을 쓰면서 항의하다 | **grievance** 불만 사항, 탐탁하지 못한 것 | **jibe** 일치하다 | **people in glass houses shouldn't throw stones** 자신하고 같은 단점이 있는 사람은 욕하지 말아야 된다, 자신하고 같은 결함이 있는 건 욕하지 말아라

934 Kudos to everyone. You guys really jumped through hoops. We finally patented it and our business is now ready to roll.

다들 잘했어. 정말 고생했어. 우리 드디어 특허 받았고 이제 사업 시작할 준비 다 된 거야.

> **kudos to ~** ~를 칭찬하다 | **jump through hoops** 고생을 하다 | **patent** 특허를 받다, 특허권 | **ready to roll** 시작할 준비가 다 되어 있는

935 The two teamsters gave a death stare to each other and then a slugfest broke out. It was a mano-a-mano. No one interfered, including me.

트럭 운전사 둘이 서로를 죽일 듯이 노려보고선 난타전을 벌였어요. 둘이 1대1로 싸웠고 저를 포함해서 아무도 끼어들지 않았어요.

teamster 트럭 운전사 | death stare 죽일 듯이 노려봄 | slugfest 난타전, 격한 공방전 | mano-a-mano 1대1 대결

936 You guys have a huge backlog because you loafed around. You know that well, right? You guys are not up to par. You must knock all the deets into shape at least by tomorrow.

너희 게으름 피우다가 밀린 일 엄청 많은 거 잘 알지? 기대에 부응을 못 하고 있어. 최소 내일까진 세부사항들 다 정리해 놔야 돼.

backlog 밀린 일 | loaf around 게으름을 피우다 | up to par 표준에 달하는, 기대에 부응하는 | knock ~ into shape (형체를 갖추도록) ~를 정리하다 | deets 세부사항들

937 She totally freaked out when she realized what she was in for. Now she's at sixes and sevens scaring up a train ticket.

걔 지가 어떤 상황에 처한지 깨닫고선 완전히 기겁을 하더라고. 지금 힘들게 기차표 구하느라 아주 정신이 없어.

freak out 기겁하다 | be in for (안 좋은) 상황에 처하다 | at sixes and sevens 완전히 정신이 없는, 굉장히 혼란스러운 | scare ~ up 힘들게 ~를 구하다, 힘들게 마련하다

938 I feel so lethargic after taking a tranquilizer. I'm too languid that I'm about to conk out.

나 신경 안정제 먹고 나서 너무 무기력하네. 너무 나른해서 곯아떨어질 거 같아.

lethargic 무기력한 | tranquilizer 신경 안정제 | languid 늘어진, 나른한 | conk out 곯아떨어지다

939 Poke him in the ribs. And tell him to stop spinning a yarn, copping an attitude. People are looking daggers at him.

재 옆구리 좀 쿡 찔러. 그리고 거드름 피우면서 긴말 늘어 놓지 말라고 해. 사람들이 째려보잖아.

poke ~ in the ribs ~의 옆구리를 쿡 찌르다 | spin a yarn (주로 사실이 아닌 얘기로) 긴말을 늘어놓다 | cop an attitude 거드름을 피우다, 잘난 체를 하다 | look daggers at ~ (매서운 눈초리로) 째려보다, 도끼눈을 뜨다

940 I wanna be a wunderkind. I wanna get my ducks in a row when I'm a teen and make a pile in my early 20s with gigantic net worth.

젊어서 크게 성공하고 싶다. 10대 때 만반의 준비를 갖춰 논 다음에 20대 초반에 돈 왕창 벌고 순 자산도 어마어마하게 많고 싶다.

wunderkind 젊어서 크게 성공을 한 사람, 신동 | get one's ducks in a row 만반의 준비를 갖추다 | make a pile 돈을 왕창 벌다 | net worth 순 자산

941 Yesterday's rap session bordered on a fracas. From now on, I won't touch it with a ten-foot pole.

어제 비공식 그룹 토론은 거의 싸움이나 다름없었어. 이제 거기에 관여 안 할래.

rap session 비공식 그룹 토론 | border on ~ 거의 ~하고 다름없다 | fracas (소란스런) 싸움이나 언쟁 | not touch ~ with a ten-foot pole ~에는 관여하고 싶지 않다, ~는 가까이하고 싶지도 않다

942 Did you call moi a hillbilly boy? Let's duke it out outside! Let's slug it out!

너 지금 나한테 촌뜨기라고 했냐? 밖에 나가서 한 판 붙자! 결판을 내자!

moi (유머로) 나, 자신 | hillbilly 촌뜨기 | duke it out (주먹으로 끝장을 볼 때까지) 한 판 붙다 | slug it out (싸워서) 결판을 내다

943 I'll drink to that. This porterhouse is really palatable. It fits the bill.

동감! 이 비프스테이크 정말 맛나네. 제 값을 하는구만.

I'll drink to that 동감이야 | porterhouse (두껍고 고급진) 비프스테이크 | palatable 맛나는 | fit the bill 제 값을 하다, 꼭 알맞다

944 You nicked yourself! I've done that too while making broth. Once bitten, twice shy. It'll be on the mend soon.

너 손가락 베였네! 나도 수프 만들다가 그런 적 있어. 한 번 혼나니까 그 다음부턴 조심을 하게 되더라고. 그거 금방 회복될 거야.

nick (칼로) 자국을 내다, 베다 | broth (걸쭉한) 수프 | once bitten, twice shy 한 번 혼나면 그 다음부턴 조심을 하게 된다 | on the mend 회복 중인

945 Be my guest. Now I have deodorant, mouthwash and floss. You can use them, such as they are.

그러세요. 저한테 지금 냄새 제거제, 구강 청결제 그리고 치실이 있네요. 변변치 않지만 쓰셔도 됩니다.

be my guest (부탁을 들어 주는 의미로) 그러세요 | deodorant (몸에 바르는) 냄새 제거제 | floss 치실 | such as it is 변변치 않지만

946 Sluice your whole body, you slob. You're too scruffy. You must have tons of dandruff on your scalp.

전신 다 씻어, 이 게으름뱅이야. 너 너무 꾀죄죄하다. 두피에 비듬도 엄청 많겠네.

sluice (물줄기로) 씻다 | slob (지저분한) 게으름뱅이 | scruffy 꾀죄죄한 | dandruff 비듬 | scalp 두피

947 My grandfather's going to step into the chairman's shoes. You all know that he's very upbeat and a doll, right? He'll do a great job once he gets used to the nuts and bolts.

내 할아버지가 회장님의 후임이 될 거야. 그분이 아주 낙관적이고 배려심이 깊은 건 다들 잘 알지? 기본적인 사항들만 익숙해지시면 아주 잘 하실 거야.

step into a person's shoes ~의 후임이 되다, ~의 뒤를 잇다 | upbeat 긍정적인, 낙관적인 | doll 관대한 사람, 배려심이 깊은 사람 | nuts and bolts 기본적인 사항들, 실제적인 상세함

948 The boss said he was gonna ream you out and put you in your place. He said you were not delivering the goods these days and became haughty.

사장님이 널 혼쭐 내고 네 코를 납작하게 만들어 버린대. 너 요새 제 할 일 안 하고 거만해졌다고.

ream ~ out 혼쭐을 내다 | put ~ in one's place ~의 코를 납작하게 만들다 | deliver the goods 제 할 일을 하다 | haughty 거만한, 도도한, 시큰둥한

949 I had to shell out $900 to buy this bang-up-to-date cell phone. However, it doesn't let me down. The new functions are formidable.

나 이 최신형 핸드폰 사려고 900불이란 거금을 들였어. 근데 실망시키진 않네. 새로운 기능들이 가공할 만해.

shell out 거금을 들이다 | bang-up-to-date 최신형의 | let ~ down ~를 실망시키다 | formidable 가공할 만한

950 A mixed bag of weapons was found in a cache of the hoodlums. And there were some Saturday night specials among them.

불량배들의 은닉처에서 여러 가지 잡다한 무기들이 발견됐어. 그리고 그중엔 소형 권총들도 있었고.

mixed bag of ~ 여러 가지 잡다한 | cache 은닉처 | hoodlum 깡패, 불량배 | Saturday night special (값싸고 주로 범죄자들이 불법으로 사 들이는) 소형 권총

951 I laughed up my sleeve when his face got splashed and splotched all over as he was pulling a pull tab of a can. However, it takes one to know one because almost the same thing happened to me when I was uncorking a bottle of champagne.

그분이 통조림 손잡이 따다가 튀겨서 얼굴이 다 얼룩져졌을 때, 나 남 몰래 재밌어했어. 근데 샴페인 병 마개 따다가 거의 똑같은 일이 생긴 나도 다를 건 없지.

laugh up your sleeve 남 몰래 재미있어 하다 | splotch (특히 액체가) 얼룩지게 하다, 더러워지게 하다 | pull tab (통조림, 음료수 등의 잡아당겨서 따는) 손잡이 | it takes one to know one 남한테 뭐라고 하는 그 사람 역시 똑같은 사람이다 | uncork 마개를 따다

952 I told you still waters run deep and pride comes before a fall. It's not gonna be easy for you to bounce back from this flameout.

내가 잔잔한 물이 깊고 자만하면 낭패 보기 쉽다고 했지? 너 이번의 완전한 실패를 딛고 일어나는 게 쉽진 않을 거야.

still waters run deep 잔잔한 물이 깊다, 말은 적지만 사실은 아는 게 많다 | pride comes before a fall 자만하면 낭패 보기 쉽다 | bounce back 딛고 일어나다, 회복하다 | flameout (갑작스럽고 눈에 잘 띄는) 완전한 실패

953 I saw bazillions of legal tender in hefty boxes a while ago and I wanted to be laughing all the way to the bank too.

조금 전에 막대한 수의 법적 통화가 크고 무거운 상자들에 담겨져 있는 걸 봤는데, 나도 큰 돈 좀 쉽게 벌어 보고 싶더라.

bazillion 막대한 수 | legal tender 법적 통화 | hefty 크고 무거운, 두둑한 | laugh all the way to the bank 큰 돈을 쉽게 벌다

954 I had a coming-of-age ceremony with my peer group. It was pulsating, but also thought-provoking.

나 내 또래 그룹하고 성인식 했어. 신나기도 했는데 진지하게 생각을 하게 만들기도 하더라고.

coming-of-age ceremony 성인식 | peer group (나이나 신분 등이 같은) 또래 그룹, 동배 그룹 | pulsate (심장 등이) 고동치다, 신이 나다 | thought-provoking 진지하게 생각을 하게 만드는

955 I was so fretful, but I got psyched up owing to the fans' chant. Thanks a million.

너무 조마조마했었는데 팬 분들 구호 덕분에 기합을 받았어요. 정말 감사합니다.

fretful 조마조마해 하는, 조바심치는 | psych ~ up (마음의 준비가 되도록) ~한테 기합을 넣어 주다 | chant 구호 | thanks a million 정말 고마워

956 I was so confusticated, so I just sat stationarily under a palm tree and watched the world go by.

머리가 너무 혼란스러워서 그냥 야자수 아래에 가만히 앉은 채로 사람들을 구경 좀 했어.

confusticated 혼란스러운, 어리둥절한 | stationary 움직이지 않는 | palm tree 야자수 | watch the world go by (느긋하게) 사람들을 구경하다

957 This off-white color's pretty, but these shoes pinch and hurt my insteps. Maybe the insoles are too big.

이 황백색 색깔은 예쁜데 신발이 너무 꽉 껴서 발등이 아파요. 어쩌면 깔창이 너무 커서 그런 것 같기도 하네요.

off-white 황백색의 | pinch (신발 등이) 너무 꽉 끼다, 꼬집다 | instep 발등 | insole 깔창, 안창

958 Are you blackmailing me? Do you really think you can get me over a barrel? I'm not so namby-pamby, so perish the thought.

지금 나 협박하는 거야? 정말 날 네 맘대로 조종할 수 있을 거라고 생각해? 나 그렇게 여리지 않으니까 꿈도 꾸지 마.

blackmail 협박하다, 돈을 뜯어내다 | get ~ over a barrel ~를 자기 맘대로 조종하다 | namby-pamby 너무 여린 | perish the thought 꿈도 꾸지 마, 그런 생각 집어치워

959 She's dead set against the outlay problem true to form, but it's OK. I have a card up my sleeve.

예상대로 경비 문제에 대해서 단호하게 반대를 하네. 근데 괜찮아. 나한테 비장의 무기가 있어.

dead set against ~ ~에 단호하게 반대하다 | outlay 경비 | true to form 예상대로 | have a card up your sleeve 비장의 무기를 갖고 있다

960 I'm about to fall with a flump and zone out. Any grub makes me smack my lips.

나 팍 쓰러지고 의식 잃을 것 같아. 어떤 음식을 봐도 입맛을 다시게 돼.

fall with a flump 팍 쓰러지다 | zone out 의식을 잃다 | grub 음식 | smack your lips 입맛을 다시다

961 Everyone hit the fan because my younger brother put his foot in his mouth. It was glossed over, but I was so embarrassed out of my tree.

내 동생이 말실수를 해서 사람들이 갑자기 다 난처해지게 돼 버렸어. 그냥 얼버무리고 넘어가긴 했는데 정말 머리가 돌 정도로 창피했었어.

hit the fan 갑자기 난처해지다 | put your foot in your mouth 실언을 하다, 말실수를 하다 | gloss over ~ ~에 대해서 얼버무리고 넘어가다 | out of one's tree 머리가 돌 정도로, 정신이 나간

962 I wanna go on a digital detox on Christmas. I don't wanna be stuck in a rut. I just wanna have retail therapy or a slap-happy snowball fight.

크리스마스 땐 전자 제품 좀 멀리하고 싶어. 틀에 박혀 있기 싫어. 그냥 쇼핑하면서 기분 전환하든가 아니면 무턱대고 즐거운 눈싸움이나 하고 싶어.

digital detox 스마트폰이나 컴퓨터 등 전자 제품을 안 쓰면서 디지털 휴식을 취하는 기간 | in a rut 틀에 박힌 | retail therapy 쇼핑을 통한 기분 전환 | slap-happy 무턱대고 즐겁기만 한

963 She was malnourished due to the intake problem. She even suffered from insomnia and bloodshot eyes as a chain reaction, but now she's getting back on her feet.

걔 섭취량 문제로 영양실조에 걸렸었어. 그리고 연쇄적으로 불면증에도 시달리고 눈도 충혈됐었는데, 지금 다시 회복하고 있어.

malnourished 영양실조의 | intake 섭취량, 흡입량 | insomnia 불면증 | bloodshot 충혈된 | get back on one's feet 다시 회복하다

964 **The gridlock's really draining. The cars can't move a rap. Let's just take the turnpike.**

교통 정체가 아주 진을 빼 놓네. 차들이 아주 조금도 못 움직여. 그냥 유료 고속도로 타자.

gridlock 교통 정체 | drain 진을 빼 놓다 | rap 아주 조금 | turnpike 유료 고속도로

965 **The document's totally padded out with jabberwocky. Reading that would be an exercise in futility. I'll give you a piece of paper that has just the kernels on it.**

그 종이 순 쓸데없는 글로 내용이 부풀려져 있어. 그걸 읽는 건 헛고생이고 내가 핵심들만 적힌 종이를 줄게.

pad out (불필요한 내용으로) 글 등을 부풀리다 | jabberwocky 무의미한 말, 쓸데없는 글 | an exercise in futility 헛고생 | kernel 알맹이, 핵심

966 **Hey! This hoverboard is a lemon. The woman palmed it off on you. I think you've made a dent in your allowance all in vain.**

야! 이 허버보드 불량품이야. 그 아줌마가 널 속여서 팔아먹었네. 너 괜히 용돈만 날려 버린 것 같다.

hoverboard (소설이나 영화 등에서) 공중에 뜬 채로 날아서 갈 수 있는 보드 | lemon 불량품 | palm ~ off ~를 속여서 팔아먹다 | make a dent in ~ (특히 돈의 양을) 줄어들게 하다

967 It seems like the lull before the storm and I feel like there's a cloud hanging over me. However, by and large, things were always good, knock on wood.

폭풍 전야 같고 불안하다. 하지만 항상 대체로 좋기만 했으니까 이번에도 부정 타지 않기를 비나이다.

> the lull before the storm 폭풍 전야 | a cloud hanging over ~ (미래에 있을 일 등이) 불안한 | by and large (완전히는 아니지만) 대체로, 전반적으로 | knock on wood 행운이 있기를 바라다, 부정 타지 않기를 비나이다

968 Of course the guy's legit. He's got a household name and thereby hangs a tale. There're no ifs, ands, or buts about it.

당연히 굉장히 잘하지. 저 사람 이름은 모르는 사람이 없고 거기엔 다 이유가 있는 거야. 의심할 여지가 없는 거지.

> legit 아주 훌륭한 | household name 누구나 다 아는 이름 | thereby hangs a tale 거기엔 다 이유가 있다, 얘기가 좀 길다 | no ifs, ands, or buts about it 의심할 여지가 없는, 철석같이 믿어도 되는

969 She seems to be seriously riled up by your practical joke which was thwacking her head. I could really see her nerves starting to fray.

네가 장난으로 걔 머리를 탁 친 것 땜에 걔 진지하게 짜증이 나 있는 것 같아. 신경이 날카로워지는 게 아주 눈에 보였어.

> be riled up 굉장히 짜증이 나 있다 | practical joke (남을 바보처럼 보이게 하고 웃음거리로 만드는) 장난 | thwack (날카롭게) 탁 치다 | fray (신경 등이) 날카로워지다

970 These days, my friends call me a clairvoyant. Every single one of them had said that my game expectation was cockamamie, loco and so on, but I was solely right on the mark.

요새 내 친구들이 나한테 천리안을 가졌다고 말해. 단 한 명도 빠짐없이 내 게임 예상이 어림 반 푼어치도 없다, 정신이 나갔다 뭐다 말했었는데, 나 혼자 정확히 맞았거든.

clairvoyant 천리안의, 천리안을 가진 사람 | cockamamie 말도 안 되는, 어림 반 푼어치도 없는 | loco 정신이 나간 | on the mark 정확한

971 I drank all the water in the canteen and I could quench my thirst. The whirlwind hiking made me so bone-weary.

군인 물통에 든 물을 다 마셨더니 갈증이 좀 해소되네. 정신 없이 빠르게 진행된 등산 땜에 너무 지친다.

canteen 군인이나 캠핑객이 쓰는 물통 | quench one's thirst 갈증을 해소시키다 | whirlwind 회오리바람, 정신 없이 빠르게 진행되는 | bone-weary 완전히 지쳐 버린

972 Hey, you bozo! You know you could've rained on everybody's parade, right? Why did you jump in the conversation of their company's leading lights?

야, 이 멍청아! 너 우리 모두의 계획에 찬물 끼얹을 뻔한 거 알지? 왜 저쪽 회사 주요 인물들 대화에 불쑥 끼어들어?

bozo 멍청이 | rain on a person's parade ~의 계획에 찬물을 끼얹다 | jump in (대화에) 불쑥 끼어들다, 덜컥 시작부터 하고 보다 | leading light 주요 인물, 간판스타

973 He's an unconventional person. He likes to play to the gallery like that, wearing a snappy outfit, walking with a bullhorn.

저 사람 독특한 사람이야. 저렇게 말쑥한 옷 입고 확성기 들고 걸어 다니면서 대중의 인기 노리는 거 좋아해.

unconventional 독특한, 색다른 | play to the gallery (과장된 방식으로) 대중의 인기를 노리다 | snappy 말쑥한 | bullhorn 확성기

974 Like it or lump it, you've got to eat crow. It was clear that I left you standing and it was also clear that you fell short of expectations.

좋든 싫든 패배를 인정해라. 내가 널 큰 차이로 이긴 것도 분명했고, 네가 기대에 미치지 못한 것도 분명했어.

like it or lump it 좋든 싫든 | eat crow (굴욕을 참고) 자신의 잘못이나 패배 등을 인정하다 | leave ~ standing ~를 큰 차이로 이기다, ~보다 훨씬 낫다 | fall short of ~ ~에 미치지 못하다

975 She really made my hair curl a few hours ago. Two of us were walking in a field of reeds and all of a sudden, she vanished into thin air and crept up on me from the behind, then tapped me on the shoulder.

얘 아까 정말 내 간담을 서늘하게 만들었어. 우리 둘이 갈대밭을 걷고 있었는데 얘가 갑자기 연기처럼 사라지는 거야. 그러더니 뒤에서 슬금슬금 다가와서 내 어깨를 톡톡 치더라고.

make a person's hair curl ~의 간담을 서늘하게 만들다 | reed 갈대 | vanish into thin air 연기처럼 사라지다, 온데간데없이 사라지다 | creep up on ~ ~한테 슬금슬금 다가가다

976 Everybody was electrified by my play. I dribbled all alone at full blast, faked out my opponents hook, line, and sinker, made the goalie fumble, then scored a goal.

사람들이 다 내 플레이에 열광을 했어. 내가 전속력으로 단독 드리블하고, 속임 동작으로 상대들을 완전히 속이고, 골키퍼는 공을 놓치게 만든 다음에 골을 넣었거든.

electrify 열광시키다 | at full blast 전속력으로, 전력을 다해서 | fake ~ out (스포츠에서) 속임 동작을 써서 ~를 속이다 | hook, line, and sinker 완전히 (속은) | fumble 공을 놓치다

977 By the way, why don't you get yourself a square meal? I've seen you nibbling bread with a blank face time after time.

근데 너 왜 제대로 된 식사를 안 해? 매번 멍한 표정으로 빵만 야금야금 먹던데.

square meal (양적으로도 질적으로도) 제대로 된 식사, 영양가 있고 실속 있는 식사 | nibble (조금씩) 야금야금 먹다 | blank face 멍한 표정, 무표정한 얼굴 | time after time 매번

978 We confiscated all the reporters' cameras because they gatecrashed the caucus and made ballyhoo.

기자들이 간부 회의에 초대도 안 받고 들어와서 야단법석 떨길래 카메라 다 압수해 버렸어.

confiscate 몰수하다, 압수하다 | gatecrash 초대도 안 받고 들어가다 | caucus 간부 회의 | ballyhoo 괜한 소란, 야단법석

979 I'm enthralled by this plush limo. Having said that, it's way too expensive to buy.

고급스런 이 리무진에 맘이 사로잡히네. 그렇긴 해도 사기엔 너무 비싸.

enthrall 매혹하다, 마음을 사로잡다 | plush 고급의 | limo 리무진 | having said that 그렇긴 해도

980 What's all the fuss about, rascals? Do you find the tactical vest and the respirator so intriguing?

왜 그렇게 호들갑이야, 개구쟁이들? 방탄복하고 인공호흡기에 그렇게 호기심이 끌려?

fuss 호들갑, 요란, 설레발 | rascal 장난꾸러기, 개구쟁이 | tactical vest 방탄복 | respirator 인공호흡기 | intrigue 호기심을 불러일으키다

981 So we're gonna broil meat on gridirons and eat it in a quaint restaurant? I'm chomping at the bit to eat it.

그러니까 옛날 분위기 나는 레스토랑에서 석쇠에 고기를 구워 먹을 거라고? 빨리 먹고 싶어서 못 견디겠는데?

broil 굽다 | gridiron 석쇠 | quaint (매력 있게) 옛날 분위기가 나는, 진기한 | chomp at the bit ~를 빨리 하고 싶어서 못 견디다

982 Today's heads-up was a real bombshell. Even the hard-boiled peeps were set back on their heels.

오늘 알림이 완전히 폭탄선언이었어. 평소에 감정을 잘 드러내지 않는 사람들도 흠칫하더라고.

heads-up (어떤 것을 경고하는) 알림 | bombshell (소식이 굉장히 충격적인) 폭탄선언 | hard-boiled 감정을 잘 드러내지 않는, 무정한 | set ~ back on one's heels ~를 흠칫하게 만들다

983 You seemed to be having a field day telling a fish story about how you'd ruled the roost in the Marine Corps. Even your voice got so gruff.

너 해병대에서 사람들 휘어잡았다고 허풍 떠는 거 신나게 즐기던데. 목소리도 아주 걸걸해지고.

have a field day 신나게 즐기다 | fish story 허풍, 과장된 이야기 | rule the roost (무리를) 휘어잡다, 지배권을 쥐다 | gruff (목소리가) 걸걸한

984 A skillet, scouring pad and caldron have been our cash cow for decades.

프라이팬, 수세미, 그리고 가마솥이 우리한테 수십 년 동안 안정적인 수익이 돼 왔어요.

skillet 프라이팬 | scouring pad 수세미 | caldron 가마솥 | cash cow (사료만 잘 주면 우유란 수익을 꾸준히 생산해 내는 암소처럼) 안정적으로 꾸준히 수익이 되는 상품

985 Hey, keep your shirt on and stay loose. It's my exhortation. They just seem like bughouse people. Don't listen to what they say.

야, 열 올리지 말고 침착하게 있어. 내가 간곡히 권고할게. 그냥 실성한 사람들 같은데 신경 쓰지 마.

keep your shirt on 화내지 마, 열 올리지 마 | **stay loose** 침착하게 있다 | **exhortation** 간곡한 권고 | **bughouse** 실성한, 정신 병원

986 For what it's worth, the thrust of my remark is that post-factual society has existed for ages and humans have stretched the truth more than we think we know.

그냥 내 생각일 뿐인데, 내 말의 요지는 실제 사실보단 개인적인 감정과 신념이 전체 여론에 더 큰 영향을 미치는 사회는 오랫동안 존재해 왔고, 우리가 생각하는 것보다 진실도 많이 왜곡돼 왔단 거야.

for what it's worth 그냥 내 생각일 뿐이지만, 도움이 될진 모르겠지만 | **thrust** 요지, 핵심 | **post-factual** 실제 사실보다는 개인적인 감정과 신념이 전체 여론에 더 큰 영향을 미치는 | **stretch the truth** 진실을 왜곡하다, 사실을 과장하다

987 My brother has an upset stomach now after eating unripe fruits. It seems like he did it while stoking up. Go and give him some Job's Tears Tea.

내 동생 지금 덜 익은 과일을 먹고 배탈이 났어. 나중에 배고플 걸 대비해서 잔뜩 먹어 두다가 그랬나 봐. 율무차 좀 갖다 줘.

upset stomach 배탈, 체함, 소화 불량 | **unripe** 덜 익은, 설익은 | **stoke up** 나중에 배고플 걸 대비해서 잔뜩 먹어 두다 | **Job's Tears Tea** 율무차

988 Let's get cracking on the imperatives first. It's gonna be hectic for you guys for the better part of this week.

긴요한 것들부터 서둘러서 시작하자. 너희 이번 주 대부분이 정신 없이 바쁠 거야.

get cracking 서둘러서 시작하다 | imperative 긴요한 것 | hectic 정신 없이 바쁜, 빡빡한 | the better part of ~ ~의 대부분, 절반 이상

989 We're not gonna string it out too much. We're gonna play just one round robin. The one who won the most gets the prize money and the one who racked up the most points, but didn't win the most gets the consolation prize.

너무 질질 끌진 않을 거고, 돌아가면서 서로 딱 1번씩만 맞붙을 거야. 젤 많이 이긴 사람이 상금을 받게 되고, 젤 많이 이기진 못했지만 점수를 젤 많이 쌓아올린 사람이 아차상을 받게 되고.

string ~ out ~를 질질 끌다 | round robin 돌아가면서 서로 1번씩 맞붙는 리그전, 탄원서 | rack up (점수를) 쌓아올리다 | consolation prize 위로상, 아차상

990 It's so normal for that teacher to have such huge crow's feet. I don't know what his discomposure's about, but he's always a worrywart. You've got to be as happy as a clam if you don't wanna have things like them.

그 선생님은 그렇게 눈가에 잔주름이 많을 수밖에 없지. 뭐가 그렇게 심란한지 맨날 잔걱정이 많잖아. 너도 그렇게 되기 싫으면 아주 즐겁게 살아.

crow's feet 눈가에 잔주름 | discomposure 불안, 심란, 마음의 동요, 뒤숭숭한 상태 | worrywart 잔걱정을 많이 하는 사람, 별것 아닌 일에 속을 끓이는 사람 | as happy as a clam 아주 즐거운

991 His family really went through the mill after he'd been stretchered in a coma. He almost passed away, but now he's just turned the corner and looks like he started to perk up.

개 혼수상태로 들것에 실려 나가고 나서 걔 가족들도 엄청 욕봤어. 걔 거의 사망할 뻔했는데 이제 막 고비를 넘기고 기운을 차리기 시작한 것 같아.

go through the mill 시련을 겪다, 욕보다 │ stretcher 들것에 실려 나가다 │ turn the corner 고비를 넘기다 │ perk up 기운을 차리다

992 I'm sorry I'm a shade late. I'm standing near a turnstile where people with a knapsack are making hoopla.

조금 늦어서 미안해. 지금 나 회전식 입구 쪽에 서 있어. 배낭 멘 사람들이 야단법석 떨고 있는 데.

a shade 조금, 약간 │ turnstile (지하철이나 표를 내야 되는 곳에서) 회전식 막대를 통과해 1명씩 지나갈 수 있는 개표구, 회전식 입구나 출구 │ knapsack (작은) 배낭 │ hoopla 야단법석, 대소동

993 The mural's very well drawn, but it seems like it's glamorizing atrocities by accentuating anti-personnel weapons too much.

벽화는 아주 잘 그렸는데, 인명 살상용 무기들을 너무 두드러지게 그려서 잔혹 행위들을 미화하는 것 같다.

mural 벽화 │ glamorize 미화하다 │ atrocity 잔혹 행위, 극악무도한 행위 │ accentuate 두드러지게 하다 │ anti-personnel 인명 살상용의

994 My ears were numb with cold, but it's getting better. The weather's bleak and wintry. I should've been bundled up.

추워서 귀에 감각이 없었는데 이제 좀 낫다. 날씨가 음산하고 겨울 같네. 따뜻한 옷들로 무장을 했어야 됐는데.

numb (추위 등으로) 감각이 없는 │ bleak 음산한, 암울한, 암담한 │ wintry 겨울 같은 │ bundle up (춥지 않기 위해서) 따뜻한 옷들로 무장을 하다, 따뜻하게 옷을 여러 겹 입다

995 It was OK to just say it without preamble, but she kept saying this and that to put out feelers, trying to look so nonchalant. The thing about us hitting the panic button, you know.

그냥 거두절미하고 얘기해도 난 상관없었는데, 그분 굉장히 무심한 척하면서 이런 저런 얘기로 슬쩍 떠보더라고. 우리가 그 비상 조치를 취했던 거에 대해서 말이야.

without preamble 거두절미하고 | put out feelers 슬쩍 떠보다 | nonchalant 태연한, 무심한, 천연덕스러운 | hit the panic button 비상 조치를 취하다

996 Wow, you're no mean acrobat! So you're doing the parkour just for kicks, huh? I guess it can blow away the cobwebs.

와, 너 보통 곡예사가 아닌데! 그래서 그냥 반 재미로 파쿠르를 하는 거라고? 머리가 맑아지긴 하겠다.

be no mean ~ 보통이 아니다, 장난이 아니다 | acrobat 곡예사 | parkour 도시를 달리면서 장애물들을 뛰어넘거나 건물과 건물 사이를 뛰어다니는 고난도 스포츠 | just for kicks (위험한 짓 등을) 그냥 스릴을 맛보기 위해서, 그냥 반 재미 삼아서 | blow away the cobwebs 머리를 맑게 해 주다, 개운치 않은 것을 날려 버리다

997 The dispute seems to be inevitable anyway, so let's quickly have it out. It's gonna eventually be leaping out of the frying pan into the fire if we try to sidestep the problem.

어차피 분쟁이 불가피해 보이니까 빨리 결판을 내자. 문제를 회피하려 들면 결국엔 작은 화를 면하려다 큰 화를 당하게 되는 꼴이 돼.

inevitable 불가피한, 필연적인 | have it out 결판을 내다 | leap out of the frying pan into the fire 작은 화를 면하려다 큰 화를 당하게 되다 | sidestep 회피하다

998 We're on the threshold of bringing off the championship. Let's go out there with all guns blazing. We'll probably be able to waltz through it.

우린 지금 우승의 문턱에 서 있어. 결의를 불태워서 나가자. 수월하게 잘 해낼 수 있을 거야.

threshold 문턱, 문지방 | bring ~ off ~를 해내다 | with all guns blazing 결의를 불태워서 | waltz through ~ ~를 간단히 해치우다, 수월하게 잘 해내다

999 That's right. I think he glommed that wad of long greens. He has pretty sticky fingers.

맞아. 걔가 그 돈뭉치를 슬쩍한 것 같아. 걔 손버릇이 좀 나쁘거든.

glom 훔치다, 슬쩍하다 | wad 뭉치 | long green 지폐 | have sticky fingers 손버릇이 나쁘다, 도벽이 있다

1000 Now I'm gonna transmogrify that vole into a mechanical pencil and attract it using my telekinesis.

이제 저 들쥐를 샤프펜슬로 둔갑시키고 이곳까지 염력으로 끌어당기겠습니다.

transmogrify (마법 등을 이용해서 깜짝 놀랄 정도로) 변신시키다, 탈바꿈시키다, 둔갑시키다 | vole 들쥐 | mechanical pencil 샤프펜슬 | telekinesis 염력

1001 I used to get roasted by old-timers too. They always said that my days didn't stack up against their good ole days.

나도 고참들이 놀리는 거에 쩔쩔 맸어. 그분들은 항상 자신들의 좋았던 옛 시절이 내 시절하곤 비교도 안 된다고 말했었지.

roasted (재밌자고 하는 상대의 놀림에 웃으면서) 쩔쩔 매는 | old-timer 고참 | stack up against ~ 비교할 만하다, 견줄 만하다, 손색이 없다, 비견될 만하다 | good ole days 좋았던 옛 시절

창의적인
미국식 영어

저   자 K

저작권자 김현빈

1판 1쇄 발행 2020년 7월 31일

발 행 처 하움출판사
발 행 인 문현광
편   집 조다영
주   소 전라북도 군산시 축동안3길 20, 2층(수송동)
I S B N 979-11-6440-668-5

홈페이지 http://haum.kr/
이 메 일 haum1000@naver.com

좋은 책을 만들겠습니다.
하움출판사는 독자 여러분의 의견에 항상 귀 기울이고 있습니다.

이 도서의 국립중앙도서관 출판예정도서목록(CIP)은 서지정보유통지원시스템 홈페이지(http://seoji.nl.go.kr)와
국가자료종합목록 구축시스템(http://kolis-net.nl.go.kr)에서 이용하실 수 있습니다.(CIP제어번호 : CIP2020030184)